Kleiner Sprachatlas des Landkreises Rottweil

Rudolf Bühler / Hubert Klausmann

verlag regionalkultur

Umschlagbildnachweis: Die Karte ist dem Kleinen Sprachatlas entnommen.
Kartengestaltung: Rudolf Bühler

Titel: Kleiner Sprachatlas des Landkreises Rottweil
Autoren: Rudolf Bühler und Hubert Klausmann
Herausgeber: Landkreis Rottweil
Herstellung: verlag regionalkultur (vr)
Satz: Nico Batschauer, vr
Umschlaggestaltung: Charmaine Wagenblaß, vr
Endkorrektorat: Lukas Löffler, vr

ISBN 978-3-95505-358-1

Bibliografische Information der Deutschen Nationalbibliothek
Die Deutsche Nationalbibliothek verzeichnet diese Publikation in der Deutschen Nationalbibliografie; detaillierte bibliografische Daten sind im Internet über http://dnb.dnb.de abrufbar.

Diese Publikation ist auf alterungsbeständigem und säurefreiem Papier (TCF nach ISO 9706) gedruckt entsprechend den Frankfurter Forderungen.

verlag regionalkultur
Ubstadt-Weiher • Heidelberg • Stuttgart • Speyer • Basel

Verlag Regionalkultur GmbH & Co. KG
Bahnhofstraße 2 • 76698 Ubstadt-Weiher
Telefon 07251 36703-0 • *Fax* 07251 36703-29
E-Mail kontakt@verlag-regionalkultur.de • *Internet* www.verlag-regionalkultur.de

Inhaltsverzeichnis

Verzeichnis der Abbildungen und Karten

Geleitwort

Im Land Baden-Württemberg hat das Thema „Mundart“ aufgrund aktueller Impulse aus Wissenschaft, Kultur und Politik in der Öffentlichkeit eine ungeahnte Renaissance erfahren. Von Ministerpräsident Winfried Kretschmann wurde der Dialekt ausdrücklich als „erhaltenswertes Kulturgut“ gewürdigt. Mit der Tagung zu „Gegenwart und Zukunft der baden-württembergischen Dialekte“ am 7. Dezember 2018 in Stuttgart hat die Landesregierung ein Signal für die Wertschätzung der Mundart und ihrer Pflege gesetzt.

Im südwestdeutschen Kulturraum ist die Mundart – in der Innen- wie in der Außenwahrnehmung – von identitätsprägender Bedeutung. Im lokalen und regionalen Rahmen hält der Dialekt als wichtiges Instrument der Integration unsere Gesellschaft zusammen. Allerdings ist die Sprachlandschaft in Baden-Württemberg im Zeitalter multimedialer Kommunikation im Wandel begriffen.

Der Landkreis Rottweil hat den Themenbereich „Dialekt und Identität“ beim Kreisforum am 8. Mai 2019 in den Blickpunkt der Öffentlichkeit gerückt. In ihrem Festvortrag zeigten Prof. Dr. Hubert Klausmann und Dr. Mirjam Nast von der Eberhard Karls Universität Tübingen die sprachliche „Tiefendimension“ unseres Kulturraums auf. Die von den Referenten vorgestellten Befunde zur Dialekt- und Kulturforschung stießen beim Publikum auf reges Interesse. Von Kreisrat Dr. Winfried Hecht wurde in der Folge die Herausgabe eines Handbuchs zur Mundart im Landkreis Rottweil angeregt, das den „heutigen sprachlichen Befund festhalten und … weitergeben“ solle, um damit einen konstruktiven Beitrag zur Stärkung des Kreisbewusstseins zu leisten.

Der Landkreis Rottweil weist eine hoch interessante „Sprachgeographie“ auf. Das Kreisgebiet liegt in der Übergangszone zwischen alemannischer und schwäbischer Mundart. Während sich im Randbereich des mittleren Schwarzwalds alemannische Dialektformen gehalten haben („Bodensee-Alemannisch“), ist in den Oberen Gäuen und im Vorland der Schwäbischen Alb die schwäbische Mundart vorherrschend, die ihrerseits Binnendifferenzierungen aufweist („Westschwäbisch“ und „Südwestschwäbisch“).

Zur Sprachlandschaft des Landkreises Rottweil lagen bisher – abgesehen von Standardwerken zum südwestdeutschen Raum – lediglich Forschungsergebnisse von begrenzter Tragweite vor. Angesichts dessen hat die Kreisverwaltung den Anstoß zur Erforschung und Darstellung der Mundart(en) im Kreisgebiet aufgenommen. Zur Durchführung eines wissenschaftlichen Forschungs- und Veröffentlichungsprojekts bedurfte es der fachlichen Expertise des Ludwig-Uhland-Instituts für Empirische Kulturwissenschaft an der Universität Tübingen.

Von Seiten des Landkreises wurde der Germanist Dr. Rudolf Bühler von der Tübinger Arbeitsstelle Sprache in Südwestdeutschland/Arno-Ruoff-Archiv beauftragt, Forschungen zur Mundart im Kreisgebiet durchzuführen und die Ergebnisse in Verbindung mit Prof. Dr. Hubert Klausmann in einer Veröffentlichung darzustellen. Im Rahmen der Erhebungen wurden im Sommer 2020 in allen Gemeinden und Ortsteilen des Landkreises an die 250 Gewährsleute von Herrn Dr. Bühler nach ihrem Sprachgebrauch befragt. Die aufgezeichneten Befunde wurden in repräsentativer Auswahl im vorliegenden „Kleinen Sprachatlas des Landkreises Rottweil“ auf zahlreichen Karten dokumentiert und fachkundig kommentiert. Durch die Kooperation mit der Tübinger Arbeitsstelle Sprache in Südwestdeutschland ist ein Kompendium zur „Sprachtopographie“ des Landkreises Rottweil entstanden, das in einer Momentaufnahme den aktuellen Sprachstand im Kreisgebiet beschreibt.

Der „Kleine Sprachatlas“ erscheint im Vorfeld des 50-jährigen Jubiläums der letzten Kreisreform. Der Landkreis Rottweil, der zum 1. Januar 1973 neu formiert wurde, präsentiert sich in diesem Atlaswerk als vielteiliges Mosaik sprachlicher „Identitätspartikel“.

Im Namen des Landkreises danken wir den beiden Autoren für die profunde Darstellung der Dialektformen im Kreisgebiet. Ebenso danken wir allen Gewährsleuten aus der älteren und jüngeren Generation für die Bereitschaft, über ihren individuellen Sprachgebrauch Auskunft zu geben. Ihrer Mitwirkung ist dieser substanzielle Beitrag zum kulturellen Erscheinungsbild unseres Landkreises zu verdanken.

Der „Kleine Sprachatlas“ bietet aufschlussreiche Einblicke in die Ausdrucksweisen der Dialektsprecher und -sprecherinnen im Kulturraum zwischen Schwarzwald und Schwäbischer Alb. Für viele Einwohnerinnen und Einwohner unseres Landkreises ist die Mundart der sprachliche Inbegriff ihres Heimatgefühls. In diesem Sinne hoffen und wünschen wir, dass dieses kompakte Standardwerk interessierte Leser und Leserinnen finden möge.

Dr. Wolf-Rüdiger Michel
Landrat

Bernhard Rüth
Kreisarchivar

Vorwort der Autoren

Am 8. Mai 2019 gestaltete ich zusammen mit meiner Kollegin Dr. Mirjam Nast und dem Mundartkünstler Pius Jauch auf Einladung des Landratsamts Rottweil einen Abend in der Stadthalle in Sulz am Neckar. Hierbei stellte ich in meinem Vortrag die beiden baden-württembergischen Sprachatlanten vor. Es handelt sich um den in Freiburg vor 40 Jahren entstandenen „Südwestdeutschen Sprachatlas", in dessen Untersuchungsgebiet der Landkreis Rottweil liegt, und den „Sprachatlas von Nord Baden-Württemberg", den wir unter meiner Leitung soeben in Tübingen abgeschlossen hatten und der die Forschungslücke nördlich einer ungefähren Linie Karlsruhe – Stuttgart – Ulm geschlossen hat. Die Atlasarbeit dieser beiden Projekte ermöglichte es mir, an diesem Abend auf zahlreiche Karten zu den Besonderheiten des Landkreises Rottweil im lautlichen und grammatikalischen Bereich sowie im Wortschatz einzugehen. Beim anschließenden Stehempfang des Landrats kam es zu ersten Gesprächen über einen möglichen eigenen Sprachatlas für den Landkreis Rottweil. Solche Ideen werden nach meinen Vorträgen immer wieder entwickelt, aber oft bleibt es dann bei den Ideen.

Umso mehr hat es mich gefreut, dass schon kurze Zeit nach dem Vortrag tatsächlich eine Anfrage aus dem Landratsamt kam, ob wir nicht einen eigenen Sprachatlas für den Landkreis Rottweil machen könnten. Dieser Bitte bin ich gerne nachgekommen. Da ich allerdings als Leiter der Tübinger Arbeitsstelle „Sprache in Südwestdeutschland/Arno-Ruoff-Archiv" mit mehreren Projekten beschäftigt war, habe ich Herrn Dr. Rudolf Bühler, der ebenfalls an der Tübinger Arbeitsstelle tätig ist, gebeten, das Projekt federführend zu übernehmen. Da wir ein solches Projekt kurz zuvor für den Landkreis Böblingen gemacht hatten, war die Teamarbeit bereits eingeübt.

Dr. Rudolf Bühler führte im Juli und August 2020 die Interviews innerhalb des Landkreises durch, wobei er Angehörige der älteren Generation mit Hilfe eines Fragebuchs zum Wortschatz und zur Aussprache von Begriffen im Dialekt befragte und in jeder Gemeinde auch junge Erwachsene zu ihren Erfahrungen mit dem Dialektgebrauch erzählen ließ. Danach erfolgten von meiner Seite das Durchforsten des Materials und das Erstellen einer Liste von interessanten Karten, die Rudolf Bühler im nächsten Schritt zeichnete. Anhand dieser Karten sowie weiterer Abbildungen aus anderen Veröffentlichungen habe ich dann den Text geschrieben. Der vorliegende Band ist also eine echte Kooperation der beiden Verfasser.

Bei den Erhebungen in den einzelnen Ortschaften konnte sich Rudolf Bühler in ausgesprochen angenehmer Weise auf die Unterstützung des Landratsamtes und der jeweiligen Ortsverwaltung verlassen, sodass das Aufsuchen der für jeden der 70 Teilorte zu befragenden Gewährspersonen zügig voranging. Bei diesen Erhebungen wird immer der gleiche, etwa 300 Wörter umfassende Fragebogen abgefragt, sodass man am Ende alle Antworten direkt miteinander vergleichen kann. Auf diese Weise sind dann die Karten entstanden.

Der Text beginnt mit einer Einleitung in die Thematik. Hierbei beantworte ich in zwölf kleinen Abschnitten grundsätzliche Fragen zu den Dialekten: Woher kommen sie? Wie kommt es zu Dialektgrenzen? In welchem Verhältnis stehen die Dialekte zur Standardsprache? Wann spricht man Dialekt? Hier stellt auch Rudolf Bühler eine Zusammenfassung der Ergebnisse aus der Untersuchung mit den jungen Erwachsenen im Landkreis vor. Dieser Einleitung folgt eine kurze Vorstellung der wichtigsten lautlichen Verhältnisse im Landkreis im Rahmen einer Einbettung des Landkreises in die Sprachlandschaften Baden-Württembergs. Es folgt mit dem Wortschatz das sicherlich interessanteste und daher größte Kapitel des Buches. Hierbei ist es wichtig zu beachten, dass die Wörter, die hier angegeben und auch kartiert sind, nicht in einer Orts-Mundartlautung angegeben werden können, sondern in einer „allgemeineren“ Form, die für die unterschiedlichsten Lautungen stehen kann. Es geht in diesem Kapitel um die Frage, welche Wörter man für welchen Sachverhalt verwendet, nicht um die Lautung. Würde man nämlich auch noch die unterschiedlichsten Lautungen mitberücksichtigen, wären Text und Karten so unübersichtlich, dass man vor lauter Bäumen den Wald nicht mehr sehen könnte. Wo immer es möglich war, wurde aber dennoch im Text auf die Aussprache der angeführten Wörter hingewiesen. Da einige Ortschaften im Landkreis Rottweil bereits vor 40 Jahren im Rahmen der Erhebungen zum „Südwestdeutschen Sprachatlas“ erforscht wurden, habe ich die damaligen Ergebnisse immer wieder in meine Betrachtungen einbezogen, um zu zeigen, was sich in diesen wenigen Jahrzehnten verändert hat.

Genaueres zu den lautlichen Verhältnissen im Landkreis Rottweil findet man im nächsten Kapitel. Für die Dialektforschung ist dieses Kapitel das wichtigste, da Dialekträume in der Regel mit Hilfe der wichtigsten Lautunterschiede definiert werden. Es folgt eine knappe Beschreibung der grammatikalischen Besonderheiten der Mundarten im Landkreis. Nachdem somit alle sprachlichen Ebenen beschrieben worden sind, wird die sich daraus ergebende sprachliche Gliederung des Landkreises vorgestellt. Diese ist auch für die Dialektforschung neu. Der vorliegende „Kleine Sprachatlas“ leistet damit auch einen Beitrag zur wissenschaftlichen Erforschung der Mundarten unseres Bundeslandes. Ein Literaturverzeichnis schließt den Textband ab.

Tübingen, im Herbst 2022
Hubert Klausmann

Am Ende eines solchen Projekts gilt es, Dank zu sagen. Eine Unternehmung wie diese ist nicht möglich ohne die zahlreichen Unterstützerinnen und Unterstützer, die während der gesamten Projektlaufzeit bereit sind mitzuwirken. Bedanken möchten wir uns beim Landkreis Rottweil und seinen Vertretern, Herrn Landrat Dr. Wolf-Rüdiger Michel als Schirmherrn, Herrn Kreisrat Dr. Winfried Hecht als Mitinitiator des Projekts sowie Herrn Bernhard Rüth vom Stabsbereich Archiv, Kultur, Tourismus im Landratsamt als ständigem Begleiter und Ansprechpartner in allen Fragen. Auf Ebene der Gemeinden sei an dieser Stelle allen Gemeindevorständen im Landkreis gedankt mit ihren Mitarbeiterinnen und Mitarbeitern auf den Rathäusern, durch deren persönliches Engagement die Gesprächspartnerinnen und Gesprächspartner aus den einzelnen Ortschaften vermittelt wurden. Herrn Carsten Kohlmann, dem Leiter des Stadtarchivs und des Stadtmuseums Schramberg, und Frau Ursula Weber aus Sulz am Neckar möchten wir hier nochmals unseren ausdrücklichen Dank aussprechen. Im Sommer 2020 galten für die Begegnung von Menschen besondere Hygienemaßnahmen, die uns alle auch im Rahmen der Befragungen für dieses Projekt vor große Herausforderungen gestellt haben. Die Gastfreundschaft sowie die fürsorgliche Betreuung durch die Mitarbeitenden auf den Rathäusern im Landkreis haben erheblich dazu beigetragen, die geltenden Vorschriften jederzeit einhalten zu können. Und zuletzt natürlich die eigentlichen Hauptpersonen: Insgesamt fast 250 Bürgerinnen und Bürger aus dem ganzen Landkreis haben sich für Interviews zur Verfügung gestellt, sich Zeit genommen und geduldig Fragen beantwortet. Allen Personen, die an den Dialektbefragungen teilgenommen und so selbstverständlich wie bereitwillig Auskunft gegeben haben, möchten wir ganz besonders danken.

Tübingen, im Herbst 2022
Rudolf Bühler

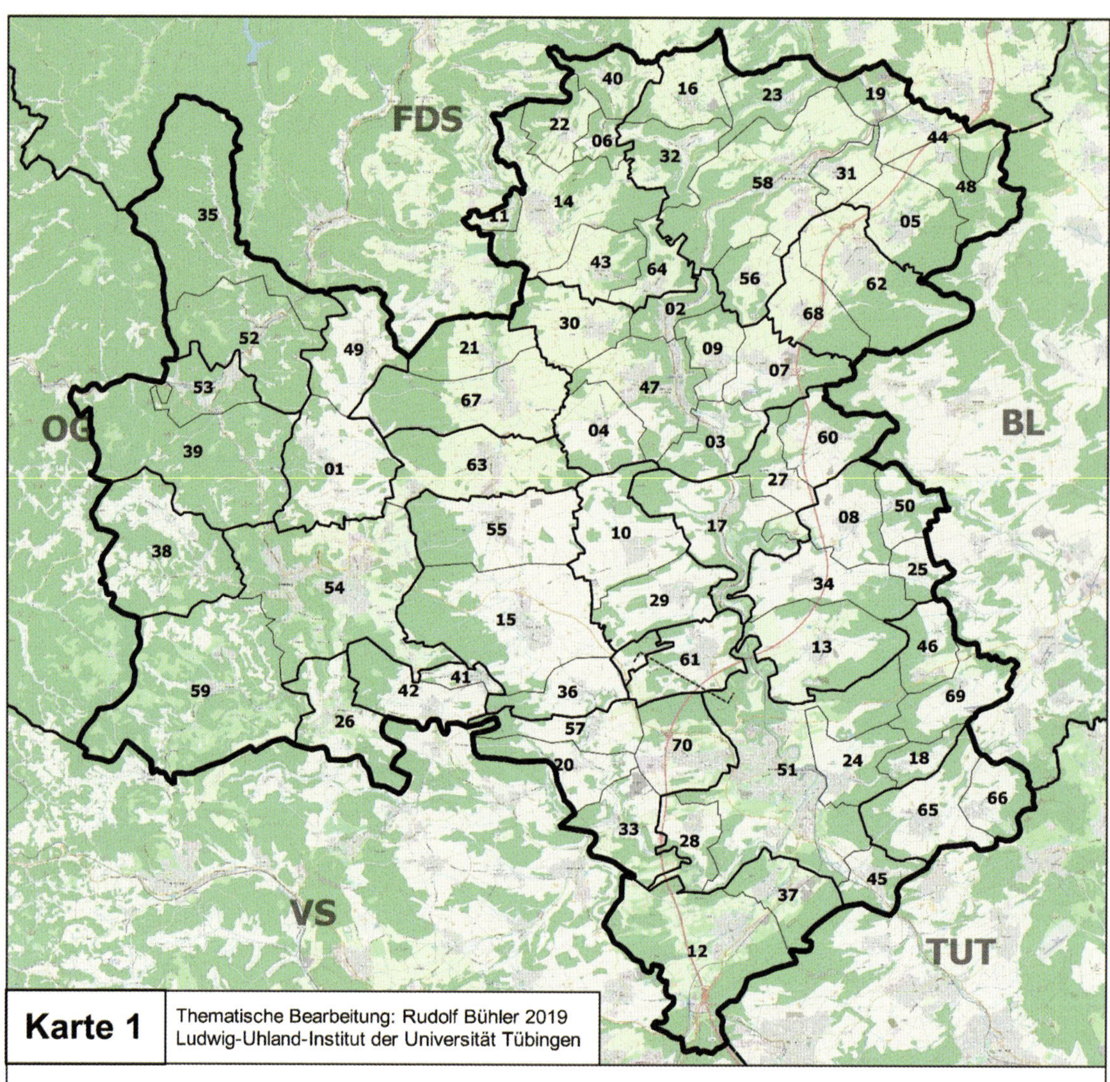

Aufnahmeorte im Landkreis Rottweil

01	Aichhalden	15	Dunningen	29	Herrenzimmern	43	Marschalkenzimmern	57	Stetten o. R.
02	Aistaig	16	Dürrenmettstetten	30	Hochmössingen	44	Mühlheim a. B.	58	Sulz a. N.
03	Altoberndorf	17	Epfendorf	31	Holzhausen	45	Neufra	59	Tennenbronn
04	Beffendorf	18	Feckenhausen	32	Hopfau	46	Neukirch	60	Trichtingen
05	Bergfelden	19	Fischingen	33	Horgen	47	Oberndorf a. N.	61	Villingendorf
06	Bettenhausen	20	Flözlingen	34	Irslingen	48	Renfrizhausen	62	Vöhringen
07	Bochingen	21	Fluorn	35	Kaltbrunn	49	Rötenberg	63	Waldmössingen
08	Böhringen	22	Fürnsal	36	Lackendorf	50	Rotenzimmern	64	Weiden
09	Boll	23	Glatt	37	Lauffen o. R.	51	Rottweil	65	Wellendingen
10	Bösingen	24	Göllsdorf	38	Lauterbach	52	Schenkenzell	66	Wilflingen
11	Busenweiler	25	Gößlingen	39	Lehengericht	53	Schiltach	67	Winzeln
12	Deißlingen	26	Hardt	40	Leinstetten	54	Schramberg	68	Wittershausen
13	Dietingen	27	Harthausen	41	Locherhof	55	Seedorf	69	Zepfenhan
14	Dornhan	28	Hausen o. R.	42	Mariazell	56	Sigmarswangen	70	Zimmern o. R.

Hinweise zum Aufbau des Sprachatlas und zur Schreibweise

Hinweise zum Aufbau

Der Sprachatlas beginnt zunächst mit einer Einführung in das Thema „Dialekt". Hier sollen Fragen geklärt werden, die uns von Besucherinnen und Besuchern in unserer Tübinger „Arbeitsstelle Sprache in Südwestdeutschland" und bei Vorträgen vom Publikum immer wieder gestellt werden. Wer mit dem Thema Dialekt kompetent umgehen möchte, muss wissen, woher unsere Dialekte überhaupt kommen und wie sie sich bis zum heutigen Zeitpunkt entwickelt haben, wie es dazu kommt, dass wir sowohl Gemeinsamkeiten zwischen unseren Dialekten als auch so große Unterschiede entdecken können, wie Dialekt und Standardsprache/Schriftsprache zusammenhängen usw. Dialekte sind nämlich nicht einfach eine falsch ausgesprochene Hochsprache, wie so oft behauptet wird, sondern sie sind die ganz natürliche Fortsetzung früherer Sprachzustände.

Wie bei Sprachatlanten üblich, werden dann erst einmal die lautlichen Besonderheiten des Landkreises Rottweil erklärt, denn sie sind es vor allem, die bei einer sprachgeographischen Einbettung von Dialekten die Hauptrolle spielen. Dies hängt damit zusammen, dass hinter einer lautlichen Entwicklung, etwa bei der Entwicklung von einem *-b-* zwischen zwei Vokalen zu einem *-w-*, hundert gleiche Fälle stehen. Daher sind Lautkarten wichtiger als Wortkarten.

Dem Kapitel über die Lautbesonderheiten folgt das kleine Kapitel mit den grammatikalischen Besonderheiten, bevor dann das große Kapitel zum Wortschatz den Abschluss des Sprachatlas bildet. Da die lautlichen Besonderheiten schon im ersten Kapitel geklärt sind, können wir hier dann bei der Schreibweise die unterschiedlichsten Lautungen unter einer übergeordneten Bezeichnung zusammenfassen und müssen nicht mehr für jeden Ort die Lautung genauer ausführen, was zu einem nur noch schwer zu lesenden Text führen würde. Lautungen wie *binnä, bennä, bendä, bindä* werden dann alle unter einer Bezeichnung, hier *binden*, zusammengefasst.

Hinweise zur Schreibweise

Da der „Kleine Sprachatlas des Landkreises Rottweil" (KlSARW) vor allem für interessierte Laien gedacht ist, wurde als Schreibweise der Dialektausdrücke nicht die wissenschaftliche Teuthonista-Schreibung verwendet, sondern eine einfache Schreibweise, die sich an der normalen Rechtschreibung orientiert. Folgende Abweichungen wurden aber vorgenommen:

- Die Vokallänge wird in der Regel durch die Doppelung des Vokals angezeigt: *gee* „gehe!", Kürze zum besseren Verständnis häufig mit folgender Doppelkonsonanz: *Wagge* „Wagen".
- Der schwache *e*-Laut, wie er etwa beim Infinitiv auftritt, wird meistens als *-ä* wiedergegeben, manchmal, innerhalb eines Wortes zum besseren Lesen, auch als *-e-*.
- Diphthonge erhalten als zweiten Bestandteil ein *ä*: *miiässä* „müssen". Besteht der erste Teil aber aus einem *ä*-Laut, so wird der zweite Teil mit dem Buchstaben *-a-* wiedergegeben: *gääa* „geben".
- Der in Richtung *o*-Laut gehende „verdumpfte" *a*-Laut wird mit dem Zeichen *-å-*wiedergegeben: *schlååfä* „schlafen".
- Den Anlaut *st-*, *sp-* geben wir, aber nur wenn es um die Aussprache geht, als *sch-* wieder. Wenn nur das Wort gemeint ist, bleiben wir bei der Schreibweise *st-*, *sp-*.
- Im laufenden Text wurden die mundartlichen Lautungen und Formen manchmal vereinfacht wiedergegeben, um das Lesen flüssiger zu machen. Auf der Karte sind diese dann genauer angegeben.

1a Vom Indogermanischen zu den Dialekten

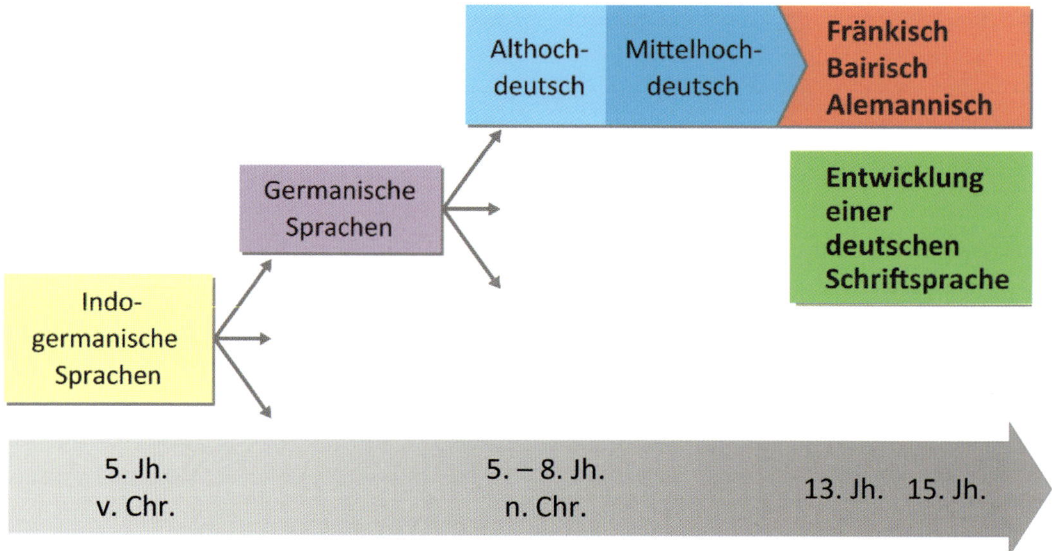

1b Dialekt und Standardsprache

1. Phase: Die Standardsprache wird nur geschrieben, gesprochen wird in den Dialekten, die vom Mhd. abzuleiten sind (←)

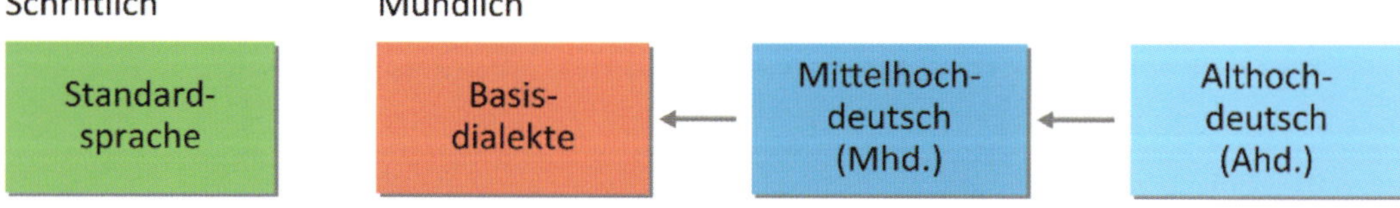

2. Phase: Die Standardsprache dringt in den mündlichen Bereich ein

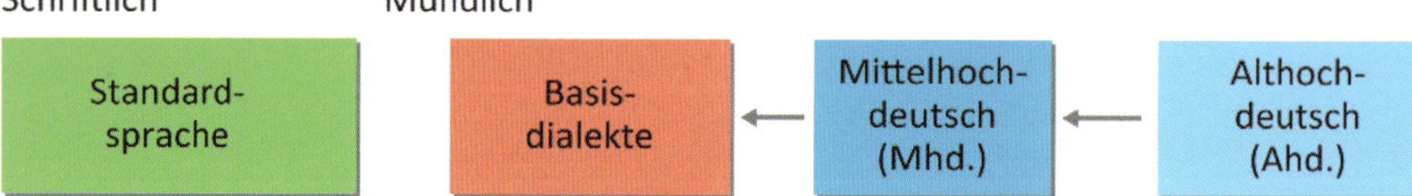

3. Phase: Zwischen den alten Basisdialekten und der Standardsprache bilden sich im Süden „überregionale Dialekte" (Regiolekte), die jetzt von der Standardsprache (→) und dem Mhd. (←) abzuleiten sind

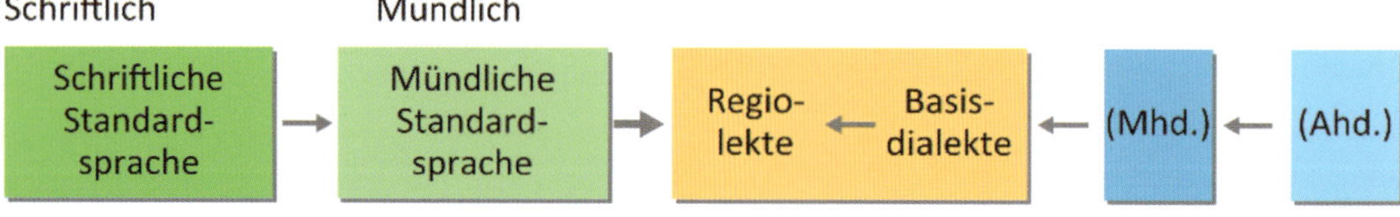

A Einführung

1 Die Herkunft der Dialekte und der Standardsprache

Bei Vorträgen taucht immer wieder die Frage auf, ob es ein Urschwäbisch, ein Urfränkisch oder ein Uralemannisch gebe. Diese Frage muss man verneinen. Die Ausgliederung der verschiedenen süddeutschen Dialekte ist im Wesentlichen erst nach dem Mittelalter geschehen. Vorher gingen sie lange Zeit noch einen relativ gemeinsamen Weg. Um die Entwicklung der heutigen Dialekte zu verstehen, müssen wir kurz auf die Sprachgeschichte eingehen.

Die deutsche Sprache gehört zur Familie der germanischen Sprachen, die ihrerseits zur Großfamilie der indogermanischen Sprachen gehört (**Abbildung 1a**). Die deutsche Standardsprache, also das, was man gemeinhin „Hochdeutsch" nennt, ist erst zwischen dem 16. und 19. Jahrhundert entstanden. Die deutsche Schriftsprache hat sich also im Vergleich mit den Nachbarländern relativ spät herausgebildet. Dies lag an der plurizentrischen Struktur des deutschen Sprachgebiets, womit das Fehlen eines über die Jahrhunderte hin dominierenden Zentrums politischer, wirtschaftlicher und kultureller Art gemeint ist.

Zunächst wurde die Standardsprache nur geschrieben (**Abbildung 1b, Phase 1**). Erst vom Beginn des 19. Jahrhunderts an wird sie auch zunehmend gesprochen (**Phase 2**). Bis dahin war der Bereich des Mündlichen ausschließlich den Dialekten vorbehalten. Dieser Prozess beginnt etwa mit der allgemeinen Schulpflicht und ist bis heute nicht abgeschlossen. Neu ist, dass in letzter Zeit die Standardsprache auch die Dialekte beeinflusst, sodass sich zwischen Dialekt und Standardsprache neue Regiolekte entwickeln (**Phase 3**).

Bei der Diskussion um die Entstehung der deutschen Standardsprache wird in der Literatur immer wieder die Rolle Luthers hervorgehoben. Auf sie müssen wir hier kurz eingehen. Um es gleich vorwegzunehmen: Luther hat nicht die deutsche Schriftsprache geschaffen, aber er hat einen wichtigen Beitrag zur Vereinheitlichung geleistet. Entscheidend ist nämlich, dass der Südosten des deutschen Sprachraums eine erstaunliche Einheitlichkeit aufweist, die nicht von den Mundarten stammt, sondern vielleicht sowohl durch eine wachsende Mobilität als auch durch die historisch bedingte „Offenheit" des ostmitteldeutschen Raumes begünstigt war. Diese Einheitlichkeit wurde von den ostmitteldeutschen Schreibern übernommen – und genau dort war auch Luthers Heimat.

Für Luthers Interesse, dass seine Schriften in einem möglichst weiten Raum gelesen werden können, war diese bereits vorhandene Einheitlichkeit optimal. Er hat damit das weitergeführt, was bereits seit Jahrhunderten im Gange war, nämlich dass die ostmitteldeutsche Schriftsprache noch näher an die südostdeutsche rückte. So konnten die einzelnen Schreibformen, Wortformen, Wörter und grammatikalischen Besonderheiten ein Geltungsareal erhalten, das meistens viel größer war als das der anderen Regionen. Dieses Geltungsareal ist zweifellos das wichtigste Kriterium bei der Variantenauswahl. Sind zwei Geltungsareale gleich groß, so hat sich bei Luther und den Druckern oft die oben genannte südostdeutsche-ostmitteldeutsche Variante durchgesetzt. Ein Beispiel für diese Landschaftskombinatorik ist die Durchsetzung von *Liebe* gegenüber *Minne*. Beide hatten zu Luthers Zeiten noch ein ähnlich weites Geltungsareal, doch setzt sich – wie wir wissen – *Liebe* durch.

Karte 2: Die Zweite Lautverschiebung

Nach der Zweiten Lautverschiebung wurden die germanischen Laute *p, t, k* in den süddeutschen Dialekten verändert.

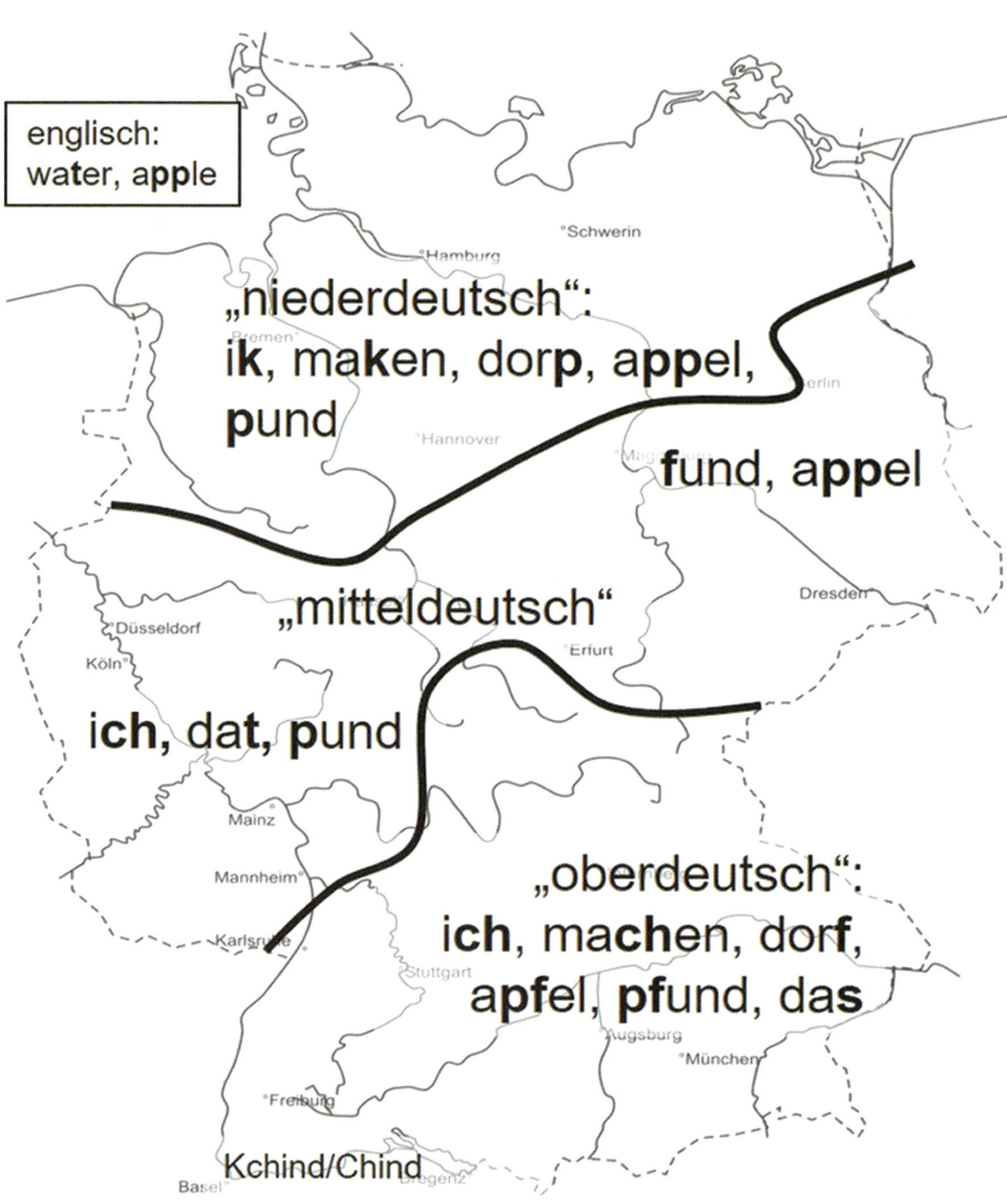

2 Die Aufspaltung des germanischen Sprachraums durch die Zweite Lautverschiebung

Entscheidend für die Abtrennung des Deutschen von den übrigen germanischen Sprachen wie Dänisch, Holländisch, Schwedisch, Englisch usw. war eine Lautveränderung, die sogenannte Zweite Lautverschiebung, bei der zwischen dem 5./6. und 8./9. Jahrhundert nach Christus unter anderem die Laute *p*, *t*, *k* zu *pf/ff*, *ts/ss* und *ch/kch* verändert wurden. Da eine solche Veränderung in Hunderten von Wörtern auftritt, verändert sie das Gesicht einer Sprache massiv. Ein Vergleich von deutschen und englischen Wörtern macht den Unterschied sofort deutlich. Es stehen sich dann beispielsweise gegenüber: englisch *water* – deutsch *Wasser*, englisch *apple* – deutsch *Apfel*. Diese Zweite Lautverschiebung wird traditionell in der Dialektforschung auch als Kriterium für die Einteilung der deutschen Dialekte verwendet. Entsprechend der Teilnahme an dieser Lautverschiebung werden die deutschen Dialekte in drei Gebiete eingeteilt (**Karte 2**):

(1) das niederdeutsche Gebiet: Hier wurde wie in den übrigen germanischen Sprachen diese Lautverschiebung überhaupt nicht durchgeführt, sodass man zum Beispiel im Niederdeutschen heute noch *ik* für „ich“, *maken* für „machen“, *Dorp* für „Dorf“, *Appel* für „Apfel“ und *Pund* für „Pfund“ sagt. Niederdeutsch, oft auch „Plattdeutsch“ genannt, wird nördlich einer ungefähren Linie Köln – Kassel – Berlin gesprochen. Es ist eine eigene Sprache, die früher, zur Zeit der Hanse, auch geschrieben wurde. Seit einigen Jahrzehnten ist das Niederdeutsche im Rückgang, und es wird versucht, durch Schulprojekte den Kindern wieder das Niederdeutsche beizubringen.

(2) das mitteldeutsche Gebiet: Diesen Raum kann man als Übergangsgebiet bezeichnen. Zwar hat man hier an der Zweiten Lautverschiebung teilgenommen, doch wurden nicht alle Konsonanten verändert: So sagt man im Kölner Raum zum Beispiel *ich*, aber *dat* und *Pund*. Die Besonderheit im östlichen Teil des Mitteldeutschen besteht dagegen in der Aussprache von *Pfund* als *Fund*. *Appel* bleibt aber auch hier unverändert. In Baden-Württemberg gehören einige Ortschaften am Nordrand, vor allem aber am Nordwestrand um Mannheim zum mitteldeutschen Gebiet.

(3) das oberdeutsche Gebiet: In diesem Raum wurde die Zweite Lautverschiebung bis auf *K-* im Anlaut komplett durchgeführt. Die Verschiebung von *K-* zu *Kch-* und *Ch-* fand nur im Bairischen und Alemannischen statt, wo man die Aussprachen *Kchind/Chind* für *Kind* noch heute in den südlichen Gebieten hören kann.

Die Zeit, in der diese Veränderungen zum ersten Mal auftreten, nennt man „alt-hochdeutsch“. Dieses „Althochdeutsch“ hat sich ebenfalls über die Jahrhunderte in seiner lautlichen und grammatikalischen Struktur verändert, sodass man spätestens für das 12. Jahrhundert von „Mittelhochdeutsch“ spricht. Die Dialekte des hochdeutschen Raumes, also die mitteldeutschen und oberdeutschen Dialekte, bilden dann die natürliche Fortsetzung dieser mittelhochdeutschen Sprache. Sicher gab es schon zu mittelhochdeutscher Zeit einige Unterschiede in den damaligen Dialekten, doch sind sie nur schwer zu fassen, da die Schreibwerkstätten ihre eigenen Schreibkonventionen hatten, die nicht unbedingt die Aussprache des Ortes der Schreibwerkstatt widerspiegelten.

2 Vom Mittelhochdeutschen zu den Dialekten

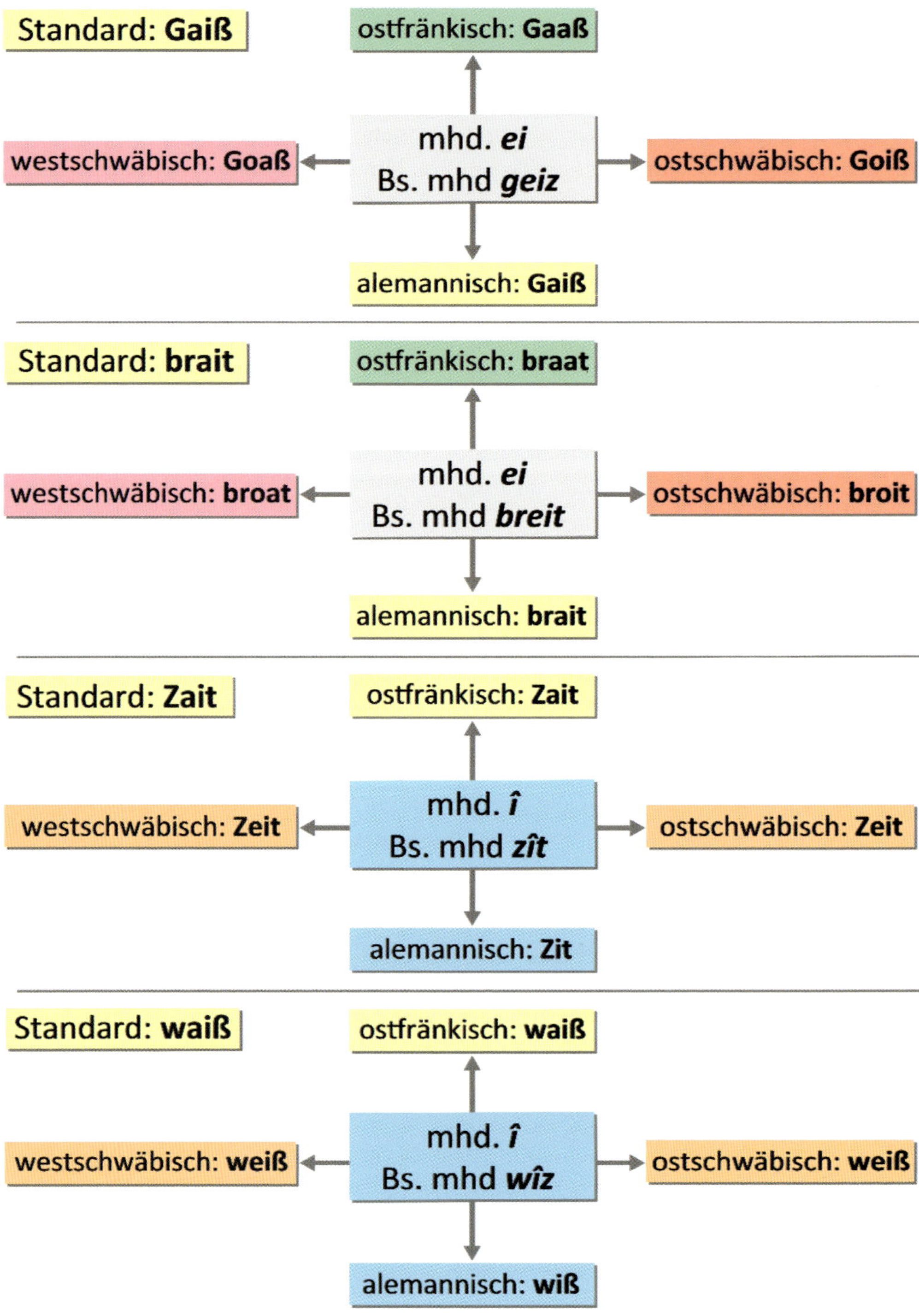

3 Die Herleitung aus dem Mittelhochdeutschen

Wie wir soeben gesehen haben, sind die hochdeutschen Dialekte die natürliche Fortsetzung der mittelhochdeutschen (mhd.) Sprache. Im Gegensatz zum Germanischen, wofür wir praktisch keine Texte haben, ist diese mittelhochdeutsche Sprache gut überliefert. Die großen Dichter des Mittelalters wie Walther von der Vogelweide und Wolfram von Eschenbach haben in dieser Sprache ihre Werke geschrieben. Darüber hinaus liegt uns das Mittelhochdeutsche auch in zahlreichen Urkunden vor. Die Aufspaltung dieser ursprünglich relativ einheitlichen Sprache in die heutigen Großdialekte Bairisch (man schreibt den Dialekt mit einem *-i-*, das Land Bayern dagegen mit *-y-*), Alemannisch und Fränkisch hat zwar schon früh begonnen, doch ist sie so richtig erst nach dem Mittelalter erfolgt.

Um nun die Entwicklung der einzelnen Dialekte zu beschreiben, fragt sich die Mundartforschung, was aus den einzelnen mittelalterlichen Lauten in den jeweiligen Dialekten geworden ist: Was wurde zum Beispiel aus einem mittelhochdeutschen langen *u*-Laut, den man damals als *û* notierte, in einem Wort wie *hûs* „Haus"? Man stellt dann fest: Im Alemannischen ist dieses *û* als langer *u*-Laut erhalten geblieben, und man sagt dort auch heute noch *Huus* wie im Mittelalter, während dieses *û* im Schwäbischen zu einem *-ou-* wurde, sodass man dort *Hous* sagt. Im Fränkischen ist dieses *û* dagegen zu einem *-au-* geworden. Es heißt dort also wie im Standarddeutschen *Haus*. Und was wurde aus einem mittelhochdeutschen *ei* in einem Wort wie *breit* im Dialekt des Ortes A, was im Ort B? In manchen Gebieten, so etwa im Ostschwäbischen, wurde dieses *-ei-* zu einem *-oi-*, sodass man das Wort jetzt als *broit* ausspricht, in anderen Gegenden wie etwa dem Westschwäbischen wurde es zu *-oa-*, sodass man dort *broat* sagt usw. Wenn man alle Laute nach diesem Verfahren durcharbeitet, erhält man das sprachliche Profil eines Ortes und kann für diesen eine Lautlehre erstellen. Dasselbe gilt auch für andere Teilbereiche wie die Grammatik, sodass am Schluss eine umfangreiche Beschreibung einer Ortsmundart entsteht.

Für die Einteilung von Sprachlandschaften nimmt man immer lautliche Veränderungen als Ausgangspunkt, weil sie – wie oben erwähnt – stets in mehreren Wörtern auftreten. Wer für *breit* heute *broat* sagt, sagt auch *hoaß* für *heiß*, *Goaß* für *Geiß*, *Loaterä* für *Leiter* usw. Dagegen betreffen Unterschiede im Wortschatz in der Regel immer nur ein Wort. Wenn zwei Ortschaften für ein und dieselbe Sache zwei verschiedene Benennungen haben, so muss dies bei der nächsten Sache nicht auch so sein. Es gibt allerdings auch den Fall, dass dort, wo sich besonders viele lautliche Gegensätze gegenüberstehen, auch Unterschiede im Wortschatz festzuhalten sind. Wir werden bei der Beschreibung der Außengrenze des Schwäbischen solche Sprachgrenzen mit Laut- und Wortgegensätzen noch kennenlernen.

Da sich die Dialekte nicht von der Standardsprache, im Volksmund Hochdeutsch genannt, ableiten lassen, kann man sie auch nicht einfach nachmachen. Wer nämlich glaubt, dass man Westschwäbisch kann, wenn man nach dem Hören von *Goaß* „Geiß" und *broat* für „breit" bei den Wörtern „Zeit" einfach *Zoat* und bei „weiß" einfach *woaß* sagen muss, der irrt gewaltig und wird von der schwäbischen Sprachgemeinschaft mit Recht ausgelacht. Die beiden ersten Wörter sind nämlich – wie oben erwähnt – auf einen mittelhochdeutschen Diphthong *-ei-* zurückzuführen, während die Wörter „Zeit" und „weiß" einen alten langen *î*-Laut fortsetzen, der im Schwäbischen als *-ei-* auszusprechen ist. Man spricht die beiden Wörter also als *Zeit* und *weiß* aus (**Abbildung 2**).

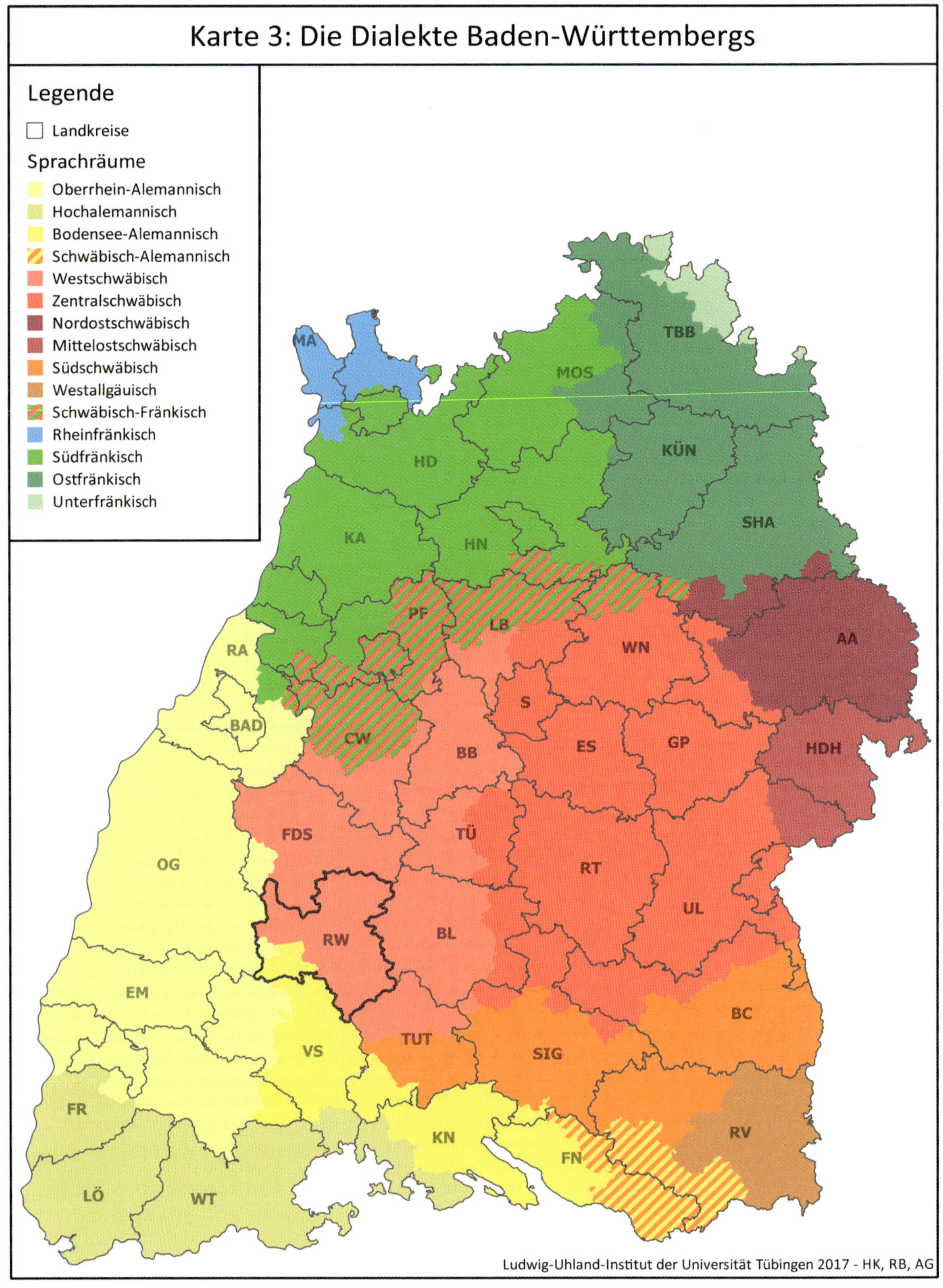

Karte 3: Die Dialekte Baden-Württembergs
Legende
Landkreise
Sprachräume
Oberrhein-Alemannisch
Hochalemannisch
Bodensee-Alemannisch
Schwäbisch-Alemannisch
Westschwäbisch
Zentralschwäbisch
Nordostschwäbisch
Mittelostschwäbisch
Südschwäbisch
Westallgäuisch
Schwäbisch-Fränkisch
Rheinfränkisch
Südfränkisch
Ostfränkisch
Unterfränkisch
MA
TBB
MOS
HD
KÜN
SHA
KA
HN
PF
LB
AA
WN
RA
S
BAD
CW
BB
ES
GP
HDH
FDS
TÜ
OG
RT
UL
RW
BL
EM
BC
TUT
VS
SIG
FR
KN
RV
FN
LÖ
WT
Ludwig-Uhland-Institut der Universität Tübingen 2017 - HK, RB, AG

4 Die baden-württembergischen Dialekte

Neben dem Rheinfränkischen gibt es in Baden-Württemberg mit dem Südfränkischen und dem Ostfränkischen noch zwei weitere „fränkische“ Dialekte. Das Südfränkische wird in einem schmalen Streifen von Buchen über Mosbach, Sinsheim, Bruchsal bis Karlsruhe gesprochen. Nach Osten schließt sich das Ostfränkische bis weit über die Landesgrenzen bei Wertheim, Tauberbischofsheim und Crailsheim hinweg an. Zu den typischen Merkmalen des Fränkischen gehören zum Beispiel die Veränderungen von *-b-* zu *-w-* wie etwa im Wort *Leber* und von *-g-* zu *-ch-/-r-* wie in *Magen*. Auch gibt es dort ein Zweiersystem im Plural, bei dem die 2. Pers. anders lautet als die 1. und 3. (*neemä, neemt, neemä*), während es im Schwäbischen in der Regel einen Einheitsplural (*neemät*) gibt. Das Ostfränkische hebt sich vom Südfränkischen durch die besonderen Lautungen *braat* „breit“, *Gaaß* „Geiß“, *haaß* „heiß“, *haaßä* „heißen“ usw. ab, was im Südfränkischen als *braait, Gaaiß, haaiß, haaißä* auszusprechen ist. Wichtig für eine großräumige Dialekteinteilung ist auch, dass die südfränkischen Dialekte den Diphthong *-iä-* (mhd. *ie*) zu einem Monophthong entwickelt haben, also *biätä* „bieten“ zu *biitä*. Dasselbe gilt für den Diphthong in Wörtern wie *Stuäl* „Stuhl“ und *Stiäl* „Stühle“, die im Südfränkischen als *Stuul* und *Stiil* auszusprechen sind. Und da von dieser „Monophthongierung“ immer mehrere Wörter betroffen sind, erweisen sich diese Unterschiede als wichtig für die Dialekteinteilung.

Die Dialekte südlich einer ungefähren Linie Karlsruhe – Heilbronn – Crailsheim gehören zu den alemannischen Dialekten. Diese alemannischen Dialekte werden dann in zwei weitere Großdialekte unterteilt, in die schwäbischen und die alemannischen Dialekte im engeren Sinne. Bei diesen setzt man dann das Oberrhein-Alemannische vom Bodensee-Alemannischen und vom Südalemannischen ab.

Entscheidend für die Abtrennung des Schwäbischen von den anderen alemannischen Familienmitgliedern war dessen Teilnahme an der „Diphthongierung“ der langen Vokale *-ii-* (mhd. *î*), *-uu-* (mhd. *û*) und *-üü-* (mhd. *iu*). Wörter wie *Ziit* „Zeit“, *Huus* „Haus“ oder *Hüüser* „Häuser“ erscheinen im Schwäbischen als *Zeit, Hous, Heiser*, während man am Oberrhein, im Südschwarzwald, im Gebiet Hochrhein – Bodensee, im südlichsten Allgäu, in Vorarlberg, Liechtenstein und in der Schweiz bis heute bei den alten mittelalterlichen Lautungen *Ziit, Huus/Hüüs* und *Hiiser/Hüüser* geblieben ist. Entstanden ist diese stark in das Lautsystem eingreifende Veränderung im Laufe des Mittelalters. In den Urkunden taucht sie zuerst im 12. Jahrhundert in Kärnten auf und erscheint in Bayern im 14., im deutschen Südwesten im 15. Jahrhundert, bevor sie im Kölner Raum schließlich im 16. Jahrhundert notiert wird. Die Sprachforscher gehen heute allerdings davon aus, dass diese zeitliche Abstufung in den schriftlichen Dokumenten nicht unbedingt die zeitliche Abfolge im Mündlichen wiedergeben muss. Manche sind auch der Ansicht, dass der Lautwandel an verschiedenen Stellen gleichzeitig entstanden sein könnte. Wie dem auch sei, unser Landkreis Rottweil gehört auf jeden Fall zu dem Gebiet, das von der Diphthongierung noch erfasst worden ist. Der Schwarzwald scheint zum Zeitpunkt der „Diphthongierungswelle“ eine Barriere gebildet zu haben, sodass man im badischen Rheintal und am Westabhang des Schwarzwaldes bei den alten Monophthongen geblieben ist.

3 **Der schwäbische Gesamtraum und die Unterteilung in die vier Großräume West-, Zentral-, Ost- und Südschwäbisch mit ihren Teilräumen**

Übergangsgebiete zu den Nachbardialekten

5 Warum verändern sich die Dialekte und wie entstehen Dialektgrenzen?

Dialekte verhalten sich wie Nationalsprachen. Sie verändern sich allein schon durch zwei Faktoren: durch die Zeit und durch den Raum. Betrachten wir zur Illustration die einwandernden Alemannen. Zum Zeitpunkt der Einwanderung dürfte ihre Sprache noch relativ einheitlich gewesen sein. Dann aber trennten sie sich, ließen sich an verschiedenen Stellen im Süden nieder, hatten über Jahrhunderte nur noch mit den nächsten Nachbarn Kontakt, und da sich Sprache – wie gesagt – prinzipiell im Laufe der Zeit verändert, musste dies zu einer Aufspaltung der einheitlichen Sprache in verschiedene Dialekte führen. Hinzu kommt der Faktor Raum. Je nachdem, wo man sich niederließ, hatte man mit anderen Dialekten und Sprachen Kontakt. Diejenigen Alemannen, die sich am Oberrhein niederließen, standen nun jahrhundertelang bis heute unter einem starken mittelrheinischen Einfluss, denn der Rhein war immer in Süddeutschland die größte Verkehrsachse, und so konnten sachliche wie sprachliche Neuerungen aus dem Norden in dieses Gebiet eindringen. Der Neckarraum war durch den siedlungsleeren Schwarzwald von diesem aus dem Mittelrheinischen beeinflussten Raum aber lange Zeit abgetrennt und über die Donau als Verkehrsachse eher nach Osten orientiert. In den heutigen Dialekten zeigt sich dieser Einfluss durch den Faktor Raum allein schon dadurch, dass aus der ursprünglich relativ einheitlichen Sprache westlich des Schwarzwalds die oberrhein-alemannischen, östlich des Schwarzwalds die schwäbischen Mundarten entstanden sind.

Mit der Siedlungsgrenze, der Naturgrenze (Schwarzwald) und der Verkehrsachse (Rheintal) haben wir schon drei Faktoren kennengelernt, die für die Entstehung von Dialektgrenzen wichtig sind. Nicht immer sind allerdings Berge und Flüsse Grund für eine sprachliche Trennung. Dies gilt zum Beispiel nicht für den Rhein, der bei der Entwicklung der Dialekte auf der linken und rechten Uferseite keine große Rolle spielte, was damit zusammenhängt, dass viele Bauern auf beiden Seiten Besitz hatten und mit dem Kahn immer wieder auf die andere Seite hinüberfuhren. Das war problemlos möglich, da der Rhein noch nicht kanalisiert worden war und in vielen Schlingen verlief.

Dass Dialektgrenzen heute teilweise ganz nahe beieinanderliegen, hängt oft mit dem Umstand zusammen, dass zwei Siedlungen früher weit auseinanderlagen und man erst im Laufe der Jahrhunderte von beiden Seiten das dazwischenliegende Ödland besiedelte. Dies ist zum Beispiel auf dem Kniebis so geschehen, wo oberrhein-alemannische Siedler aus den Seitentälern des Rheintals oben auf dem Pass auf schwäbische Siedler aus dem Neckarraum stießen und die Passstraße zur Dialektgrenze wurde. Der Sprachforscher Gerhard W. Bauer hat diese Dialektgrenze eingehend untersucht und als Zusammenfassung eine Kombinationskarte erstellt, auf der die schwäbisch-alemannische Dialektgrenze als Mundartgrenze 1. Grades eingetragen ist (**Abbildung 3**). Ein weiteres Beispiel in unserem Bundesland ist die schwäbisch-fränkische Dialektgrenze zwischen Ellwangen und Crailsheim. Um zu verstehen, wie es zu großen Dialektgrenzen kommen kann, wollen wir uns diese Grenze etwas genauer anschauen.

Die schwäbisch-fränkische Dialektgrenze nördlich von Ellwangen kann man zwar haarscharf bestimmen, aber in der Natur ist diese Grenze überhaupt nicht sichtbar. Bei der Frage nach der Ursache für die dort existierende gewaltige Dialekt-

4

Die Außengrenze des Schwäbischen
Das schwäbisch-fränkische Übergangsgebiet zwischen Neckar und Jagst (1)
Südfränkisch
Ostfränkisch
Gerabronn
Neckarsulm
Öhringen
Kupferzell
Heilbronn
Löwensteiner Berge
Schwäbisch Hall
Crailsheim
Kreßberg
Frankenhardt
Lauffen
Schwäbisch-fränkisches Übergangsgebiet
Geifertshofen
Stimpfach
Gaildorf
Jagstzell
Sulzbach a. d. M.
Bühlerzell
Ellwangen
Ludwigsburg
Gschwend
Kocher
Jagst
Rudersberg
Abtsgmünd
Zentralschwäbisch
Neckar
Ostschwäbisch
Waiblingen
Stuttgart
Schwäbisch Gmünd
H. Klausmann

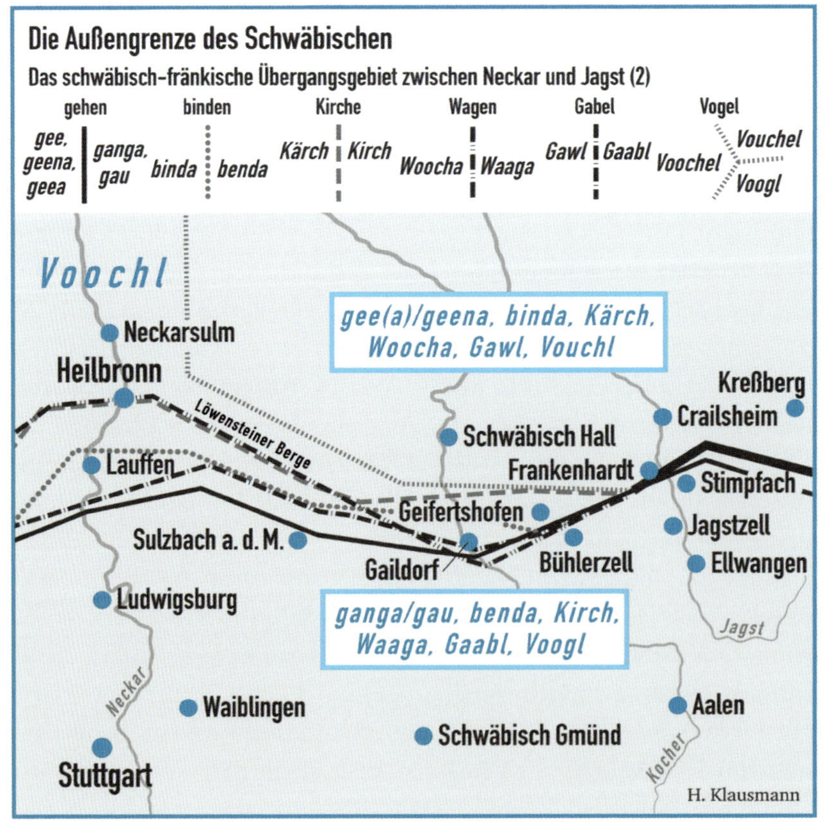
Die Außengrenze des Schwäbischen
Das schwäbisch-fränkische Übergangsgebiet zwischen Neckar und Jagst (2)
gehen
gee, geena, geea | ganga, gau
binden
binda | benda
Kirche
Kärch | Kirch
Wagen
Woocha | Waaga
Gabel
Gawl | Gaabl
Vogel
Voochel | Vouchel | Voogl
Voochl
Neckarsulm
gee(a)/geena, binda, Kärch, Woocha, Gawl, Vouchl
Heilbronn
Kreßberg
Crailsheim
Löwensteiner Berge
Schwäbisch Hall
Lauffen
Frankenhardt
Stimpfach
Geifertshofen
Jagstzell
Sulzbach a. d. M.
Bühlerzell
Gaildorf
Ellwangen
Ludwigsburg
ganga/gau, benda, Kirch, Waaga, Gaabl, Voogl
Jagst
Neckar
Waiblingen
Aalen
Schwäbisch Gmünd
Kocher
Stuttgart
H. Klausmann

grenze muss man auf den Beginn der Besiedlung dieses Raumes zurückgehen. Wir dürfen heute für das Gebiet südlich dieser Dialektgrenze, also für den Raum Aalen – Nördlingen, von einer frühen germanischen Siedlungsaktivität ausgehen, wobei sich die ersten Siedlergruppen genau südlich des Limes niederließen, also in einem Gebiet, das schon die Kelten und danach die Römer kultiviert hatten. Heute weisen noch die Ortsnamen auf *-ingen* und *-heim*, denen meist ein Personenname vorangeht, auf die frühe germanische Besiedlung hin. Bis zum 8. Jahrhundert ist unmittelbar nördlich des Limes, also dort, wo heute Ellwangen und seine Nachbarorte liegen, keinerlei alemannische Siedlungsaktivität feststellbar. Dies ändert sich erst mit der Gründung des Klosters Ellwangen 764. Da die Einkünfte der Untertanen die Lebensgrundlage eines Klosters waren, wurde wahrscheinlich schon sehr bald vom Kloster Ellwangen aus der Virngrund gerodet und besiedelt. Nördlich des einstigen Ödlandes lagen von Anfang an fränkische Siedlungsgebiete, die später zur reichen Stadt Hall, heute Schwäbisch Hall, zur Comburg oder zum Ansbacher Territorium gehörten. Durch die von Ellwangen ausgehenden Rodungen jagstabwärts sowie rechts und links der Jagst entstand nördlich von Ellwangen, als man schließlich auf fränkisches Gebiet stieß, eine Siedlungsgrenze. Die Siedlungsgrenze war dann jahrhundertelang eine Territorialgrenze, die später zu einer Konfessionsgrenze wurde. Diese Grenze bestand also über sehr lange Zeit und wurde erst durch die Kreisreform im letzten Jahrhundert leicht verändert, indem Ortschaften, die noch nie zusammengehört hatten, trotz Sprach- und Konfessionsgrenzen zusammengelegt wurden. Heute können wir beobachten, dass die schwäbisch-fränkische Grenze mitten durch die so neu entstandenen Verwaltungsgemeinschaften hindurchgeht. Dies ist zum Beispiel bei den Orten Rosenberg und Stimpfach der Fall.

Noch heute treffen an der schwäbisch-fränkischen Dialektgrenze zahlreiche Lautgegensätze aufeinander, so zum Beispiel *Waagä – Woochä* „Wagen“, *laadä – loodä* „laden“, *Gaabel – Gawwel* „Gabel“, *Haad – Hend* „Hand (Einzahl!)“, *Keed – Kiind* „Kind“, *Kirch – Kärch* „Kirche“, *Voogel – Vouchel* „Vogel“, *bendä – bindä* „binden“, *Fuijer – Faijer* „Feuer“. Hinzu kommen noch Unterschiede in der Grammatik (*gangä – geenä* „gehen“) und sogar im Wortschatz (*Huhn – Henne* „Huhn“, *Eier – Gackelich* „Eier (Mehrzahl)“), was nur bei großen Dialektgrenzen zu beobachten ist (**Abbildung 4**).

Die Bedeutung der Siedlungsgrenzen und der Territorialgrenzen für die Auseinanderentwicklung und Grenzbildung der Dialekte erreichen die heutigen politischen Grenzen nicht. Die Aufteilung in Bundesländer und Landkreise ist zu jung, als dass sie sich auf große sprachliche Prozesse auswirken könnte. Man sieht dies allein schon an der Tatsache, dass sich das Schwäbische sowohl in einem anderen Bundesland, nämlich Bayern (Bayerisch-Schwaben), als auch in einem anderen Nationalstaat, nämlich Österreich (Gebiet um Reutte/Tirol), fortsetzt. Solche Grenzen spielen nur bei neueren Begriffen aus der Verwaltung eine Rolle.

Schließlich ist aber auch noch das Prestige einer Bevölkerungsgruppe bei der Bildung von Dialektgrenzen zu berücksichtigen. Wir sehen dies deutlich an der Entwicklung im Bodenseegebiet. Dort ersetzen heute schwäbische Lautungen wie *Hous* und *Zeit* die alten alemannischen Lautungen *Huus* und *Ziit*. Den Anfang machen die Städte, wo offenbar das Schwäbische ein höheres Prestige besitzt als das Alemannische. Da die städtische Sprechweise dann ihrerseits gegenüber der ländlichen Sprachform höheres Prestige besitzt, wird sie auf dem Land übernommen. Auf diese Weise bewegt sich die alemannisch-schwäbische Grenze in Oberschwaben heute in Richtung Bodensee.

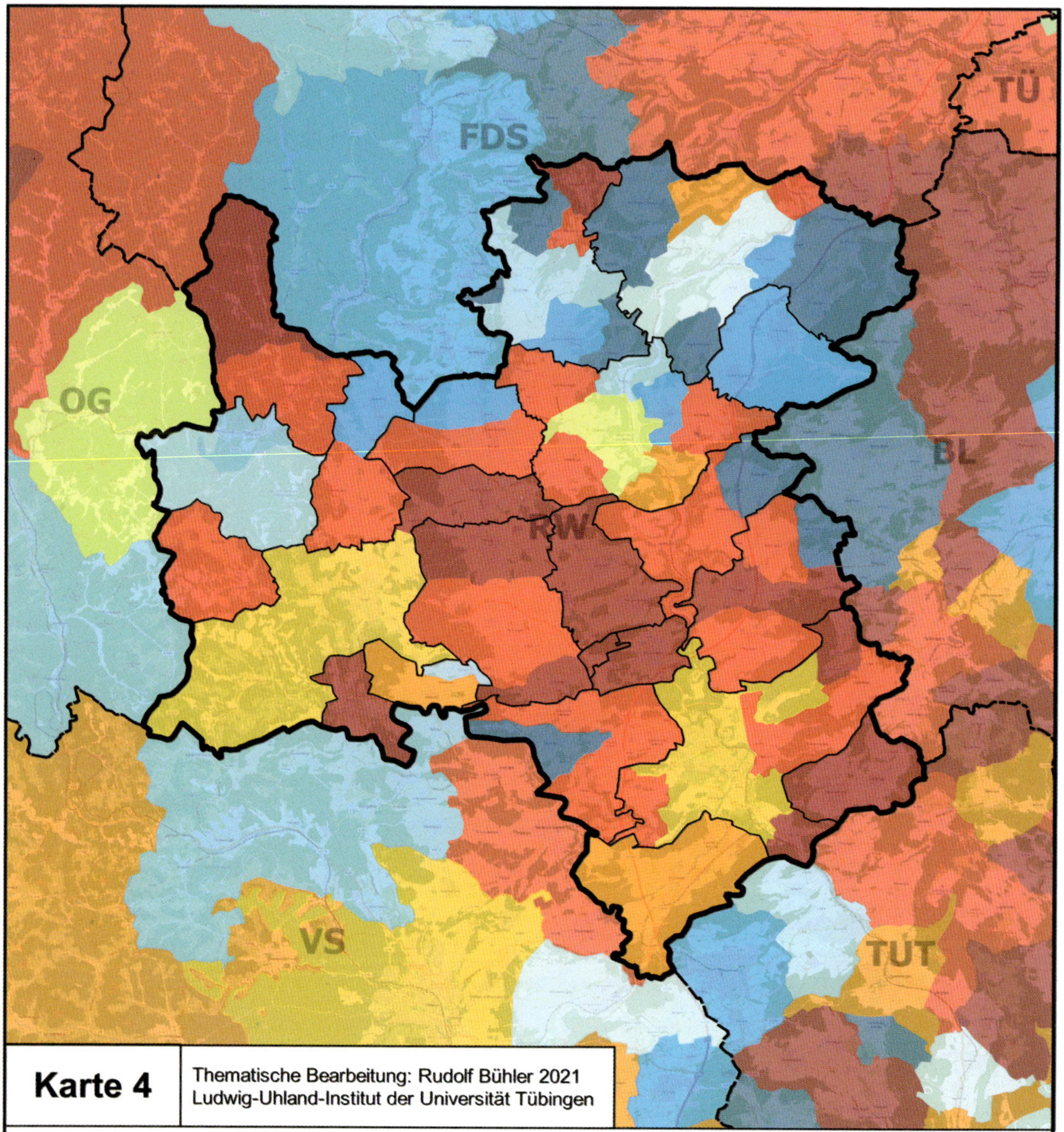
FDS
TÜ
OG
BL
RW
VS
TUT

Karte 4 Thematische Bearbeitung: Rudolf Bühler 2021
Ludwig-Uhland-Institut der Universität Tübingen

Konfessionelle Gliederung im Landkreis Rottweil (1961)

Nach: Historischer Atlas von Baden-Württemberg, Karte VIII.14

Legende

- 91-100% ev
- 81-90% ev
- 71-80% ev
- 61-70% ev
- 51-60% ev
- 51-60% rk
- 61-70% rk
- 71-80% rk
- 81-90% rk
- 91-100% rk

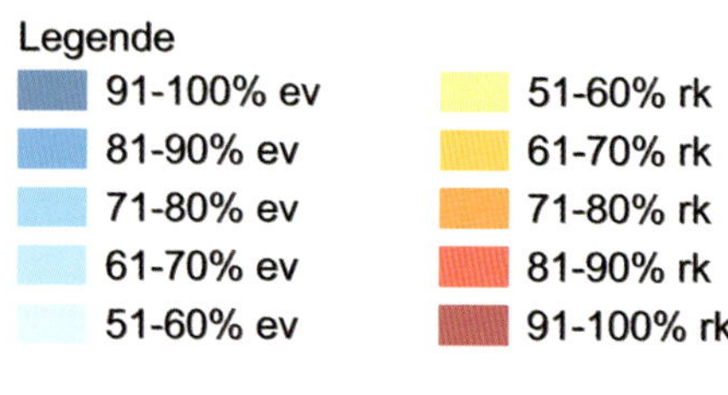

6 Hängen Konfessionsgrenzen und Dialektgrenzen zusammen?

Da bis vor wenigen Jahrzehnten jeder wusste, welcher Ort katholisch und welcher Ort evangelisch war, hat man auf diesen Unterschied auch dialektale Unterschiede übertragen nach dem Motto: „Die sprechen ganz anders, die sind katholisch." Wenn wir die Karte mit der Konfessionszugehörigkeit im Landkreis Rottweil anschauen und die dialektalen Verhältnisse, die in diesem Buch dargelegt werden, als Vergleich heranziehen, so muss man sagen, dass die Konfession für die dialektale Gliederung im Landkreis eine geringe Rolle spielt (**Karte 4**). Konfessionsgrenzen können sprachliche Unterschiede unterstützen, aber sie sind nicht der Grund für größere Dialektgrenzen.

Immerhin aber können alte kirchliche Verwaltungseinheiten aufgrund des Einflusses der Pfarrer direkt auf die Anwendung einzelner Wörter einwirken. So können wir zum Beispiel nachweisen, dass die ostschwäbische Bezeichnung *Aftermontag* „Dienstag" nur im alten Bistum Augsburg üblich wurde. Dort müssen sie die Pfarrer gegen die alte heidnische Bezeichnung *Zistag*, in welcher der Kriegsgott *Zio* verehrt wurde, durchgesetzt haben. Die Bezeichnung *Aftermontag* ist dagegen ganz neutral und bedeutet nichts anderes als den Tag – man vergleiche englisch *after* – nach dem *Montag*. Interessant ist, dass im Raum Ellwangen die Nordgrenze des Verbreitungsgebiets von *Aftermontag* ebenso genau mit der Nordgrenze des alten Bistums Augsburg übereinstimmt wie bei der Südgrenze, wo diese Bezeichnung noch bis ins Lechtal und bis zum Fernpass reicht.

Ältere Leserinnen und Leser werden sich noch daran erinnern, dass man früher keinen Partner aus der „falschen" Religion nach Hause bringen durfte. Die Religionszugehörigkeit kann aber nicht nur wie die Territorialzugehörigkeit den Kommunikationsradius einschränken, sondern sie kann – ähnlich wie die alten Bistümer – auch direkt auf einzelne Wörter einwirken. Und selbstverständlich sind das dann Wörter, die mit der Religionsausbildung zusammenhängen. Als Beispiel sei das Wort *Seele* genannt, das im Schwäbischen in vielen katholischen Gemeinden mit einem geschlossenen *-e-* als *Seel*, in vielen evangelischen Gemeinden dagegen mit einem *ä*-Laut als *Sääl* ausgesprochen wird. Eigentlich aber müsste es im West- und Zentralschwäbischen konfessionsübergreifend die *Sail*, im Ostschwäbischen die *Säal* sein. Dasselbe gilt für den *Leerär – Läärär* „Lehrer" und die *Eere – Äare* „Ehre". Heute sind diese Unterschiede allerdings verloren gegangen.

7 Die Aufteilung des schwäbischen Sprachraums und der Rottweiler Raum

Das schwäbische Sprachgebiet umfasst einen riesigen Raum, der von der Jagst im Norden bis zum Fernpass im Süden, vom Kniebis im Nordschwarzwald bis zum Hesselberg im Osten reicht. Es ist klar, dass in einem solch großen Raum nicht überall das gleiche Schwäbisch gesprochen werden kann. Wie immer in der Dialektforschung werden für die weitere Unterteilung lautliche Merkmale herangezogen, und zwar solche, die wieder nicht nur für ein Einzelwort, sondern für eine ganze Gruppe von Wörtern stehen. In diesem Fall bieten sich die mundartlichen Umsetzungen der Wörter „breit" (mhd. *ei*) und „Schnee" (mhd. *ê*) an. Wie „breit" gehen auch viele andere Wörter, so zum Beispiel „Seife", „Seil", „Leiter", „Weizen". Und die lautliche Besonderheit bei „Schnee" finden wir auch bei „Reh" (mhd. *ê*) und „Ostern", sowie bei „Floh", „hoch", „groß" (mhd. *ô*) und „größer",

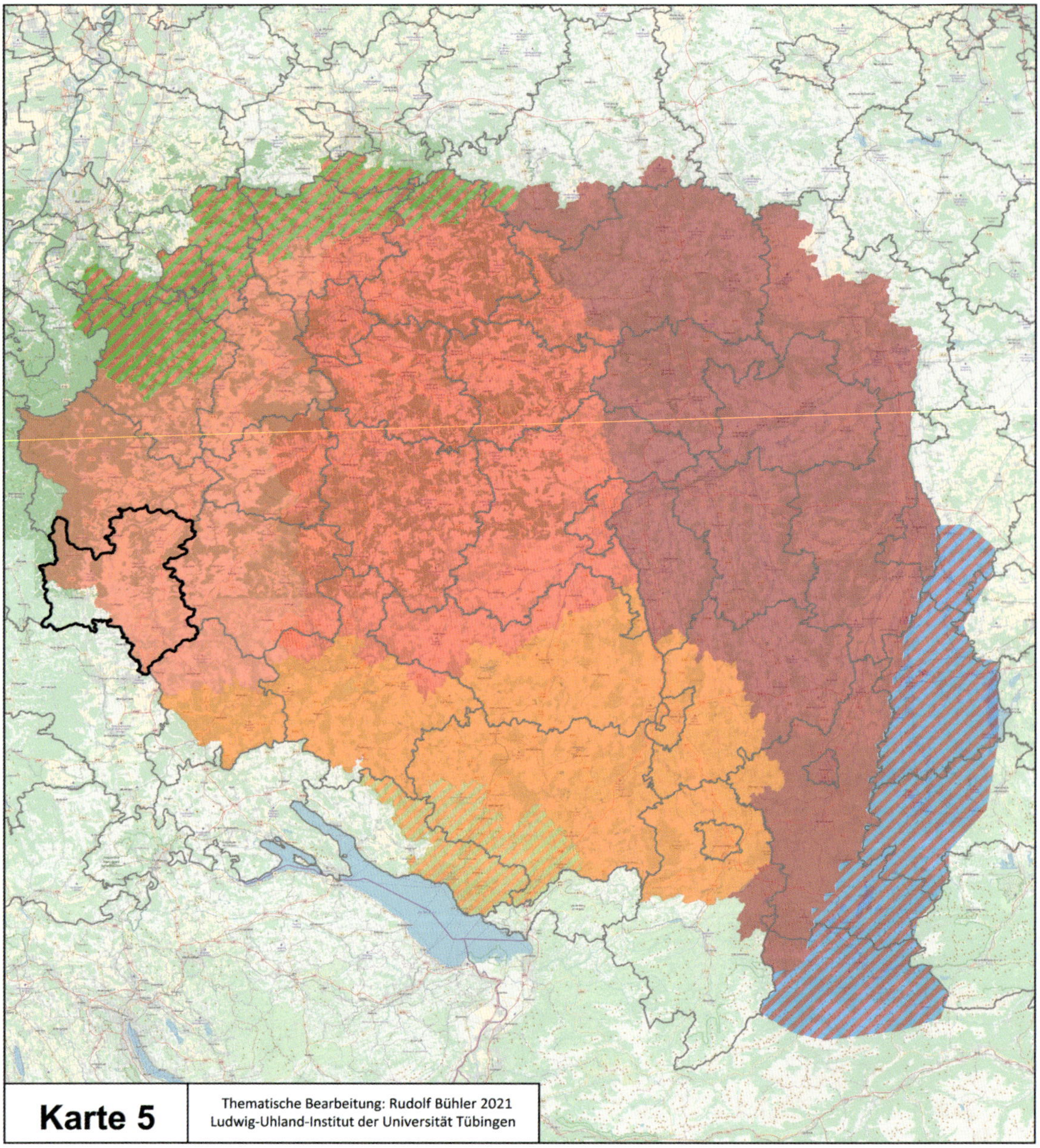

Karte 5

Thematische Bearbeitung: Rudolf Bühler 2021
Ludwig-Uhland-Institut der Universität Tübingen

Der Landkreis Rottweil in der schwäbischen Sprachlandschaft

Legende

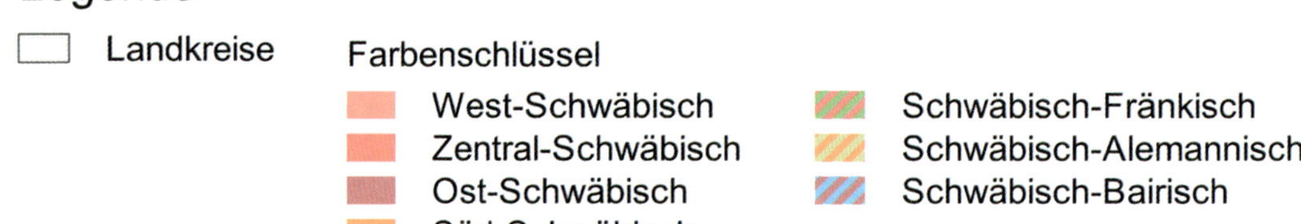

„höher", „Flöhe" (mhd. *oe*). Lediglich bei der Charakterisierung des Westallgäuischen können wir Wortbesonderheiten feststellen. Gerade im Bereich der Landwirtschaft gibt es dort zahlreiche Wörter, die nur in diesem Kleinraum vorkommen.

Wenn wir uns nun auf die vier schwäbischen Großräume konzentrieren, so können wir folgende Unterteilung festhalten (**Karte 5**):

(1) West-Schwäbisch

Typisch für diesen Raum sind der *oa*-Laut in *Goaß* „Geiß", *broat* „breit", *hoaß* „heiß" und vielen anderen Wörtern mit der gleichen Herkunft (mhd. *ei*) sowie der *ai*-Laut in *Schnai* „Schnee", der *au*-Laut in *grauß* „groß" und der *ai*-Laut in *graißer* „größer". Das Westschwäbische reicht vom Schwarzwaldkamm bis zu einer ungefähren Linie Stuttgart – Tübingen – Sigmaringen. In diesem Gebiet liegen auch die meisten Mundarten des Landkreises Rottweil.

(2) Zentral-Schwäbisch

Mit dem Westschwäbischen gemeinsam hat das Zentralschwäbische die Lautungen *Schnai, grauß, graißer*. Doch unterscheidet es sich von diesem Nachbardialekt durch die *oi*-Lautung in *Goiß* „Geiß", *broit* „breit", *hoiß* „heiß". Das Zentralschwäbische reicht von Stuttgart bis Schwäbisch Gmünd, von Albstadt bis Ulm. Da darin zahlreiche weitere größere Städte wie Waiblingen, Schorndorf, Esslingen, Göppingen, Reutlingen oder Tübingen liegen, wird dieser Dialekt oft auch als der typische schwäbische Dialekt angesehen.

(3) Ost-Schwäbisch

Das Ostschwäbische wiederum teilt mit dem Zentralschwäbischen den *oi*-Laut in *Goiß, broit, hoiß*, sagt aber nicht *Schnai, grauß, graißer*, sondern *Schnäa, groaß, gräaßer*. Ostschwäbisch wird zwischen Schwäbisch Gmünd und Donauwörth, zwischen Augsburg und Memmingen gesprochen.

(4) Süd-Schwäbisch und Südwest-Schwäbisch

Zu den Hauptmerkmalen des Südschwäbischen, das erst südlich der Donau beginnt, gehören die Lautungen *Goiß, broit, hoiß* wie im Zentral- und Ostschwäbischen, doch sagt man hier weder *Schnai* noch *Schnäa*, sondern *Schnee*, und weder *grauß* noch *groaß*, sondern *grooß*. Der Südteil des Landkreises Rottweil bildet durch die Kombination der westschwäbischen Lautung *Goaß* (Karte 57) und der südschwäbischen Lautung *Schnee* (Karte 54) bereits ein Übergangsgebiet, das wir Südwestschwäbisch nennen können.

8 Dialekt, „Hochdeutsch" und die sprachlichen Klischees

Wenn unsere Dialekte die natürliche Fortsetzung der alt- und mittelhochdeutschen Sprache sind, so kann man sie nicht – wie es häufig getan wird – als „falsches Hochdeutsch" bezeichnen, da sie sich überhaupt nicht vom Hochdeutschen herleiten lassen. Dieses „Hochdeutsch", das die Sprachwissenschaftler heute lieber Standarddeutsch nennen, hat seine eigene Geschichte. Es ist, wie oben schon skizziert wurde, auf jeden Fall nicht – wie dies in anderen Ländern der Fall war – der verschriftlichte Dialekt der wirtschaftlich und politisch wichtigsten Region eines Landes, sondern es ist eine überregionale „Kompromiss-Schreibform", die zunächst nirgends gesprochen wurde, sondern die sich über Jahrhunderte entwickelte.

Eine überregionale Schreibform war nämlich im Laufe der Jahrhunderte immer notwendiger geworden, da Verwaltungsakte im ganzen Reich verstanden werden mussten und auch weil der Handel zunehmend an Bedeutung gewann. Und der Handel benötigte schriftliche Verträge und Abkommen, die man überall verstand. Als dann auch noch der Buchdruck erfunden wurde, verstärkte sich der Wunsch nach einer einheitlichen Schriftsprache zusätzlich, denn die Drucker wollten ihre aufwendig erstellten Drucke natürlich in

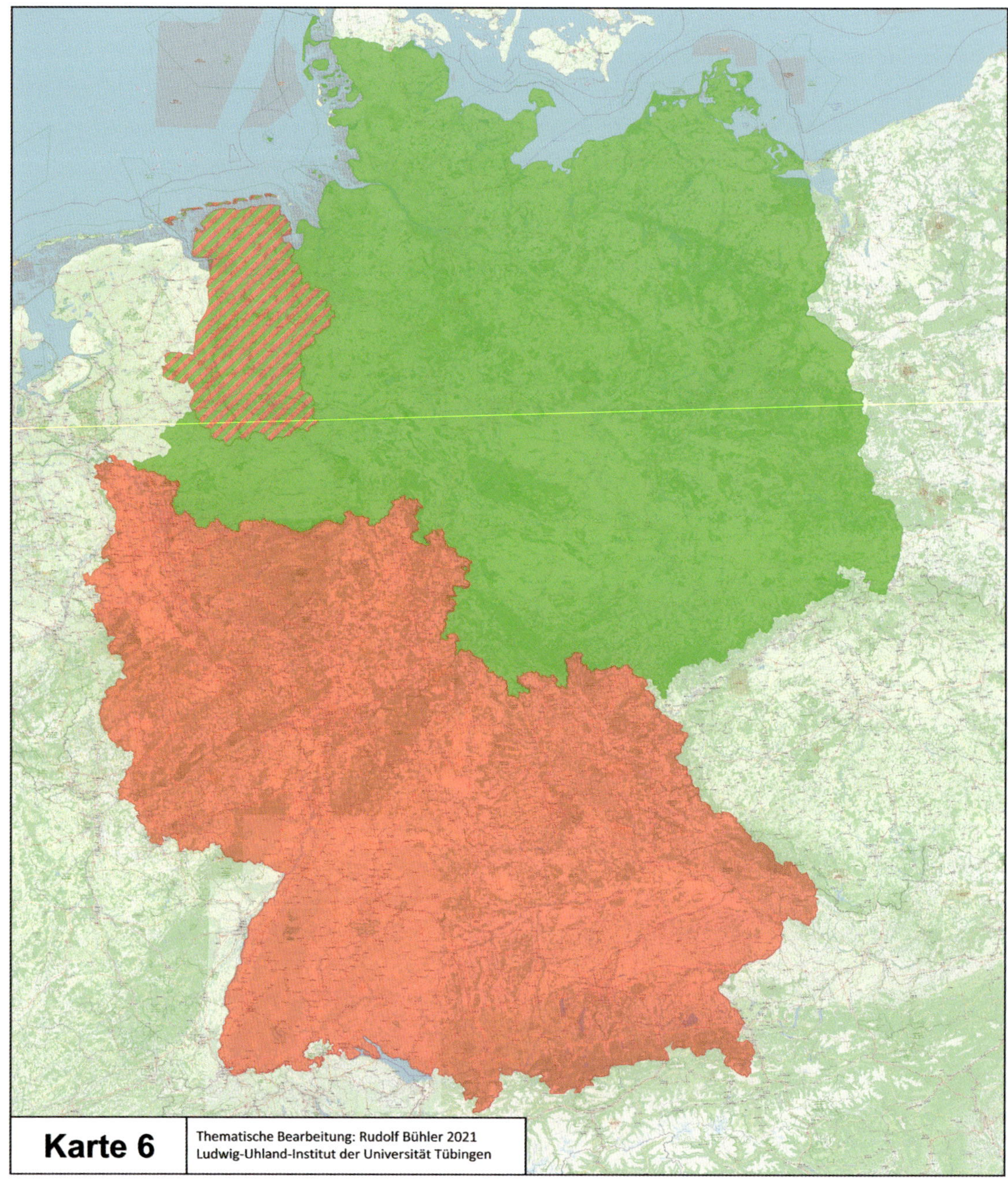

Die Bezeichnungen für den „Samstag“ im deutschen Sprachraum

Verbreitung der Varianten nach König 2011a

- Samstag
- Sonnabend
- Samstag [früher: Sater(s)tag]

einem möglichst weiten Gebiet verkaufen. Und diese Resonanz wollte auch Luther mit seiner Bibelübersetzung erreichen.

Die deutsche Sprachwissenschaft hat sich übrigens inzwischen auch von der Vorstellung verabschiedet, dass es nur ein einziges richtiges Deutsch geben muss, sondern man spricht heute von einer polyzentrischen Standardsprache. Dies bedeutet, dass es für manche Dinge im Deutschen mehrere richtige Lösungen gibt. So kann man zum Beispiel den „Tag vor dem Sonntag" sowohl *Samstag* als auch *Sonnabend* nennen. Beide Bezeichnungen sind richtig. Sie haben lediglich einen unterschiedlichen regionalen Geltungsbereich: *Samstag* sagt man im Süden und in der Mitte des deutschen Sprachraums, *Sonnabend* im Norden und im Osten (**Karte 6**). Mit der Auffassung der deutschen Standardsprache als einer Sprache mit mehreren regionalen Varianten ist nun auch die so häufig gestellte Frage, wo man das beste Deutsch spricht, überflüssig geworden. Es gibt letztendlich für den Norden, den Osten, den Westen, den Süden, die Schweiz, Vorarlberg usw. verschiedene richtige Lösungen. Allerdings darf man jetzt nicht gleich zum Gegenteil übergehen und behaupten, dass man dann auch sprechen kann, wie man will. So ist es nicht. Die Sprachgemeinschaften in den verschiedenen Regionen wissen genau, was in ihrer Gegend akzeptiert werden kann und was nicht. Und die Frage, was die einzelnen Regionen in der Standardsprache im Lautlichen, in der Grammatik oder im Wortschatz akzeptieren, beschäftigt wiederum die Dialektforschung.

In der deutschen Gesellschaft gibt es einen sehr starken Wunsch nach Einheitlichkeit. Damit verbunden ist das Festhalten von sprachlichen Klischees, die man auch als „sprachliche Ideologien" bezeichnen kann. Unter dem Begriff „sprachliche Ideologie" werden sprachliche Norm- und Wertvorstellungen zusammengefasst, die der Bewertung von sprachlichen Praktiken dienen. Sprachliche Ideologien können Sprachgemeinschaften stabilisieren oder zerstören. Für die Diskussion um die richtige Standardsprache sind folgende Ideologien von Bedeutung:

- der Standardismus: Darunter versteht man die Überzeugung, dass die Standardsprache eine besondere Bedeutung hat und anderen Varietäten vorzuziehen ist.
- der Homogenismus: Darunter versteht man die Ansicht, dass es immer nur eine richtige sprachliche Lösung geben kann, da sonst die Kommunikation gestört wird.
- der Hannoverismus: Darunter versteht man die bis heute überall in Deutschland zu findende Ansicht, dass man in Hannover das beste Deutsch spricht.

Sprachwissenschaftlich ist keine einzige sprachliche Ideologie haltbar. So erfüllt zum Beispiel in der Schweiz im mündlichen Bereich die Mundart alle Funktionen, die bei uns die Standardsprache ausfüllt, womit die sprachliche Ideologie des Standardismus widerlegt ist. Ebenso ist der Homogenismus für eine erfolgreiche Kommunikation nicht zwingend, da einerseits die Zahl der Varianten begrenzt ist und andererseits – wie das Beispiel *Sonnabend/Samstag* zeigt – viele Varianten der anderen Regionen wenigstens passiv bekannt sind. Und drittens sprechen die Menschen in Hannover kein neutrales Standarddeutsch, sondern dessen norddeutsche Variante, wenn sie *Tach* „Tag" oder *Kriich* „Krieg" sagen.

Entscheidend ist aber, dass diese sprachlichen Ideologien automatisch zu einer Stigmatisierung aller Sprecherinnen und Sprecher führen können, die nicht dem darin entworfenen Bild entsprechen. Diese Stigmatisierung kann dann explizit oder implizit auftreten. Explizit ist sie, wenn man direkt darauf Bezug nimmt, implizit, wenn sie zwischen den Zeilen erfolgt. Ein Beispiel für eine implizite Stigmatisierung wäre eine Aufforderung wie „Sag es noch einmal schöner!".

5 Umfrage unter Referendarinnen und Referendaren zum „korrekten Hochdeutsch“ 2017

Wo wird Ihrer Meinung nach das beste Hochdeutsch gesprochen?

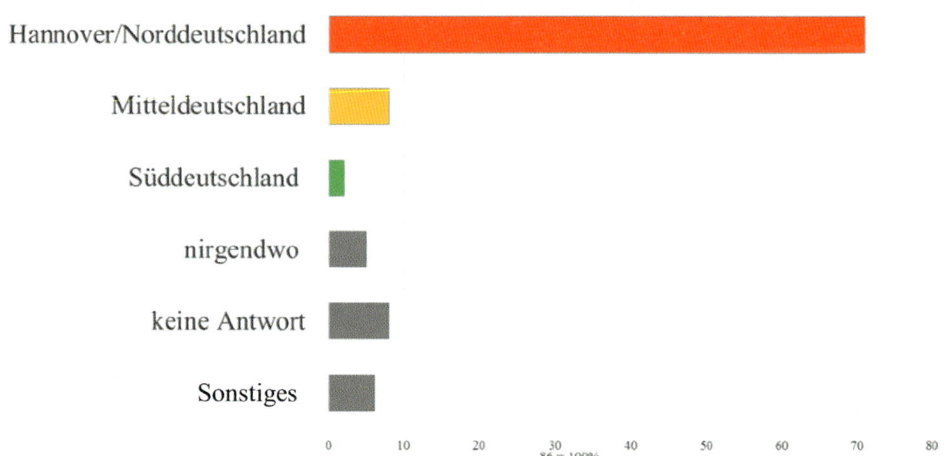

Was ist korrektes Hochdeutsch – Flur oder Gang?

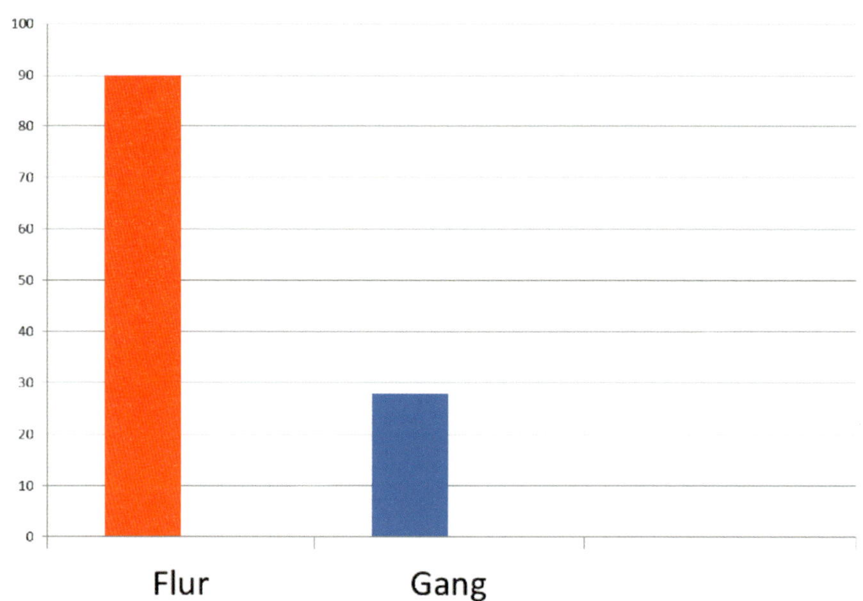

Welche Auswirkungen sprachliche Ideologien direkt auf den Sprachgebrauch haben können, zeigen Untersuchungen, die ich am Ludwig-Uhland-Institut der Universität Tübingen durchgeführt habe. 2012 habe ich in ganz Baden-Württemberg 250 Deutschlehrerinnen und Deutschlehrern und 2017 – zusammen mit Frank Janle – knapp 100 Referendarinnen und Referendaren eine Liste mit Wörtern aus Süd- und Norddeutschland vorgelegt, die in einfache Sätze eingebunden waren. Alle Personen wurden gebeten, ihre Wertung abzugeben, ob man die angeführten Wörter in einem Schulaufsatz als „Standard" (Hochdeutsch) akzeptieren oder nicht akzeptieren kann. Um die Beantwortung zu erleichtern, wurde auch noch das Angebot gemacht, mehrere Lösungen als richtig anzustreichen. Darüber hinaus wurden auch Fragen zum besten Hochdeutsch und zu anderen Einschätzungen im Zusammenhang mit Dialekt und Hochsprache gestellt. Das Ergebnis war eindeutig: Die Auffassung, was Standarddeutsch ist, ist relativ. Die vorgelegten Wörter wurden bezüglich ihrer Einstufung in die Register Dialekt – Standard ganz unterschiedlich bewertet. So war für das oberste Stockwerk unter dem Dach für einige *Dachboden* das richtige „hochdeutsche" Wort, für andere *Speicher* oder *Bühne*. Bei der erwähnten Umfrage war der befragte Personenkreis auch mehrheitlich der Ansicht, dass man in Hannover das beste Deutsch spricht. Entsprechend dieser Meinung wurden dann bei der Auswahl norddeutsche Varianten als „hochdeutsch", süddeutsche Varianten als „nicht hochdeutsch" beurteilt. Norddeutsche Wörter wie *Zahnschmerzen*, *Flur*, *nach Hause* und *Putzlappen* wurden daher von 90 % der Befragten als „hochdeutsch" eingestuft, während die entsprechenden süddeutschen Bezeichnungen *Zahnweh*, *Gang*, *heim* und *Putzlumpen* nur bei 10 % Gnade fanden.

Dass es den gerade erwähnten direkten Zusammenhang zwischen den sprachlichen Ideologien und der Sprachwahl gibt, beweist nochmals **Abbildung 5**. Auf die Frage, wo das beste Deutsch gesprochen wird, antworteten im Jahr 2017 bei der oben genannten Untersuchung 70 % der befragten Personen in Baden-Württemberg, dass dies in Hannover und in Norddeutschland sei. Die gleiche Gruppe wählte dann entsprechend das Wort *Flur* als das richtige hochdeutsche Wort aus, obwohl das ebenfalls vorgeschlagene Wort *Gang* genauso gut hochdeutsch ist. Auch bei anderen Wörtern bevorzugte die Gruppe die norddeutschen gegenüber den eigenen süddeutschen Wörtern.

Standardismus, Homogenismus und Hannoverismus sind in der deutschen Gesellschaft seit vielen Jahrzehnten fest verankert. Unsere Untersuchungen haben gezeigt, dass diese Ideologien sich direkt auf den Sprachgebrauch auswirken. Dass dies so ist, hängt auch mit der Öffentlichkeit zusammen, wo in den Medien wie Radio und Fernsehen, aber auch in der Schule diese sprachlichen Ideologien von Generation zu Generation weitergetragen werden. Dies führt automatisch zu einer Benachteiligung der süddeutschen Sprechweise. Und dies gilt, wie der Augsburger Sprachwissenschaftler Werner König nachgewiesen hat, auch für den lautlichen Bereich. Lautungen wie die schon erwähnten *Tach* „Tag", *Kriich* „Krieg", aber auch *Leeden* „Läden", *Steedte* „Städte" oder *Schweebischer Wald* sind nicht hochdeutsch, wie uns suggeriert wird, sondern einfach nur norddeutsch.

6 Die sprachlichen Ebenen und die Verwendung des Dialekts im Alltag in Süddeutschland (1)

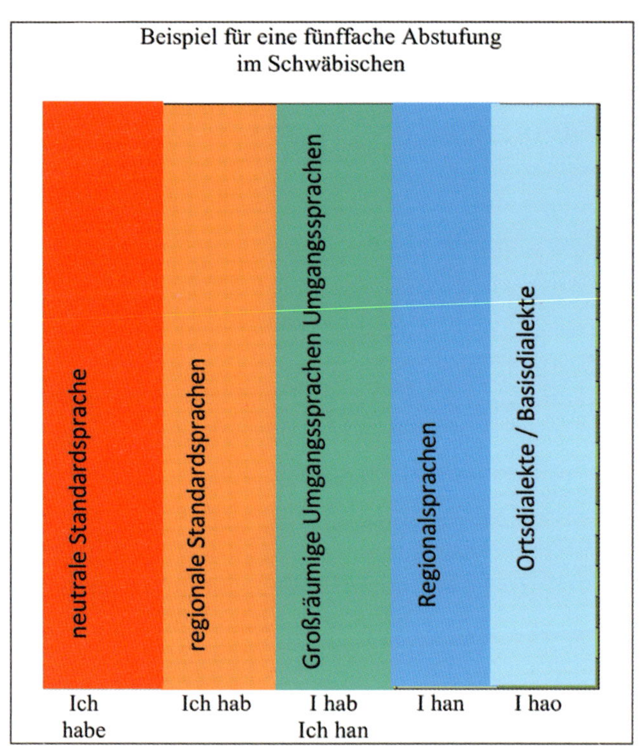

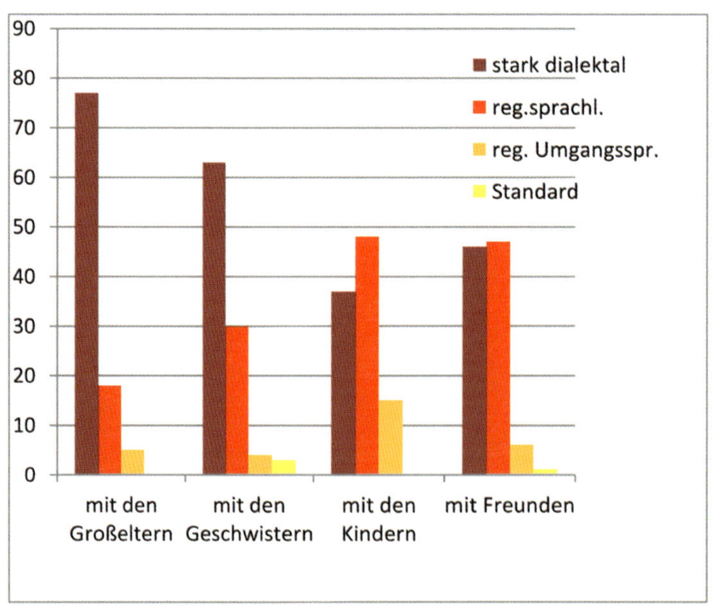

9 Die sprachlichen Ebenen in Süddeutschland

Der süddeutsche Sprachraum ist im Gegensatz zum norddeutschen Raum, aber auch zur Schweiz dadurch gekennzeichnet, dass es neben der Standardsprache (Hochdeutsch) und den Dialekten noch Zwischenstufen gibt. Dies hängt damit zusammen, dass die Menschen im Süden Deutschlands heute immer noch einen Ortsdialekt sprechen, aber gleichzeitig ihre Ortschaften tagsüber oft verlassen müssen, um anderswo zu arbeiten. An ihrer Arbeitsstelle können sie aber nicht einfach weiter in ihrem Dialekt sprechen, da sie dann nicht von allen verstanden würden. Aus diesem Grund wählen süddeutsche Sprecherinnen und Sprecher in solchen Situationen eine Zwischenebene. Und da ihnen neben dem Ortsdialekt auch die Hochsprache vertraut ist, bilden sie Kompromissformen, die zwischen ihrem Ortsdialekt und der Standardsprache liegen. So wechselt ein schwäbischer Dialektsprecher zum Beispiel in einer solchen Situation von *i hau gschafft* zunächst zu *i han gschafft* und, wenn es die Situation und der Gesprächspartner verlangen, zu *i hab gschafft*, weiter zu *ich hab gschafft* bis hin zu *ich hab gearbeitet* und schließlich zu *ich habe gearbeitet*. Vor einer solchen Wahl steht der süddeutsche Sprecher immer wieder und zwar sowohl in der Grammatik, beim Wortschatz als auch beim Lautlichen. Arno Ruoff, der einer der besten Kenner der schwäbischen Sprachverhältnisse war, unterschied letztendlich fünf verschiedene Ebenen, auf denen sich die Schwaben sprachlich aufhalten können (**Abbildung 6 oben**): 1. Ortsmundart, 2. Regionalsprache, 3. Großräumige Umgangssprache, 4. Regionale Hochsprache, 5. Hochsprache (Standardsprache). Eine so große Auswahl gibt es natürlich nur selten, manchmal hat man nur die Wahl zwischen zwei Wortformen oder Lautungen, wichtig ist aber, dass diese Wahlmöglichkeit überhaupt besteht.

Menschen, die von außen in den süddeutschen Raum kommen, tun sich mit dieser „Mehrsprachigkeit" häufig sehr schwer. Oft glauben Norddeutsche, die nur eine mehr oder weniger korrekte Hochsprache sprechen, dass man bei uns den ganzen Tag Dialekt spricht, weil sie von sich ausgehen und alles, was nicht irgendwie nach Standardsprache klingt, als Dialekt auffassen. Die verschiedenen Sprachstufen der Süddeutschen mögen für den Zugereisten zwar unverständlich bleiben, doch bieten sie den Einheimischen die Möglichkeit, situationsgerecht sprachlich zu reagieren. Der Dialekt dient in solchen Situationen vor allem dazu, Nähe und Vertrautheit zu markieren, und der Wechsel der Sprachebene kann in bestimmten Situationen von großem Vorteil sein, so etwa, wenn man auf eine kritische Bemerkung in Hochdeutsch gegenüber Schülerinnen und Schülern eine lockere Aufmunterung im Dialekt folgen lässt. Und zu Hause markiert man seine Zugehörigkeit zur Ortsgemeinschaft oder zur Familie sowieso häufig durch die Verwendung der Ortsmundart.

10 Wann spricht man überhaupt Dialekt?

In den Jahren 2010–2012 führten wir am Ludwig-Uhland-Institut der Universität Tübingen eine Umfrage durch, bei der wir über ganz Baden-Württemberg verteilt Rathäuser mit der Bitte angeschrieben haben, uns auf einer Skala von 1 bis 4 anzukreuzen, in welcher Situation man im jeweiligen Ort mehr Ortsdialekt (Ebene 1) oder mehr „Hochdeutsch" (Ebene 4) spricht. Dabei kamen wir zu folgendem Ergebnis: Der Anwendungsbereich der bodenständigen Ortsmundart ist in Baden-Württemberg zunächst einmal überall die Familie. Des Weiteren wird der Ortsdialekt noch relativ häufig mit den Freunden, guten Bekannten und im Verein gesprochen (**Abbildung 6 unten**).

7 Die Verwendung des Dialekts im Alltag in Süddeutschland (2)

Verwendung der verschiedenen sprachlichen Register im Gespräch

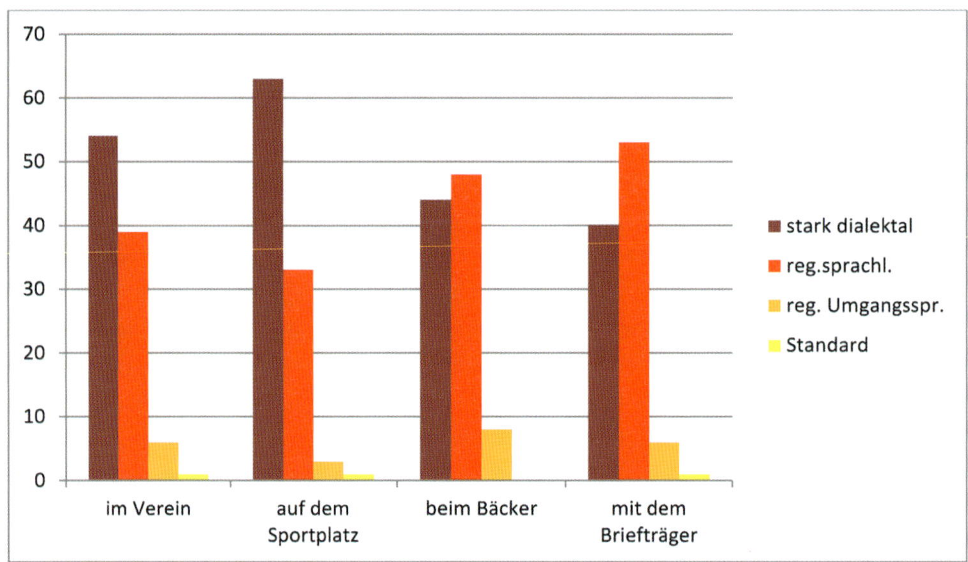

Verwendung der verschiedenen sprachlichen Register im Gespräch

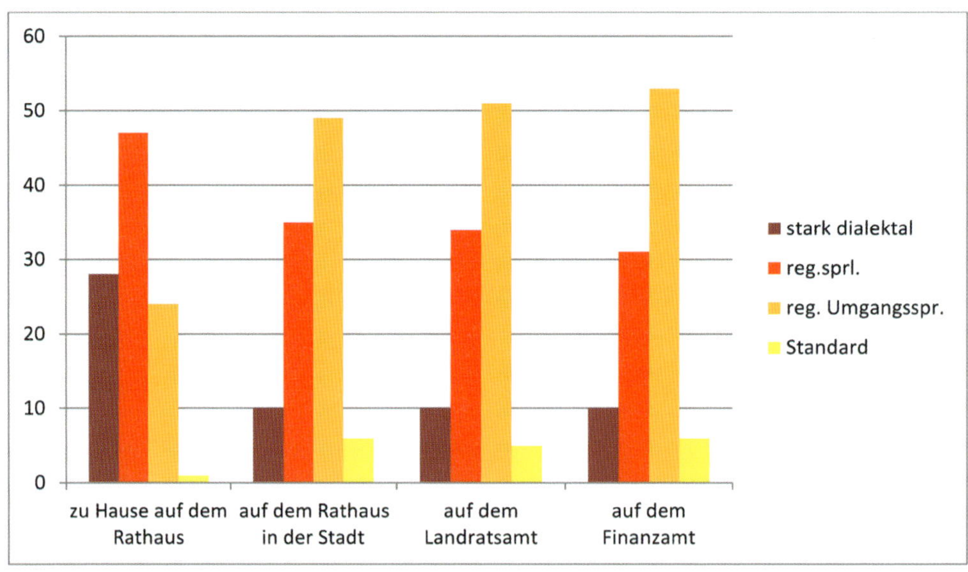

Regionalsprache und regionale Umgangssprache werden nach Angaben unserer Gewährspersonen auf dem Rathaus eingesetzt, insofern dieses im Ort ist. In Richtung Hochsprache geht man erst, wenn das Rathaus in einer anderen Gemeinde ist oder man auf ein „fremdes" Amt gehen muss. Dasselbe gilt für die Schulen, wobei man in der Grundschule noch etwas dialektaler spricht als im Gymnasium. Stufe 4 ist dann auch die sprachliche Ebene, auf der man Fremden, Norddeutschen wie Ausländern begegnet. (**Abbildung** 7). Die Ergebnisse der Umfrage machen deutlich, wie differenziert die sprachliche Situation in Baden-Württemberg ist.

11 Welche Zukunft hat der Dialekt?

Man hört heute immer wieder von älteren Menschen die Klage, dass die Jungen nicht mehr so sprechen wie die Alten und dass der Dialekt verlorengeht. Hierauf ist zu sagen, dass sich die Sprache selbstverständlich immer wandelt. Auch die Alten sprechen ja nicht mehr so wie die Generationen davor, denn schließlich sprechen sie auch kein Mittelhochdeutsch mehr. Allerdings haben die Alten nicht ganz unrecht, wenn sie einen großen Dialektwandel empfinden, und dies hängt mit zwei Erscheinungen zusammen, die es früher nicht gab. Einerseits hat sich nämlich in den vergangenen Jahrzehnten die Alltagswelt tatsächlich radikal verändert. Das Melken mit der Hand, das Mähen mit der Sense, das Waschen im Bottich, der Küchenschrank, oft *Känsterlein* genannt – all dies sind Vorgänge und Dinge, an die man sich höchstens noch erinnern kann, die es aber heute nicht mehr gibt, denn Melkmaschine, Mähdrescher, Waschmaschine und Einbauküche haben überall ihren Einzug gehalten. Mit dem Untergang der alten Welt, welche Jahrhunderte lang mehr oder weniger konstant war, ist auch der entsprechende Wortschatz verloren gegangen.

Der Untergang der alten bäuerlichen Welt ist aber nur ein Faktor, der dazu führt, dass wir glauben, dass der Dialekt untergeht. Ein anderer Faktor ist die heutige Mobilität. Früher hat der Großteil der Einwohner in der direkten Umgebung Arbeit gefunden. Für die Sprache hieß das, dass die Menschen den ganzen Tag in ihrer angestammten Sprache, und das war im Süden Deutschlands der Ortsdialekt, bleiben konnten. Heute dagegen muss ein Großteil der Bewohner eines Ortes diesen tagsüber verlassen, um in 10, 20 oder gar 100 Kilometer Entfernung zu arbeiten. Wir hatten oben schon darauf hingewiesen, dass die süddeutschen Sprecher dadurch gezwungen sind, neben ihrem Dialekt noch eine Regionalsprache oder eine regionale Standardsprache zu sprechen. Für unseren Zusammenhang ist hierbei wichtig, dass viele Bewohner nur noch einen Bruchteil des Tages in ihrem Ortsdialekt verbringen. Und dies führt ebenfalls zu dem Gefühl, dass man meint, der Dialekt gehe verloren.

Für viele Menschen in Süddeutschland gilt also nach wie vor, dass sie Dialekt sprechen. Sie sind der Beweis dafür, dass der Dialekt nicht ausstirbt. Diese Aussage gilt aber nicht mehr wie früher für alle Ortschaften. Gegenden, in denen die alteingesessene Bevölkerung noch die deutliche Mehrheit bildet, zeigen eindeutig eine Stabilität des Dialekts. Dieser mag dann in der Stadt nicht mehr so sein wie auf dem Land, aber oft handelt es sich hier lediglich um ein paar Lautungen, die man in der Stadt abgelegt hat, während man sie auf dem Land noch kennt. Über die ganze Fläche betrachtet sind diese Räume aber auch heute immer noch die

Karte 7: Die Bezeichnungen für den Flachkuchen in Baden-Württemberg

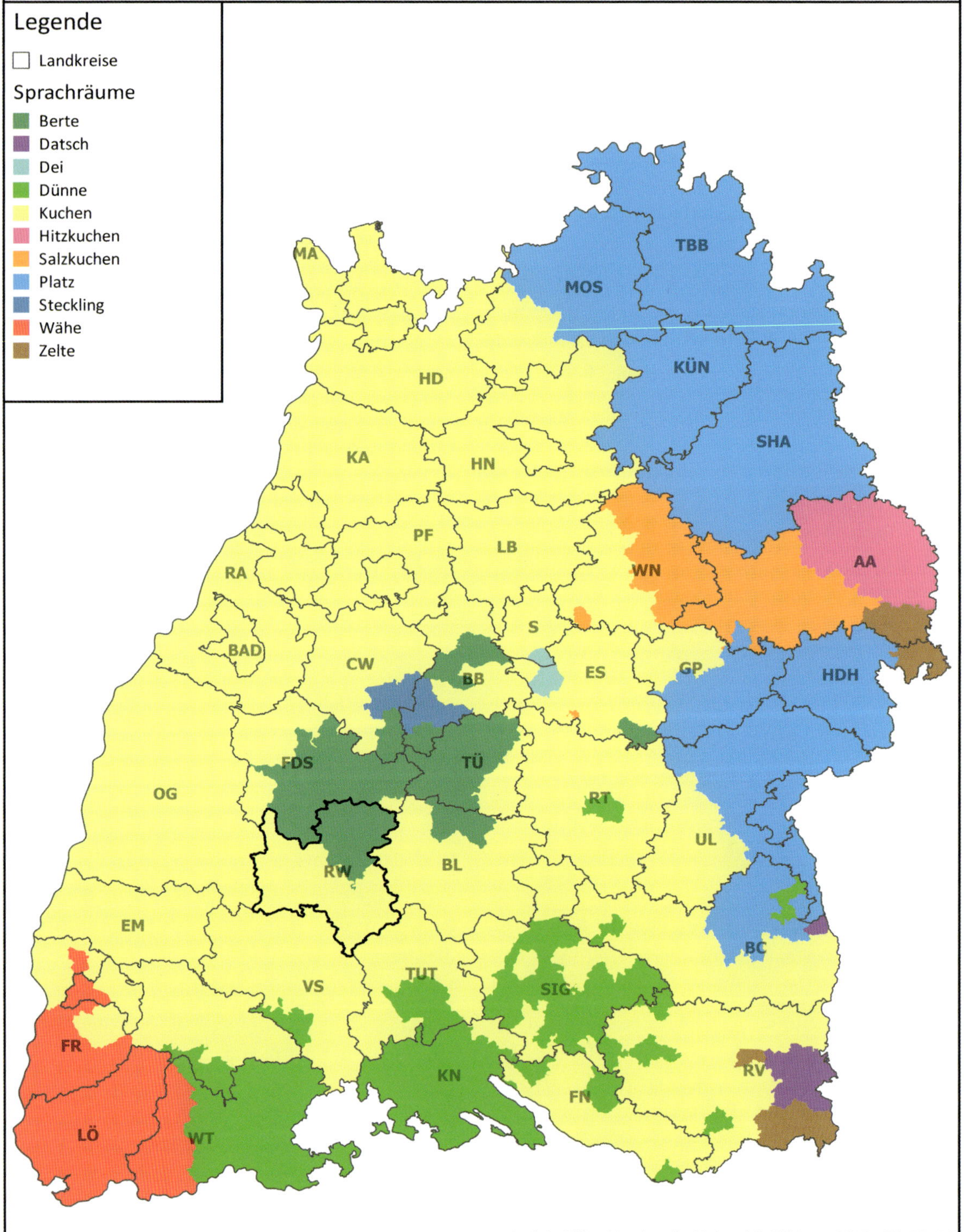

Ludwig-Uhland-Institut der Universität Tübingen 2017 - HK, RB, AG

Ausnahme. Man muss nur die Großstadt verlassen und mit den Einheimischen auf dem Land oder in den Kleinstädten ins Gespräch kommen, dann wird man schnell merken, dass auch heute noch in großen Teilen Süddeutschlands der Dialekt lebt.

Ein Zeichen dafür, wie sehr er lebt, ist auch das Verhalten der Jugendlichen. Sie schreiben in weiten Teilen des Schwäbischen ihre Nachrichten auf dem Smartphone in schwäbischer Mundart! Und wer das kann, der gehört für sie zu ihrer Gruppe. In jüngster Zeit ist auch eine Hinwendung der Werbung zum Dialekt zu beobachten. Hier gilt das Regionale als etwas Positives, denn es baut Barrieren zum Kunden ab: Wer so spricht, wie ich spreche, ist so wie ich. Die Werbung im Dialekt verstärkt also die Verbindung zwischen der betrachtenden Person und dem Produkt. Ein weiterer Grund für die Verwendung von regionaler Sprache in der Werbung besteht darin, dass der Dialekt mit „Echtheit", „Vertrautheit", „Tradition" verbunden wird. Regionale Produkte und regionale Küche sind im Trend, und viele Rezepte werden mitsamt der regionalen Bezeichnung wieder ausgegraben. Daher wird auch der Dialekt heute verstärkt in der Werbung eingesetzt, sei es als Schriftzug auf Lastwagen, als Werbung auf Flyern, Fahnen oder in Bahnunterführungen. Süddeutsche wie norddeutsche Brauereien machen es vor: Sie verbinden ihre Produkte schon länger mit der Herkunftsregion und dem dortigen Dialekt. So wird Lokalkolorit zum Verkaufsargument. Im Bereich Lebensmittel findet man Dialektbezeichnungen besonders häufig auf Speisekarten. Ist das Wort zu regional, so kann es übersetzt werden. Im Zusammenhang mit der Wiederentdeckung von Omas Küche haben manche Dialektwörter auch eine Wiederbelebung erfahren. So ist in vielen ländlichen Gegenden der fladenartige Flachkuchen, den man früher vor oder nach dem Brotbacken gebacken hat, um die Hitze zu testen beziehungsweise noch auszunutzen, wieder auf der Speisekarte zu finden – und mit ihm auch die regionalen Ausdrücke hierfür (**Karte** 7). Das Wort *Hitze* ist auf der Ostalb in der dortigen Benennung *Hitzkuchen* heute noch zu finden. Im Ostfränkischen heißt er *Plootz*, im Ostschwäbischen weit verbreitet *Plaatz*. Beide Wörter erhalten auf der Karte die Bezeichnung *Platz*, weil dieses Wort dem Dialektausdruck zugrunde liegt: Das Wort *Platz* wird nämlich hier am Ostrand unseres Bundeslandes zu *Plaatz* gedehnt, und im Ostfränkischen wird der gedehnte Vokal *-a-* zu *-o-*, was dann *Plootz* ergibt. Im Süden hat der dünne Boden den Anlass für die Benennung gegeben: *Wähe*, *Dünne(te)*. Das am Ostrand, an der Grenze zu Bayern vorzufindende *Zelte* setzt ein mittelhochdeutsches Wort fort, das „flaches Backwerk" bezeichnete. Auf die Art des Kuchens, dass er nämlich salzig ist, bezieht sich der Ausdruck *Salzkuchen*. Nicht bekannt ist dagegen die Herkunft der Bezeichnung *Berte*, die in einem geschlossenen Gebiet zwischen Böblingen, Tübingen, Rottweil und Freudenstadt belegt werden konnte. Rudolf Bühler hat den Begriff bei seinen Erhebungen noch in zahlreichen Ortschaften im nördlichen Landkreis Rottweil erfragen können (Karte 17), wo auch gerne (wieder) „Bertenfeste" gefeiert werden.

Bleibt noch die Frage, ob die aktuell zunehmende Verwendung von Dialekt in der Werbung ein Beweis für die Aufwertung des Dialekts in heutiger Zeit ist. Die Frage ist schwer zu beantworten. In der Regel dürfte bei der Werbung die Bindung zum Dialekt allerdings wohl nur noch symbolisch vorhanden sein, das heißt, dass es genügt, wenn die „Empfänger" nur so viel Dialektkenntnisse haben, dass sie den Dialektanteil der Werbung verstehen und ihn in eine positive Verbindung mit dem beworbenen Produkt bringen. Immerhin aber macht die Verwendung des Dialekts in diesem Bereich deutlich, dass die Werbeagenturen offenbar der Ansicht sind, dass im Augenblick das Regionale wieder positiv gesehen wird. Und der Dialekt ist immerhin ein wichtiger Teil für das regionale Bewusstsein.

12 Die nächste Generation: Warum der Dialekt doch (noch) nicht ausstirbt

Im Rahmen der Befragungen zum „Kleinen Sprachatlas des Landkreises Rottweil" führte Rudolf Bühler in jeder der 21 untersuchten Gemeinden im Kreis auch Gespräche mit jungen Erwachsenen. Die etwa 50 Sprecherinnen und Sprecher waren zum Zeitpunkt der Aufnahme zwischen 16 und 28 Jahre alt und sollten Fragen zu ihren Erlebnissen im Umgang mit dem Dialekt beantworten. Dabei ging es sowohl um die mundartlichen Verhältnisse in ihrem Heimatort als auch um Erfahrungen, die sie auswärts gesammelt hatten, etwa beim Aufenthalt zum Studium in einer anderen Stadt, im Urlaub oder bei Auftritten unterwegs mit dem örtlichen Musikverein.

Das weit verbreitete Bild vom Aussterben des Dialekts wurde bei diesen Gesprächen immer wieder nachgezeichnet. Die jungen Erwachsenen hatten bei den Befragungen jedoch auch Gelegenheit, sich über ihre Nutzung des Dialekts differenzierter zu äußern. Dabei ergaben sich zwei Erfahrungsbereiche, aus denen die Sprecherinnen und Sprecher zu ihrem eigenen sprachlichen Verhalten berichten konnten: Zum einen wurde zu den Erfahrungen im Raum erzählt beim Kontakt mit Personen, die einen anderen oder gar keinen Dialekt sprechen. Zum anderen wurde der eigene Dialektgebrauch in der zeitlichen Dimension beobachtet beim Umgang mit Angehörigen der älteren Generation oder mit jüngeren Verwandten und Bekannten aus dem eigenen Ort.

Sprechen in der Öffentlichkeit: verstanden werden und repräsentieren

Bei den Interviews wurde immer wieder geäußert, dass die Standardsprache für das Sprechen in der Öffentlichkeit die beste Sprachstufe sei. Dieses öffentliche Sprechen erleben die Befragten vor allem bei formellen Situationen in der Schule während eines Referats, beim Studium oder im Gespräch mit Kunden im Geschäft oder am Telefon. Warum aber scheint hier die Verwendung des Dialekts unangebracht? Hier geht es offenbar nicht nur darum, dass man besser verstanden werden will, sondern die in diesem Moment als höherwertig empfundene Standardsprache übernimmt auch eine repräsentative Funktion, die den Sprechenden eine größere Kompetenz, mehr Glaubwürdigkeit verleihen soll.

Oft wurde hier die Befürchtung geäußert, durch die Verwendung dialektaler Sprechweisen stigmatisiert zu werden. Wer nicht zur eigenen Gruppe gehört, anders spricht, wird ausgegrenzt. Negative Zuschreibungen von Anders-Sprechenden funktionieren in beide Richtungen: Die Standardsprache wird von Dialektsprechenden oft als „kalt", „hart" oder „gefühllos" beschrieben. Unsere jungen Erwachsenen gaben hingegen an, mit ihrem Dialekt oft als „rückständig" oder „hinterwäldlerisch" bezeichnet zu werden.

Wer mich versteht, versteht mich auch. So kann der Dialekt aber auch ein Gefühl der Zusammengehörigkeit erzeugen, wenn man zum Beispiel beim Urlaub im Ausland unvermittelt auf Personen aus der eigenen Region trifft. Die gemeinsame Zugehörigkeit zu einem abgegrenzten Raum im geographischen Sinn ist eine Idee, die bei allen Gesprächsteilnehmenden ganz selbstverständlich vorhanden ist. Von ausnahmslos allen Befragten wurde beim Zusammenhang von Sprache und Region spontan der Begriff „Heimat" verwendet.

Alt und jung: der Dialekt zwischen den Generationen

Beim Kontakt mit der älteren Generation, so berichteten unsere Sprecherinnen und Sprecher einstimmig, werde grundsätzlich eine dialektalere Sprachstufe verwendet. Das schaffe nicht nur im Gespräch mit den eigenen Großeltern ein Gefühl von Nähe und Vertrautheit. Viele der Befragten gaben an, ebenfalls im Rahmen ihrer Arbeit beim Roten Kreuz oder in der Pflege mit älteren Menschen im Dialekt zu sprechen und so auch einen praktischen Nutzen aus dem Gebrauch der Mundart ziehen zu können.

Beim Umgang mit der jüngsten Generation sind die Befragten im Dialektgebrauch zwiegespalten. Einerseits stärke zwar die Verwendung des Dialekts gegenüber Kindern deren Verbundenheit zum Geburtsort, andererseits wird jedoch oft ein Nachteil in der schulischen Bildung für die Jüngsten befürchtet, wenn diese einen zu starken Dialekt sprechen würden. Doch um die schulische Bildung der nachfolgenden Generation scheint es in unserem Bundesland nicht so schlecht zu stehen. So errechnete das Statistische Landesamt Baden-Württemberg, dass im Jahr 2010 der Anteil der Schulabschlüsse mit Fachhochschul- und Hochschulreife an den allgemeinbildenden Schulen erstmals den der Hauptschulabschlüsse überstieg und der Anteil der Abschlüsse mit (Fach-)Hochschulreife an beruflichen Schulen die absolute Mehrheit erreichte.

Immer höhere Bildungsabschlüsse, die von immer mehr Schülerinnen und Schülern in Baden-Württemberg seit der Mitte des letzten Jahrhunderts erreicht werden, bestärken indes die Überzeugung, dass der Dialekt für die Angehörigen der nachfolgenden Generationen im Alltag immer weniger eine Rolle spielt. Die Verbundenheit mit der Region wirkt sich positiv auf den Dialektgebrauch aus. Die Verbundenheit der Angehörigen der nachfolgenden Generation mit der Region, in der sie aufgewachsen sind, wird aber nicht zuletzt durch Rahmenbedingungen von außen beeinflusst. Das soziale Umfeld mit einer funktionierenden Vereinsstruktur in den einzelnen Orten und eine wirtschaftlich erfolgreiche Region mit einer intakten Infrastruktur laden junge Erwachsene aus diesem Raum mit ihren Familien ein, auch nach ihrer Ausbildung im Umkreis zu bleiben oder nach dem Studium wieder zurückzukehren. So könnten die mundartlich geprägten Kinder von heute als (Neu-)Bürger von morgen ihren Dialekt selbstbewusst in die nächste Generation tragen.

Wie sehr der Mundartgebrauch viele junge Erwachsene bei ihrer räumlichen Orientierung leitet, zeigen die Angaben über die Wahl von Schul- und Ausbildungsorten sowie zur bevorzugten Richtung, in der Freizeitaktivitäten gesucht werden. Bemerkenswert scheint, dass es offenbar einen Zusammenhang gibt zwischen den kleinsträumigen Mundartarealen im Landkreis Rottweil (vgl. Karte 65) und der Lage von Orten außerhalb des Kreises, in denen weiterführende Schulen, Ausbildungsstätten oder Freizeitangebote besucht werden. So tendierten die jungen Sprecherinnen und Sprecher aus dem alemannischen Südwestteil eher in Richtung Villingen, Furtwangen oder Freiburg. Die Nordhälfte bevorzugte die Richtung nach Freudenstadt, Horb, Balingen oder Stuttgart, wobei Schul- und Freizeit von den Befragten aus dem Nord- und Nordwestrand vornehmlich in der Ortenau verbracht werden. Die südwestschwäbisch geprägten Personen aus der Südhälfte des Landkreises gaben an, sich sowohl in Richtung Schwenningen als auch in Richtung Balingen zu orientieren.

Wie sich kulturräumliche Identität, Mundarträume und außersprachliche Bedingungen gegenseitig beeinflussen, konnte der Sprachwissenschaftler Alfred Lameli in einer umfangreichen Untersuchung zeigen. Es wurde deutlich, dass auch in einer Zeit von sehr hoher Mobilität die Menschen bei der Wahl des Arbeitsplatzes oder auch des Ehepartners gerne innerhalb ihres Dialektgebietes bleiben.

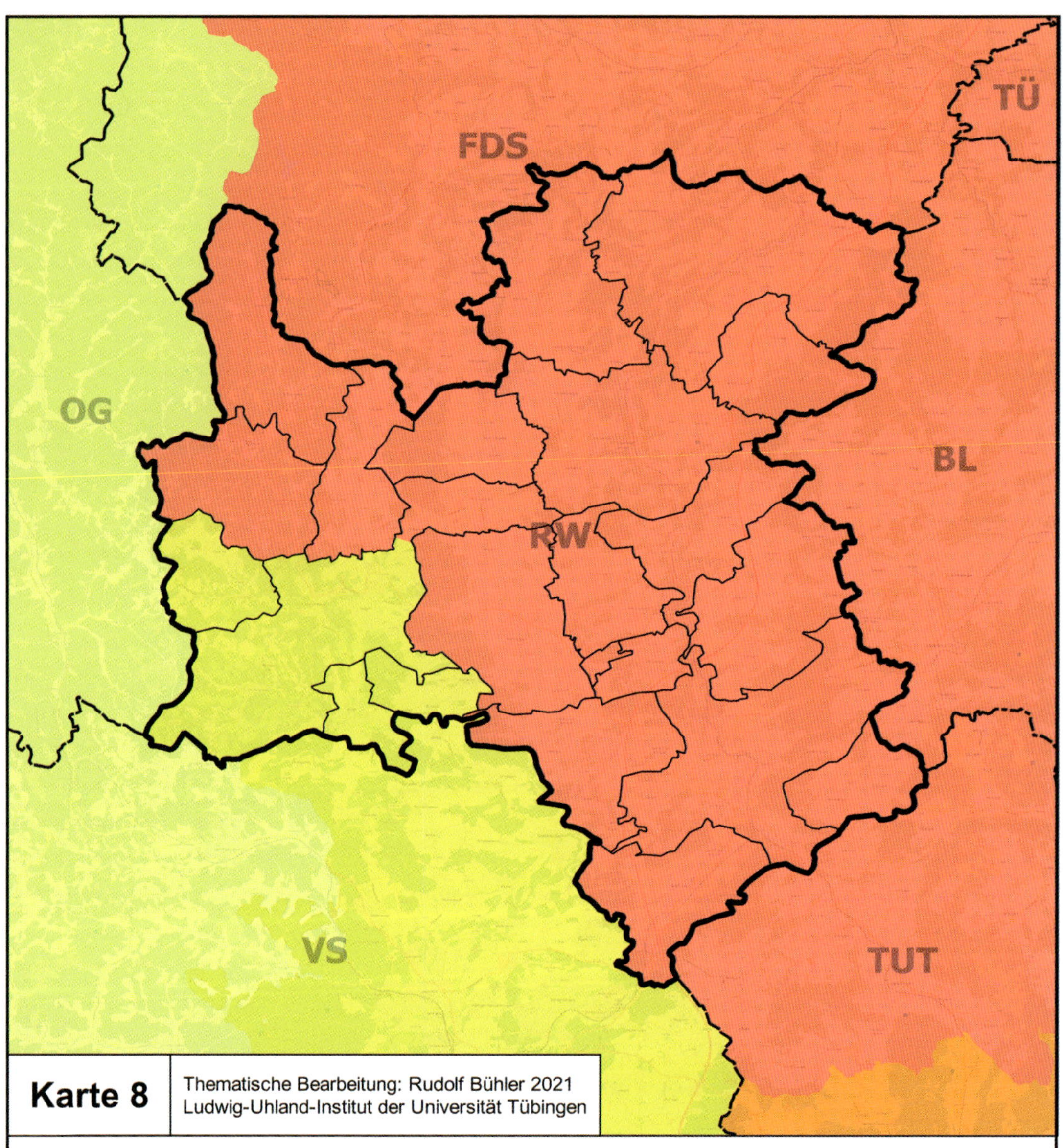

Karte 8

Thematische Bearbeitung: Rudolf Bühler 2021
Ludwig-Uhland-Institut der Universität Tübingen

Die süddeutschen Sprachlandschaften und der Rottweiler Raum

Legende

- *Westschwäbisch*
- *Südschwäbisch*
- *Oberrhein-Alemannisch*
- *Bodensee-Alemannisch*

B Die Mundarten des Landkreises Rottweil. Eine erste Einbettung

Zunächst ist zu sagen, dass der Gegensatz *Iis – Eis*, *Huus – Hous*, der den alemannischen vom schwäbischen Dialektraum trennt, den Landkreis Rottweil an seinem Südwestrand gerade noch streift, denn Lauterbach, Tennenbronn, Hardt und Mariazell gehören bereits dem alemannischen Sprachraum an. Sogar in Lauffen o. R. waren alemannische Monophthonge noch zu hören. Der größte Teil des Landkreises spricht aber Schwäbisch.

Innerhalb des Schwäbischen gehört der Rottweiler Raum auf Grund der Lautung *Goaß* „Geiß" (Karte 57) zunächst zum Westschwäbischen (**Karte 8**). Von diesem Großraum, der bis in die Höhe von Ludwigsburg reicht, setzt sich der Süd- und Westteil des Rottweiler Raums aber durch drei Merkmale ab. Das erste Merkmal betrifft die Aussprache des Vokals in einem Wort wie „groß" (mhd. *ô*), der in weiten Teilen des Landkreises, vor allem im Westen, geschlossen ausgesprochen wird (*grooß*), während man im übrigen Westschwäbischen *graoß* sagt (Karte 56). Den gleichen Gegensatz erhalten wir bei der Aussprache des Wortes „Schnee" (mhd. *ê*), das ebenfalls im westlichen, aber auch im südlichen Teil eine geschlossene Lautung (*Schnee*) aufweist (Karte 54). Im übrigen Teil des Landkreises haben wir auch hier wieder eine Diphthong-Lautung vorliegen (*Schnai*).

Noch auffallender ist freilich das zweite Kriterium für die Abspaltung des Rottweiler Südteils. Es ist die kurze Aussprache bei Wörtern in sogenannter offener Silbe, zum Beispiel in *Waggä* „Wagen" gegenüber sonst im ganzen Schwäbischen üblichen *Waaga* – zur Verdeutlichung der Vokalkürze schreiben wir die folgenden Konsonanten *-b-*, *-d-*, *-g-* als Doppelkonsonanten *-bb-*, *-dd-*, *-gg-*. Und dieser Kontrast ergibt sich auch bei *Boddä – Boodä* „Boden", *Gabbel – Gaabel* „Gabel", *gschribbä – gschriibä* „geschrieben", *blibbä – bliibä* „geblieben", *Fliggel – Fliigel* „Flügel", *Schnabbl – Schnaabl* „Schnabel", *Kübbl – Küübl* „Kübel" usw. Die ersten Ortschaften mit den angeführten Vokalkürzen sind Lauterbach, Schramberg, Aichhalden, Seedorf, Bösingen, Epfendorf und Böhringen. Wie man sieht, tritt dieser Lautgegensatz in unzähligen Wörtern auf und verleiht daher den Dialekten mit Kurzvokal einen auffallenden Charakter.

Schauen wir noch nach, wie das Kürze-Gebiet nach Süden weitergeht. Die Westgrenze erstreckt sich nach Süden von Aichhalden über Schramberg nach Langenschiltach, Schönwald, Gütenbach bis an den Ostrand des Landkreises Breisgau-Hochschwarzwald (Jostal, Altglashütten), bevor dann die Osthälfte des Landkreises Waldshut den Abschluss der Westgrenze auf deutscher Seite bildet. Die Ostgrenze des Verbreitungsgebiets der auffallenden kurzen Aussprachen bilden zunächst die östlichen Kreisgrenzen von Rottweil und Tuttlingen. Danach werden die Landkreise Konstanz und Bodenseekreis noch ganz erfasst, während die erwähnten Kürzen in den Landkreisen Sigmaringen und Ravensburg nur noch an den Westrändern der jeweiligen Kreise auftreten.

Die dritte Besonderheit der Südhälfte des Landkreises Rottweil ist sprachgeographisch gesehen ebenfalls von großer Bedeutung. Allerdings gibt es bei der Beschreibung in diesem Fall ein Problem, da uns für das Herausarbeiten der betreffenden Laute die Schriftzeichen fehlen. Es geht um die Bewahrung des Gegensatzes zwischen *-k-* und *-g-* (*Haken – Magen*), *-p-* und *-b-* (*Suppe – Hobel*), *-t-* und *-d-* (*geboten – Boden*) usw. Dieser Gegensatz, der in der Fachsprache als Lenis-Fortis-

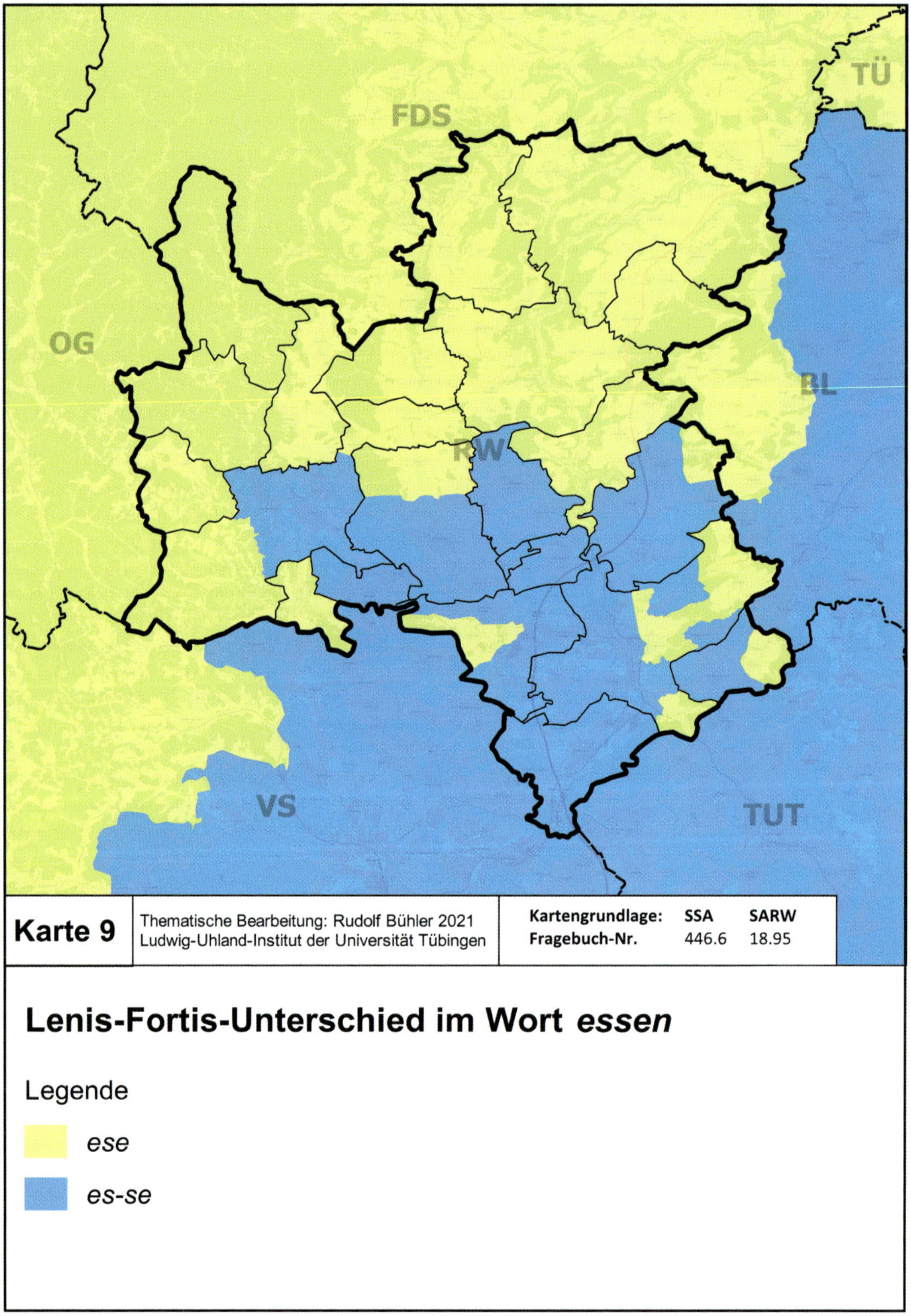

Karte 9	Thematische Bearbeitung: Rudolf Bühler 2021 Ludwig-Uhland-Institut der Universität Tübingen	**Kartengrundlage:** **Fragebuch-Nr.**	**SSA** 446.6	**SARW** 18.95

Lenis-Fortis-Unterschied im Wort *essen*

Legende

 *ese*

 *es-se*

Gegensatz bezeichnet wird, ist ab hier bis in die Schweiz und bis nach Ulm und Augsburg bewahrt worden, während er im nördlichen schwäbisch-alemannischen Sprachraum nicht (mehr) existiert. Dort werden die erwähnten Laute als *-b-*, *-d-*, *-g-* usw. ausgesprochen.

Der Unterschied zwischen *-p-*/*-b-*, *-t-*/*-d-* und *-k-*/*-g-* wird in den südlichen Mundarten zur Bedeutungsdifferenzierung eingesetzt. Zur Verdeutlichung der Vokalkürze schreiben wir wieder die folgenden Konsonanten als Doppelkonsonanten. So können dort die Lautpaare wie *Wappä* „Wappen" – *Wabbä* „Wabe", *wattä* „waten" – *Waddä* „Waden", *Glokkä* „Glocke" – *gloggä* „gelogen" allein anhand des Gegensatzes *-p-:-b-, -t-:-d-, -k-:-g-* unterschieden werden. Und diese besondere Qualität des Konsonanten wird auch bei der Bildung des Partizip Perfekts eingesetzt. Will man die inlautenden Fortiskonsonanten nachsprechen, so bietet es sich an, die Laute *-p-*, *-t-* und *-k-* wie einen Doppelkonsonanten zu artikulieren und in der Mitte eine ganz kurze Pause einzulegen: *Wap-pä*, *wat-tä*, *Glok-kä*. Durch die drei erwähnten Besonderheiten bildet der Südteil unseres Landkreises einen eigenen Raum, den wir südwestschwäbisch nennen können (**Karte 9**).

Eine Besonderheit der (Süd-)Osthälfte des Rottweiler Landkreises ist auch die Lautung *Goos* „Gans", die dieser Raum mit den östlichen Nachbarn im Zollernalbkreis gemeinsam hat, während man im nördlichen Landkreis Rottweil ebenso wie in den Landkreisen Freudenstadt, Tübingen und Böblingen *Gaas/Gääs* sagt (Karte 52).

Der südliche Landkreis Rottweil zeigt noch weitere Besonderheiten, die ihn abermals mit dem benachbarten Tuttlinger Raum verbinden. So fällt beim Wort „Nacht" ebenso wie bei „Knecht" und „recht" das *-ch-* weg, es heißt also im Südwestschwäbischen *Naat*, *Knääat* und *rääat*. Außerdem finden wir hier die für das Westschwäbische ansonsten untypischen *e*-Lautungen in *ees* „uns" sowie in *weeschä* „wünschen", *feef* „fünf", *feeschter* „finster", *Zees* „Zins" (westschwäbisch *waischä* usw.). Und der „Mond" heißt *Mau*. Ferner sagt man hier (*du*) *fengscht* (*aa*) „du fängst an", (*er*) *fengt* (*aa*) „er fängt an", während diese Formen im Westschwäbischen *fangscht* und *fangt* lauten.

Auch beim Verb „haben" setzen sich der südliche Rottweiler und der Tuttlinger Landkreis von ihrer nördlichen Umgebung ab. Für „(wir) haben" sagt man hier nämlich (*mir*) *hond*, während es im übrigen Westschwäbischen (*mir*) *hend*, im Zollernalbkreis (*mir*) *hääbä* und *haond* heißt. Und *du häsch(d)/hesch(d)* entspricht dem westschwäbischen *du håsch(d)* (siehe Karte 60). Eine Besonderheit zeigt ebenfalls das Partizip von „sein", die Form „gewesen" (zum Beispiel in „ich bin gewesen"). In unseren beiden Kleinräumen sagt man *gsii/gsi* und *gsee*, sonst im Westschwäbischen aber *gwea/gwäåa* (Norden) und *gsai* (siehe Karte 61).

Schließlich ziehen auch Wortgrenzen in der Nähe der Südwestecke vorbei. So sagt man zum „Wetzsteinbehälter" ab Sulz am Neckar *Kumpf*, südlich *Futterfass* (siehe Karte 45), und als Abgrenzung nach Süden stehen sich in der Höhe von Spaichingen nördliches *Grapp* und südliches *Rabe* (gesprochen *Rabb*), nördliches *Zecke* und südliches *Holzbock* „Zecke" sowie nördliches *Rälling* „Kater" und südliches *Rolli* (zwischen Tuttlingen, Meßstetten und Stetten a. k. M. *Malle*) gegenüber. Allein fünf Begriffe finden wir im Landkreis Rottweil für den „Löwenzahn" (siehe Karte 32). Sie werden aber offenbar immer weniger verwendet und besonders im Norden des Landkreises zugunsten des schriftdeutschen Ausdrucks abgelegt.

Noch genauer werden die lautlichen Verhältnisse im Kapitel D dargestellt. Zunächst wollen wir uns aber dem Wortschatz des Landkreises Rottweil widmen.

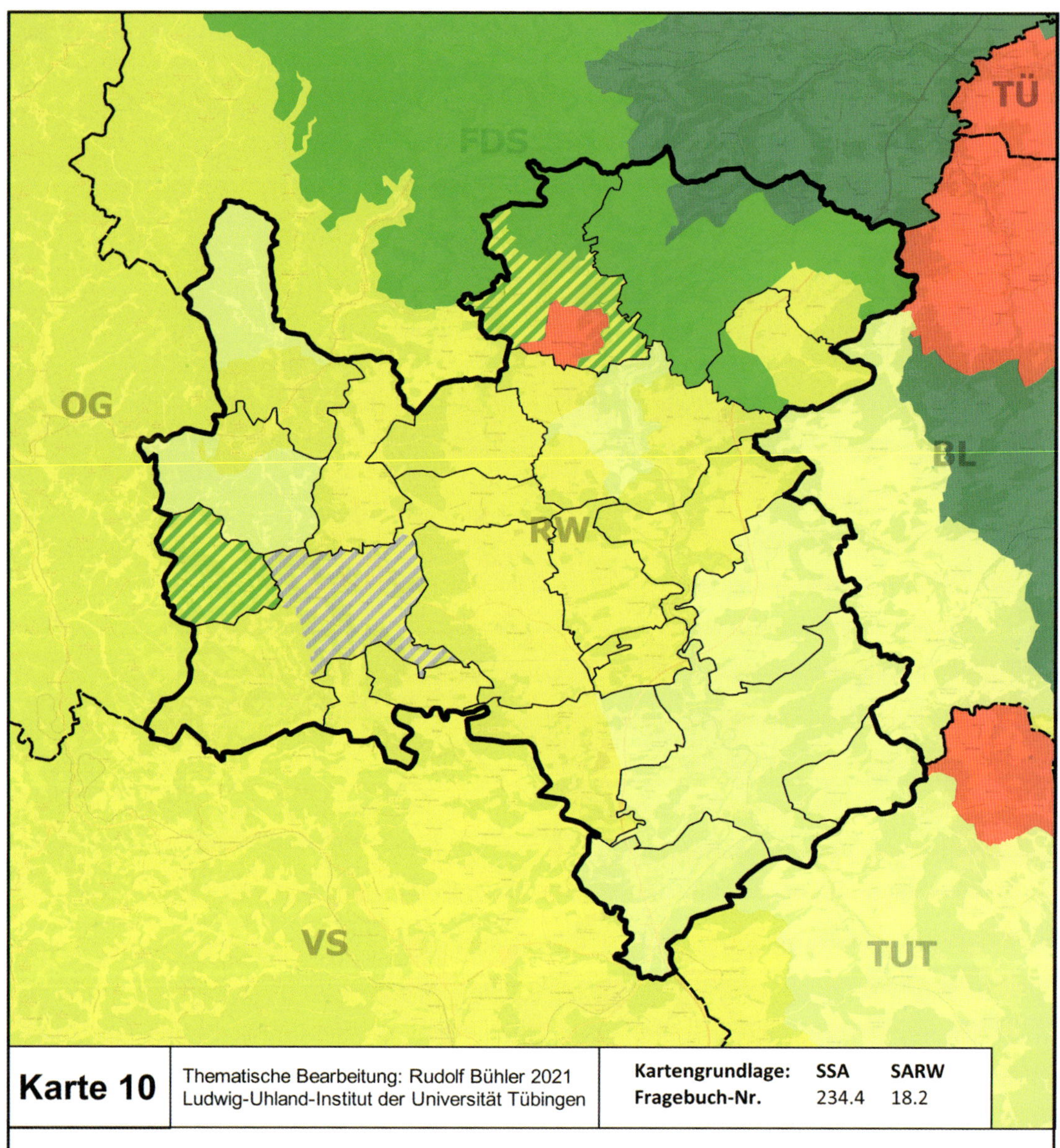

Die Beule

Legende

- *Beule, Horn*
- *Biil(e), Horn*
- *Burren*
- *Bürzel*
- *Beuzel, Bitzel*
- *Biil, Boile*
- *Bürzel, Biil*

C Der Wortschatz

Nachdem wir in den vorangegangenen Kapiteln die Grundlagen für eine Beschreibung der Mundarten des Landkreises Rottweil kennengelernt haben, können wir uns nun dem Wortschatz widmen. Hierbei kann es sich aber nur um einen Einblick handeln, denn wer sich umfassend darüber informieren möchte, wie man im Schwäbischen etwas benennt, der muss im großen siebenbändigen Lexikon von Hermann Fischer, dem „Schwäbischen Wörterbuch", nachschlagen. Die ersten Bände sind zwar inzwischen schon über 100 Jahre alt, aber es gibt nichts Vergleichbares.

Da die Wörter je nach Gegend verschieden ausgesprochen werden und die Wiedergabe der für jeden Ort gültigen Lautung die Seiten füllen würde, wird in diesem Kapitel auf die genaue mundartliche Lautung verzichtet. In der Regel wird daher eine überregionale oder gar „hochdeutsche" Lautform angegeben, wie man sie im Lexikon finden würde.Da das Fragebuch für den Landkreis Rottweil relativ klein sein musste, um im vorgegebenen Zeitrahmen alle Ortschaften erfassen zu können, wurde zur Ergänzung auf die Erhebungen des „Südwestdeutschen Sprachatlas" zurückgegriffen, auch wenn die dortigen Interviews gut 40 Jahre zurückliegen und damals nur wenige Ortschaften im Landkreis befragt wurden.

1 Der Mensch und sein gesellschaftliches Umfeld

1.1 Der menschliche Körper

Wir beginnen bei der Betrachtung des schwäbischen Wortschatzes mit dem Menschen und fangen ganz oben an, mit dem *Kopf*. Das aus dem Lateinischen stammende Wort *Kopf* (lat. *cuppa* „Becher") ist bei uns relativ jung und hat erst nach dem Mittelalter das ältere *Haupt* verdrängt. Letzteres hat sich in unseren Mundarten noch als *Häuptlein* (*Haiptle*) in den Bedeutungen „Kopfkissen" und „Salatkopf" halten können. Oft kennt man in den süddeutschen Mundarten neben dem neutralen Wort *Kopf* auch noch gröbere Ausdrücke wie *Grind*, *Möckel*, *Molle*, *Mölle*, *Ribel*, *Schädel* oder *Schmölle*.

Wenn man sich den *Kopf* oder das *Hirn* anschlägt, bekommt man eine *Beule*. Im Schwäbischen wird das Wort als *Beil*, im Alemannischen als *Biil* ausgesprochen. Daneben gibt es noch in den Dialekten Ausdrücke wie *Boppel*, *Delle*, *Knäuel*, *Hobben*, *Horn*, *Hubel*, *Knüpfel*, *Nille*. Unsere **Karte 10** zeigt nun die speziellen Bezeichnungen im Landkreis Rottweil. Fast überall sagt man *Beule* (*Beil*, *Biil*). Daneben gibt es noch in Lauterbach sowie am gesamten Nordostrand die Bezeichnung *Bürzel*, in Glatt und Fischingen wie im benachbarten Landkreis Freudenstadt *Beuzel,* und in Marschalkenzimmern konnte Rudolf Bühler sogar noch die alte Bezeichnung *Burren* notieren. Ausgangspunkt für dieses Wort ist das mittelhochdeutsche Wort *bürn* „erheben". Es muss früher im süddeutschen Raum sehr weit verbreitet gewesen sein und wurde in den meisten Gebieten von neuerem *Beule*, einem in den germanischen Sprachen weit verbreiteten Wort, verdrängt. Vielerorts wird sich der *Burren* aber in den Flurnamen noch relikthaft halten können, und in manchen Gemeinden hat er es sogar zum Straßennamen gebracht. Wenn eine Wespe oder Schnake sticht, dann sagt man, dass *der Backen geschwollen* ist. Das Wort *Backen* war bereits in mittelalterlicher Zeit maskulinen Geschlechts, und die süddeutschen Mundarten haben an dieser Genuszuordnung festgehalten.

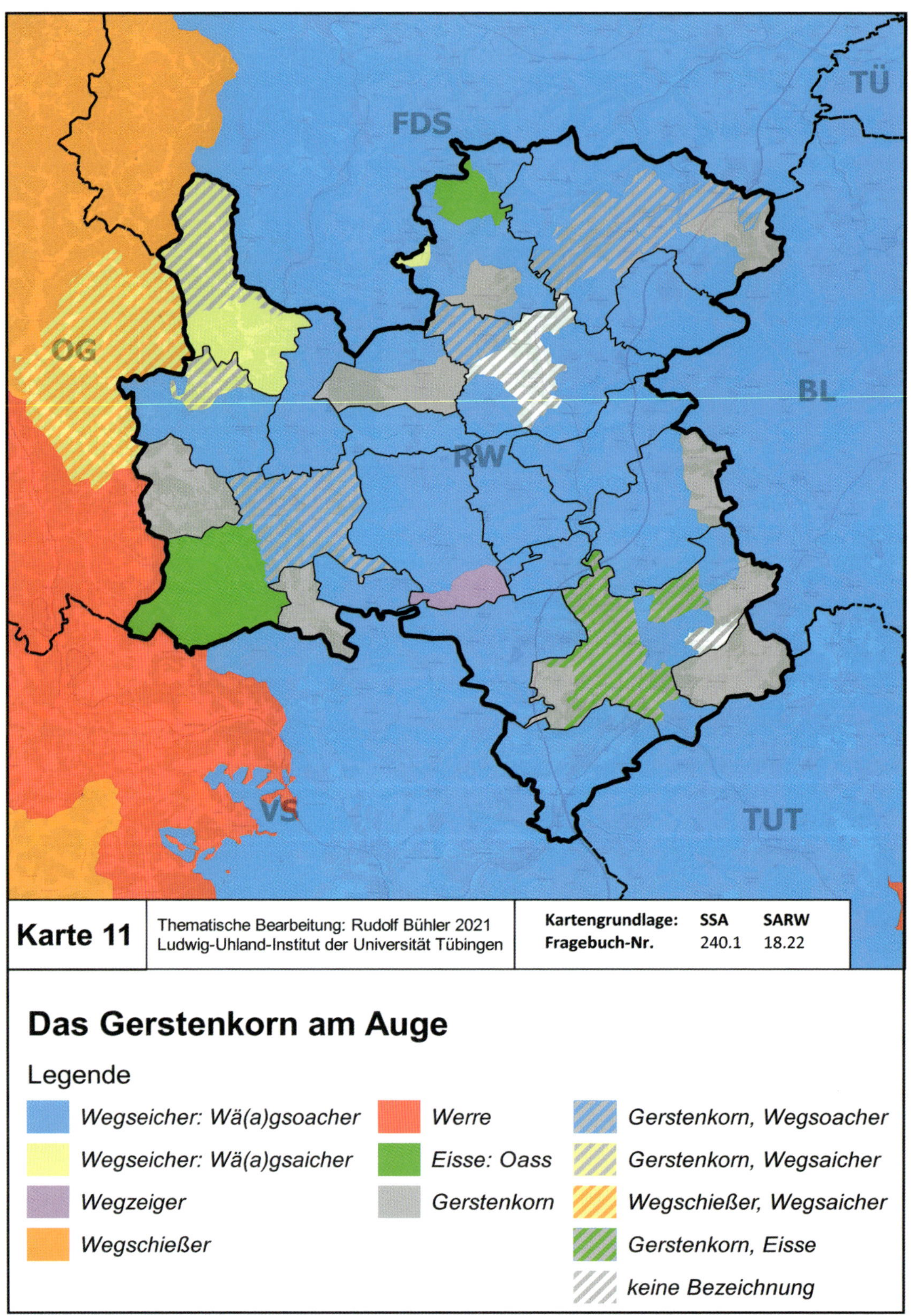
TÜ
FDS
OG
BL
RW
VS
TUT
Karte 11
Thematische Bearbeitung: Rudolf Bühler 2021
Ludwig-Uhland-Institut der Universität Tübingen
Kartengrundlage: SSA SARW
Fragebuch-Nr. 240.1 18.22
Das Gerstenkorn am Auge
Legende
Wegseicher: Wä(a)gsoacher
Wegseicher: Wä(a)gsaicher
Wegzeiger
Wegschießer
Werre
Eisse: Oass
Gerstenkorn
Gerstenkorn, Wegsoacher
Gerstenkorn, Wegsaicher
Wegschießer, Wegsaicher
Gerstenkorn, Eisse
keine Bezeichnung

Für den Nacken sagt man bei uns *Genick*. Früher gab es mit *Anke* noch ein zweites Wort dafür, doch ist dieses fast überall untergegangen. Allerdings konnte es sich mancherorts noch in der Wendung *Ich gebe dir einen Schlag in den Anken/Ankel* halten. Die Grundbedeutung von *Anke* dürfte „Krümmung" sein, da das Wort auch als Flurname für Flächen auftaucht, die eine Krümmung haben. Wie wir sehen, können sich alte Wörter oft noch lange Zeit in Redewendungen und Flurnamen halten. Ihre Bedeutung geht dann allerdings nach und nach verloren, und man schleppt die Wörter einfach nur noch mit. Bei der bekannten Redewendung *Sie kommen mit Kind und Kegel* weiß vermutlich niemand mehr, dass man mit *Kegel* früher die unehelichen Kinder meinte. Ähnlich ist es mit der Redewendung *Es geht ihm an den Kragen* oder *Es geht um Kopf und Kragen* oder *einen am Kragen packen*. *Kragen* hatte nämlich früher auch die Bedeutung „Hals". Und wir fügen noch eine weitere Redewendung mit einem Wort, das die jüngere Generation auch kaum noch kennt, hinzu: *Das ist unnötig wie ein Kropf.* Dieser war früher weit verbreitet, sodass man nach Möglichkeiten suchte, ihn wieder loszuwerden. Ein weit verbreitetes Mittel lautete: Man greife mit der Hand nach dem Kropf und sage: „*Was ich sehe, nehme zu, was ich greife, nehme ab.*"

Gekämmt wird mit dem *Kamm* oder dem *Strähl*, entsprechend tut man sich dann auch *strählen*. Unser Landkreis befindet sich am Nordrand eines großen südlichen *Strähl*-Gebiets. Daher ist die alte Bezeichnung *Strähl* sowohl einem regionalen Einfluss aus dem Norden, wo es überall *Kamm* heißt, als auch einem Einfluss aus der Standardsprache, wo ebenfalls *Kamm* gilt, ausgesetzt. Entsprechend war bei den Interviews oft die Antwort zu hören: „Früher hat man *Strähl* gesagt". Im Verb kann sich das alte Wort übrigens noch etwas länger halten als in der Substantiv-Verwendung, sodass man sich *mit dem Kamm strählt*.

Wir kommen zum Auge. Im Norden und in der Mitte des schwäbischen Sprachraums wird *geguckt*, in Oberschwaben sowie im badischen Rheintal und am Hochrhein *geluegt*. Wer schräg schaut, der *schillt* (das Wort wird besonders in der Südhälfte des Landkreises mit kurzem *-i-* gesprochen!) oder *schilcht*, er ist dann ein *Schiller* oder ein *Schilcher*. Beide Bezeichnungen waren schon am Ende des Mittelalters geläufig und kommen daher auch in unseren Familiennamen vor. Während man die etwa 25.000 *Schillers* in ganz Deutschland findet, trifft man auf die circa 1.000 *Schilchers* vor allem in Oberbayern.

Besonders viele Bezeichnungen gibt es in den süddeutschen Mundarten für das Gerstenkorn am Auge: *Beerlein*, *Eisslein* (gesprochen *Aiss* im Norden, *Oass* im Westen, *Oiss* in der Mitte und im Osten), *Wegbrunzer*, *Wegscheißer*, *Werre(lein)* u. a. Im Landkreis Rottweil hat sich in weiten Teilen – wie **Karte 11** zeigt – die Bezeichnung *Wegseicher*, und zwar in der westschwäbischen Aussprachevariante *Wä(a)gsoacher*, durchgesetzt. Die geographische Verbreitung der Bezeichnung *Eisse* über den ganzen Landkreis verteilt macht deutlich, dass diese Bezeichnung früher offenbar weit verbreitet war und heute untergegangen ist. Die Bezeichnungen *Wegzeiger* und *Wegschießer* sind sicher Ersatzlautungen, um das vielen Leuten peinliche Wort *Wegseicher* bzw. *Wegscheißer* zu vermeiden. Beim Abfragen nach den Begriffen war es nämlich vielen Personen unangenehm, die Ausdrücke *Wegseicher* oder *Wegscheißer* auszusprechen.

Zahlreiche Sprüche gibt es auch, um den lästigen Schluckauf loszuwerden, so zum Beispiel: „*Häcker, Häcker, gang über de(n) Neckar, gang über den Rhei(n), komm nimmer hei(m)!*" Für den letzten Satz gibt es viele Varianten wie etwa „*Kehr bei de(n) alte(n) Weiber ei(n)*" oder „*Fahr in e(in) altes Weib (hi)nei(n)*". Wer nicht an diese Sprüche glaubt, für den hält die Volksmedizin verschiedene Möglichkeiten bereit: Man denkt, ehe der nächste

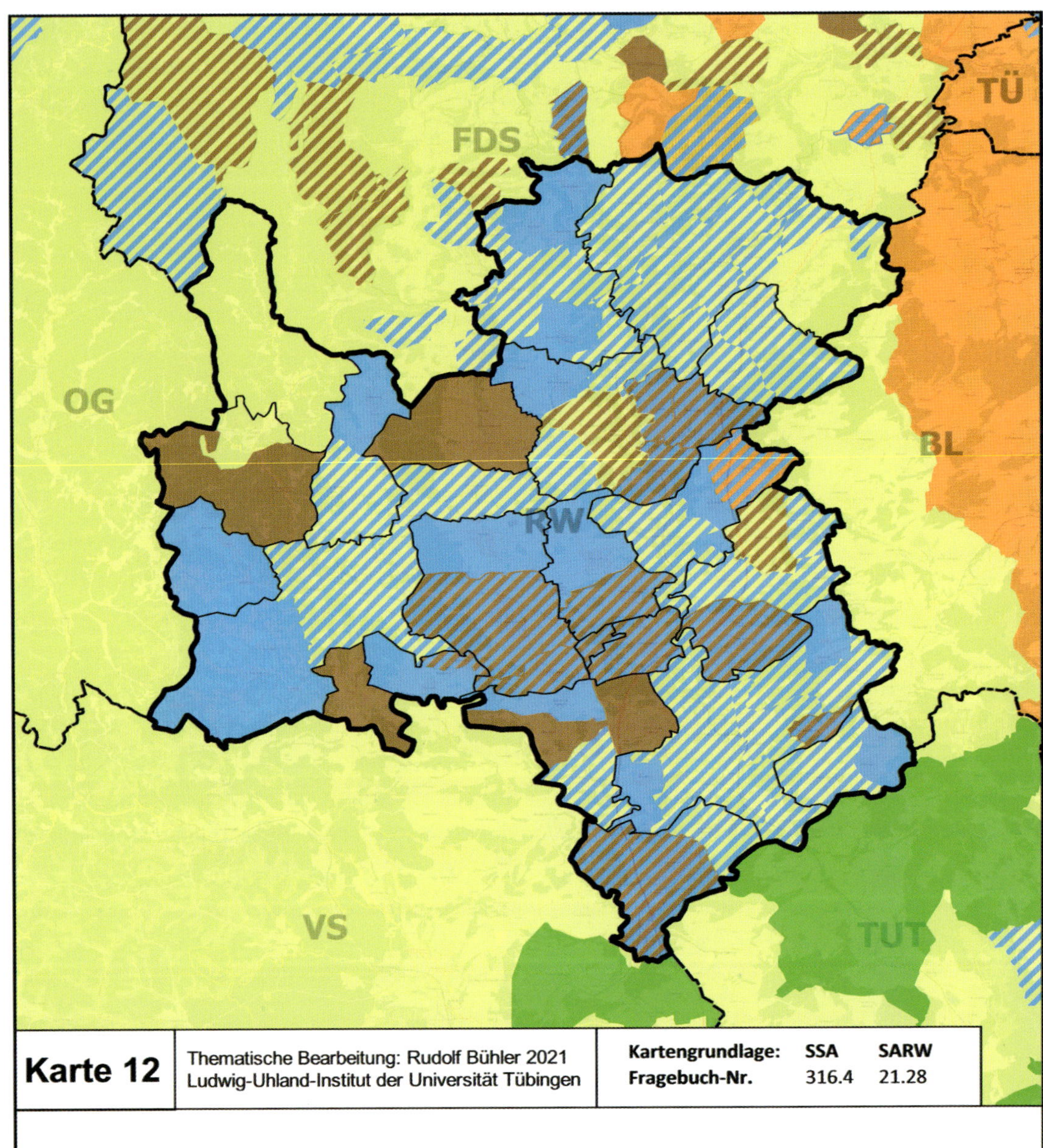

Der Schnupfen

Legende

- *Schnupfen, Schnuppen, Schnuppet u. Ä.*
- *Schnudert(e)*
- *Pfnüsel, Pflüsel*
- *Rotz(l)(er)*
- *Katarrh*
- *Schnupfen, Rotzler*
- *Schnupfen, Katarrh*
- *Schnuder(t), Katarrh*
- *Rotz(l)(er), Katarrh*

Häcker kommt, an drei verlogene Männer, oder: Man schluckt zwischen zwei *Häcker* dreimal usw. Bei den Bezeichnungen für den Schluckauf ist der Landkreis Rottweil einmal mehr zweigeteilt: Im Norden sagt man *Glutzger* und passt sich damit dem Zollernalbkreis, Tübingen, Böblingen, Calw und Freudenstadt an, im Süden ist es hingegen der *Gluckser*. Hier schließt man sich dem ganzen südwürttembergischen und südbadischen Raum an. Das für viele typisch schwäbische *Häcker* beginnt erst im Landkreis Reutlingen. Es deckt dann aber fast den ganzen Ostrand unseres Bundeslandes vom Taubertal bis zu den Allgäuer Alpen ab. Es dürfte sich übrigens bei allen angegebenen Bezeichnungen um eine den Schluckauf nachahmende Bezeichnung handeln.

Ein Wort, das nur noch wenige kennen dürften, ist *Wochentippel*, womit man die bei Kindern häufig auftretende Ohrendrüsenentzündung, also den *Mumps* (das Wort stammt offenbar aus dem Englischen) bezeichnete. Der Ausdruck rührt daher, dass die Krankheit etwa eine Woche dauert und man dabei etwas dumm, tölpelhaft aussieht. Nur im Kreis Sigmaringen kennt man hierfür den Ausdruck *Malle*, womit man andernorts oft den dicken Kater oder eine dicke Person bezeichnet. Letzteres ist dann die Überleitung zur Bedeutung „Mumps“.

In die Gruppe der Wörter, die kurz vor dem Untergang stehen, gehört neben *Wochentippel* auch das Wort *losen, losnen* „lauschen“. Das Wort bedeutete früher ganz allgemein „hören“ und hat, kurz bevor es ganz vergessen wird, bei uns noch eine Bedeutungsverengung erfahren. Im Gegensatz zu den soeben genannten Bezeichnungen hat sich der Ausdruck *mit Fleiß* „absichtlich“ bislang recht gut halten können, wobei dieser Ausdruck im Gespräch mit Zugereisten zu Missverständnissen führen kann, denn in der Standardsprache bedeutet der Ausdruck, dass man sich Mühe gegeben hat, also fleißig war.

Vielfältig und ohne eine klare räumliche Aufteilung sind die vielen Bezeichnungen für den Schnupfen (**Karte 12**), die Rudolf Bühler bei seinen Interviews notiert hat: *Schnupfen*, *Schnuppen*, *Schnuppet*, *Rotz(l)(er)* und *Katarrh*. Im Wort *Katarrh*, das aus dem Griechischen stammt und ursprünglich „Herabfluss“ bedeutete, steckt noch die alte Vorstellung, dass das Gehirn Schleim herstellt, der in den Körper hinabfließt. Es scheint sich von Bayern aus immer mehr nach Baden-Württemberg ausgebreitet zu haben. Das sich nördlich anschließende *Schnudert(e)* hat es offenbar nicht in unseren Landkreis geschafft.

Das Wort *Nase* spricht man im Landkreis Rottweil allgemein als *Naas(e)*, im Südschwäbischen ist es dann aber die *Nees(e)*, *Nääs(e)*. Mit ihr *schmeckt* „riecht“ man. In mittelalterlichen Texten wurde darauf hingewiesen, dass man für das Putzen der Nase bei Tisch nicht die Ärmel verwenden sollte. Das Taschentuch ist eine neuere Erfindung und kam erst im 15./16. Jahrhundert aus Italien zu uns, weshalb in den südlichsten deutschsprachigen Gebieten das aus dem Italienischen stammende Wort *Fazenettlein* lange Zeit noch bekannt war. Im Schwäbischen war zunächst *Sacktuch* die allgemeine Bezeichnung, das Wort *Taschentuch* kennt man seit dem 19. Jahrhundert. Nur selten hört man bei uns *Schneuztuch* oder *Schnupftuch*.

Für das Niesen sagt man bei uns allgemein *niesen* oder *gniesen*, daneben gibt es aber mit *pfuchzgen* noch eine alte Bezeichnung, die den Vorgang des Niesens nachbilden soll. Solche Wörter nennt man lautnachahmende Wörter, und sie begegnen uns in allen Sprachen. Im Deutschen gehören Wörter wie *krachen*, *quietschen* oder *flüstern* zu dieser Gruppe.

Unterhalb der Nase befindet sich der Mund, umgangssprachlich die *Gosch*. Das im süddeutschen Raum ursprünglich bodenständige Wort für die Lippe war *Lefze*. Es wurde mit der Lutherbibel von *Lippe* verdrängt, hat sich aber als Bezeichnung

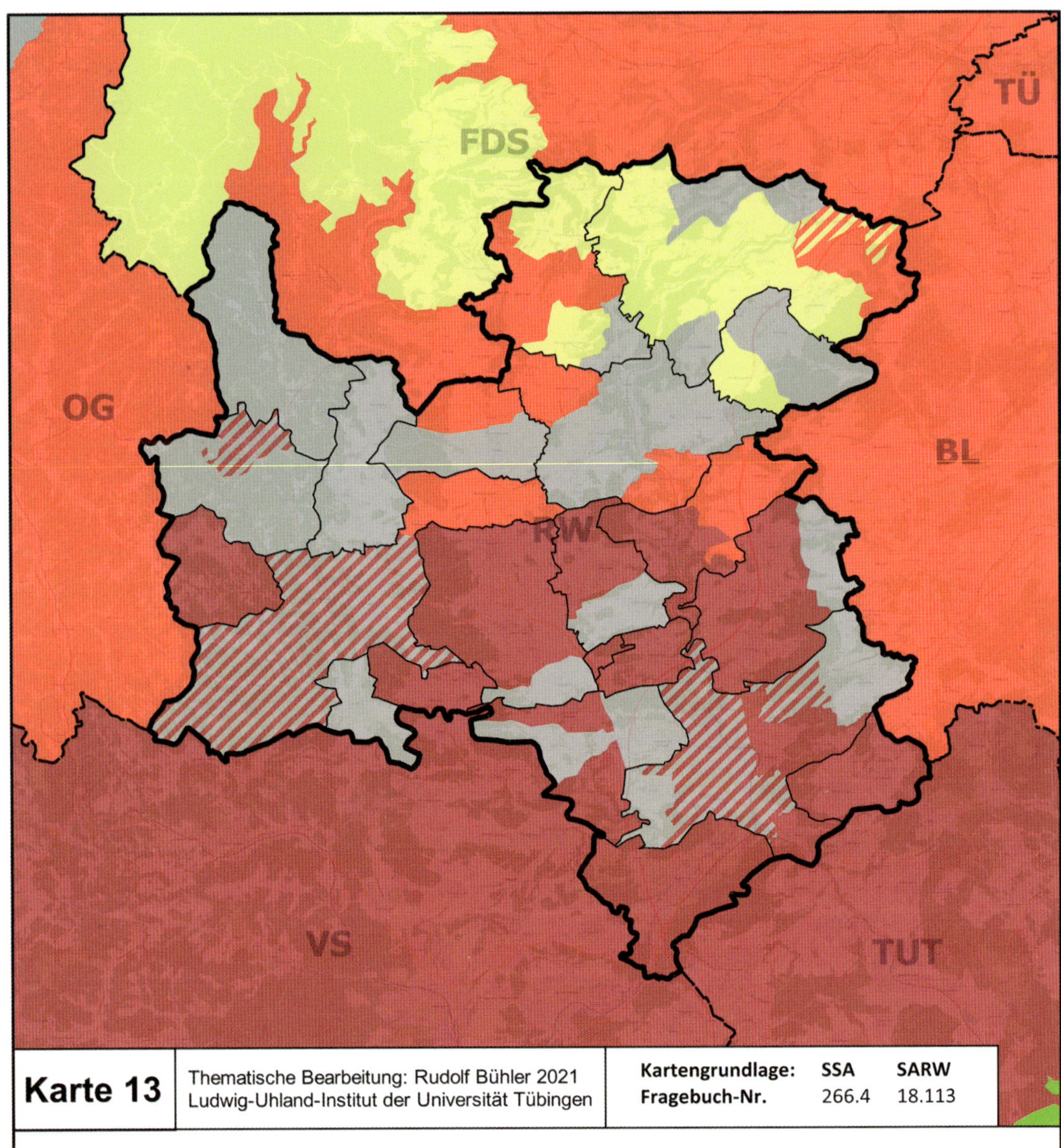

Die Sommersprossen

Legende

- *Mucken, Riesen-, Ros(s)mucken*
- *Riesele(i)n, Riesemen*
- *Riselen*
- *Märzenriselen*
- *Sommer-/Sonnen-, -sprossen/-flecken*
- *Mucken, Riesemen*
- *Riselen, Sommersprossen*

bei den Tieren halten können. Wer im Dialekt ganz normal redet, der *schwätzt*, während man für *tratschen* auch noch die Wörter *rätschen* und *patschen* kennt.

Für „heiser" sagt man im Hauptgebiet des Landkreises Rottweil *hoaser*, für das Weinen kennt man im Südwesten je nach Region die Wörter *bellen*, *briegen*, *greinen*, *heulen* oder *plärren*, das verhaltene Lachen, das besonders bei kleinen Mädchen zu beobachten ist, heißt hier *kicheren*, *kitteren* oder *pfitteren*, wer stottert, der *gackst* oder *stagst*, und wenn jemand den Speichel rinnen lässt, dann *trielt er*. Nach dem Mund kommt das *Kinn*. Im Dialekt lautet das Wort aufgrund des schwäbischen Wandels von *-i-* zu *-e-* vor *-n-* dann *Kenn*, häufig mit Dehnung und Ausfall des Nasals *Kee*, ohne schwäbische „Senkung" zu *-e-* ist es dann das *Kii* oder *Kiin*.

Karte 13 dokumentiert die vielen Bezeichnungen für die Sommersprossen, die man in unserem Landkreis antreffen kann: *Ros(s)mucken*, *Riesele(i)n*, *Riesemen*, *Riselen* oder einfach *Sommersprossen*. Die mittelalterliche Bezeichnung lautete *Rosem*, ein Wort, das mit dem Wort *Rost* verwandt ist und ursprünglich „mit Röte versehen" bedeutete. Als man das Wort *Rosem* nicht mehr verstand, lehnte man es in der Bedeutung „Sommersprossen" an andere, bekannte Wörter an wie *Rose*, *Ross* oder *Rotz*. So entstand bei uns die Bezeichnung *Rossmucken*. Einen solchen Vorgang nennt man Volksetymologie.

Werfen wir noch kurz einen Blick auf die weiteren Körperteile: Dass die Hand im Schwäbischen *Hand*, gesprochen *Hand*, *Hääd*, *Hååd* heißt, mag zunächst banal sein, doch zeigt ein Blick ins Ostfränkische, dass das gar nicht selbstverständlich ist, denn der Gegensatz *die Hand – die Hend*, wohlgemerkt für die Einzahl!, gehört zu den vielen ostschwäbisch-ostfränkischen Gegensätzen im Raum Ellwangen – Crailsheim. Im Landkreis Rottweil hat Rudolf Bühler die Lautungen ohne Nasal übrigens vor allem in der Osthälfte notieren können. Jemand, der alles mit der linken Hand macht, ist ein *Linkshänder*, gesprochen *Lenkshänd(l)er* oder *Lenker*. Manche in unserem Landkreis kennen vielleicht auch noch die alten Ausdrücke *Linketapper* (gesprochen *Lenkedapper*) oder *Linkertatsch* (gesprochen *Lenkerdatsch*).

Dass der schwäbische Fuß bis nach oben geht, ist allgemein bekannt, denn *Bein* bedeutete ja „Knochen", was man auch in der Standardsprache noch heute in Bezeichnungen wie *Schlüsselbein* oder *Schienbein* sehen kann. Der Fußknöchel heißt *Knechle*, *Knerrle* oder auch *Knoten*. Und die Waden können bezüglich des grammatischen Geschlechts bei uns sowohl männlich als auch weiblich sein: *die Waade, der Waade*. Ist man am Fuß verletzt, kann es vorkommen, dass man eine *Krücke* (bei uns als *Kruck* ausgesprochen) benötigt. Für das Gesäß gibt es bei uns drei Bezeichnungen, eine drastische, nämlich *Arsch*, und mit *Hintern* und *Füdle* zwei vornehmere.

Für die Kruste auf einer Wunde gibt es im Landkreis Rottweil neben dem standardsprachlichen Wort *Kruste* auch noch die Bezeichnungen *Bletz* und vor allem *Rufe*. Letztere ist im ganzen schwäbischen Raum bekannt und erhielt in manchen Gegenden noch andere Bedeutungen, so zum Beispiel nach Fischers „Schwäbischem Wörterbuch" die Bedeutungen „Schneekruste" im Raum Heidenheim oder „Rückstände" in der Redewendung *Rufen wegputzen* „Rückstände wegräumen". Eine Blase, die man sich bei neuen Schuhen schnell holen kann, ist eine *Blater* (gesprochen *Blååter*) und für einen kleinen Klemmfleck unter der Haut, auch unter dem Fingernagel sagt man *geronnenes Blut*. Ein blauer Fleck aufgrund eines Schlags ist ein *blaues Mal* (gesprochen *blååb Måål*). Für *Warzen* gibt es genauso wenig ein eigenes Dialektwort wie für eine *Narbe*. Wenn aber ein Stück Haut abgeschürft ist, so kennt man hierfür den Ausdruck *Schmarren*, und das Bauchweh wird,

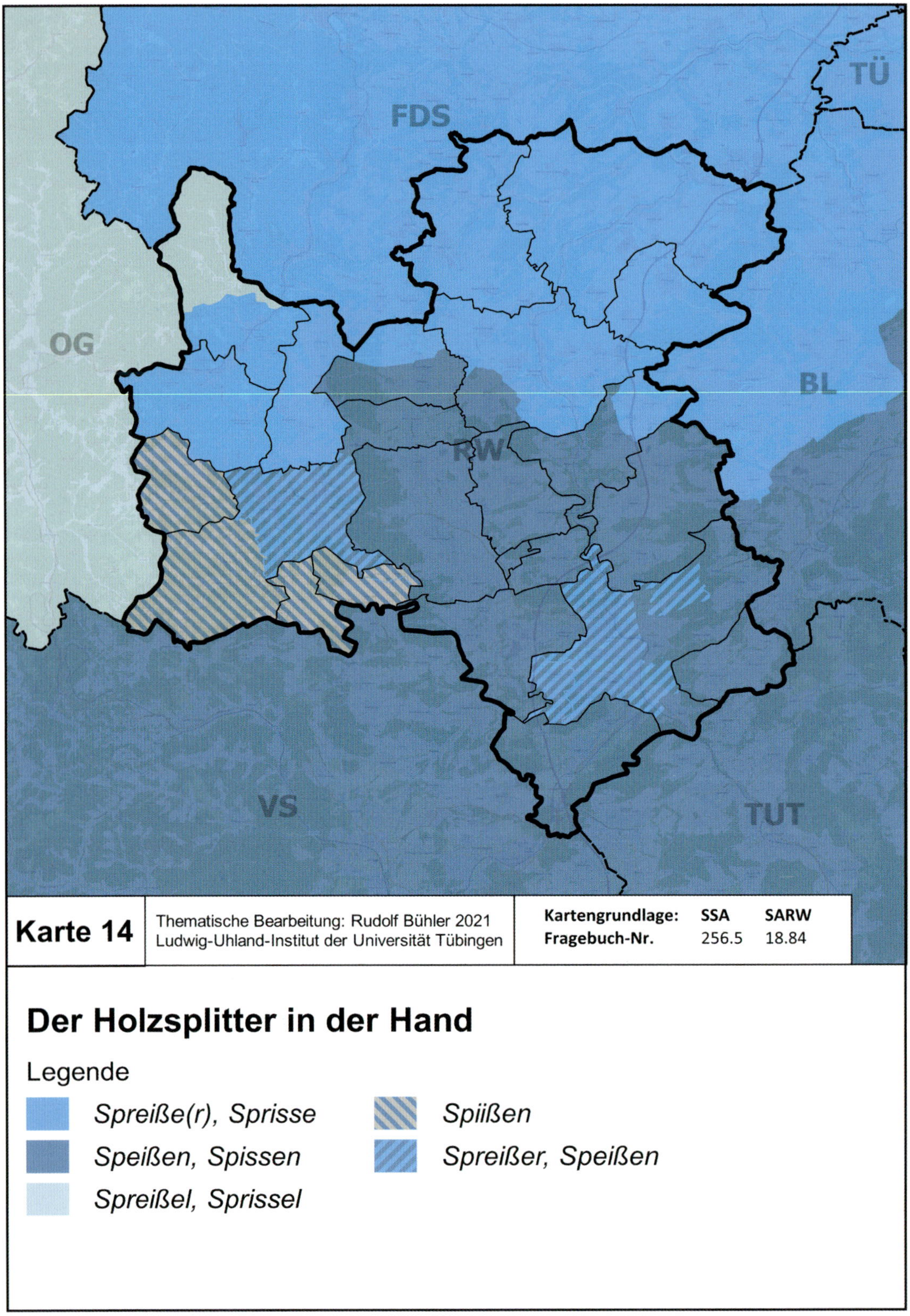

FDS TÜ OG BL RW VS TUT

Karte 14	Thematische Bearbeitung: Rudolf Bühler 2021 Ludwig-Uhland-Institut der Universität Tübingen	**Kartengrundlage:** **Fragebuch-Nr.**	**SSA** 256.5	**SARW** 18.84

Der Holzsplitter in der Hand

Legende

Spreiße(r), Sprisse

Speißen, Spissen

Spreißel, Sprissel

Spiißen

Spreißer, Speißen

egal ob es beim Mensch oder beim Tier passiert, *Grimmen* genannt. Abgefragt haben die Kollegen des „Südwestdeutschen Sprachatlas" vor 40 Jahren das Wort *Rheumatismus*, für das sie verschiedene Lautvariationen notiert haben: *Rheismattheis*, *Rheimatis*, *Rhematis*.

Aufgenommen in unser Fragebuch für den Landkreis Rottweil wurde die Frage, wie man sagt, wenn jemand einer anderen Person in den Arm kneift. In unserem Landkreis gibt es hierfür mit *zwicken* und *klemmen* zwei Bezeichnungen. Betrachtet man die Baden-Württemberg-Karte, so ergibt sich der Eindruck, dass *zwicken* bei uns neuer ist und *klemmen* ablöst. Letzteres ist im Schwäbischen weit verbreitet, im Zollernalbkreis und im Landkreis Tuttlingen in der Variante *krimmen*. Das für das badische Rheintal geltende *pfetzen* dringt hingegen nicht in unseren Raum vor. Wenn man die Finger in die Türe bekommt, dann tut man sich im ganzen Land die Finger *einklemmen*.

Trockene Risse in der Haut sind *Schrunden*, in schwäbischer Lautung *Schrondä*. Und wie nennt man die Holzsplitter, die beim Arbeiten mit Holz manchmal in die Hand eindringen? Die Antwort gibt **Karte 14**. Im Landkreis Rottweil sagt man allgemein *Spreiße(r)* oder *Speißen*, wobei die Wörter im alemannischen Teil (Lauterbach, Tennenbronn, Hardt, Mariazell, Locherhof) mit Monophthong gesprochen werden: *Spiißen*. Der einzige Ort, der die erwähnten Lautformen nicht hat, ist wieder einmal Kaltbrunn. Dort schließt man sich mit *Spreißel* den benachbarten Schwarzwaldgemeinden im Ortenaukreis an.

Wenn es in einem Dialekt verschiedene eigene Ausdrücke für eine Sache gibt, so muss man sich als Auswärtiger darauf einstellen. Probleme in der Kommunikation tauchen aber besonders häufig dort auf, wo es ein Wort sowohl im Standarddeutschen als auch im Dialekt gibt, es aber jeweils eine andere Bedeutung hat. Wie viele Sportlehrerinnen und Sportlehrer haben schon an sich gezweifelt, wenn sie die Kinder aufgefordert haben, ein paar Runden zu *laufen*, und diese dann begonnen haben, „spazieren zu gehen". Für das normale Gehen sagt man im Südwesten nun einmal *laufen* (ganz im Osten als *lofa* ausgesprochen), wenn es schneller sein soll, muss man schon sagen, dass man *rennen* soll, und wenn man nur einmal geschwind zum Nachbarn rennen soll, um etwas zu holen, dann *sprengt man rüber*. Auch *sauen* kann die Bedeutung „rennen" annehmen. Ein weiterer Ausdruck für eine schnellere Fortbewegung ist schließlich das Wort *weidlich*, gesprochen *waile*. Es steht allerdings kurz vor dem Untergang und ist der jüngeren Generation kaum noch geläufig. Dasselbe gilt für *gottig/guttig*, eine Bezeichnung, die bei den Erhebungen zum „Südwestdeutschen Sprachatlas" vor 40 Jahren bei uns noch häufig genannt wurde.

Das oben angesprochene Schicksal von *weidlich* und *gottig/guttig* wird wohl auch das Wort *hälingen* „heimlich" erleiden müssen. Es war früher im schwäbischen Wortschatz gut verankert, was man allein schon daran sieht, dass es sowohl ein Substantiv *Häling* „Geheimnis" als auch ein Verb *hälingen* „geheimnisvoll mit jemandem reden" gab. Daneben hatte das Wort früher auch noch die Bedeutung „leise" (*Geh hälingen hinein!*) und „sehr" (*Es ist hälingen kalt.*).

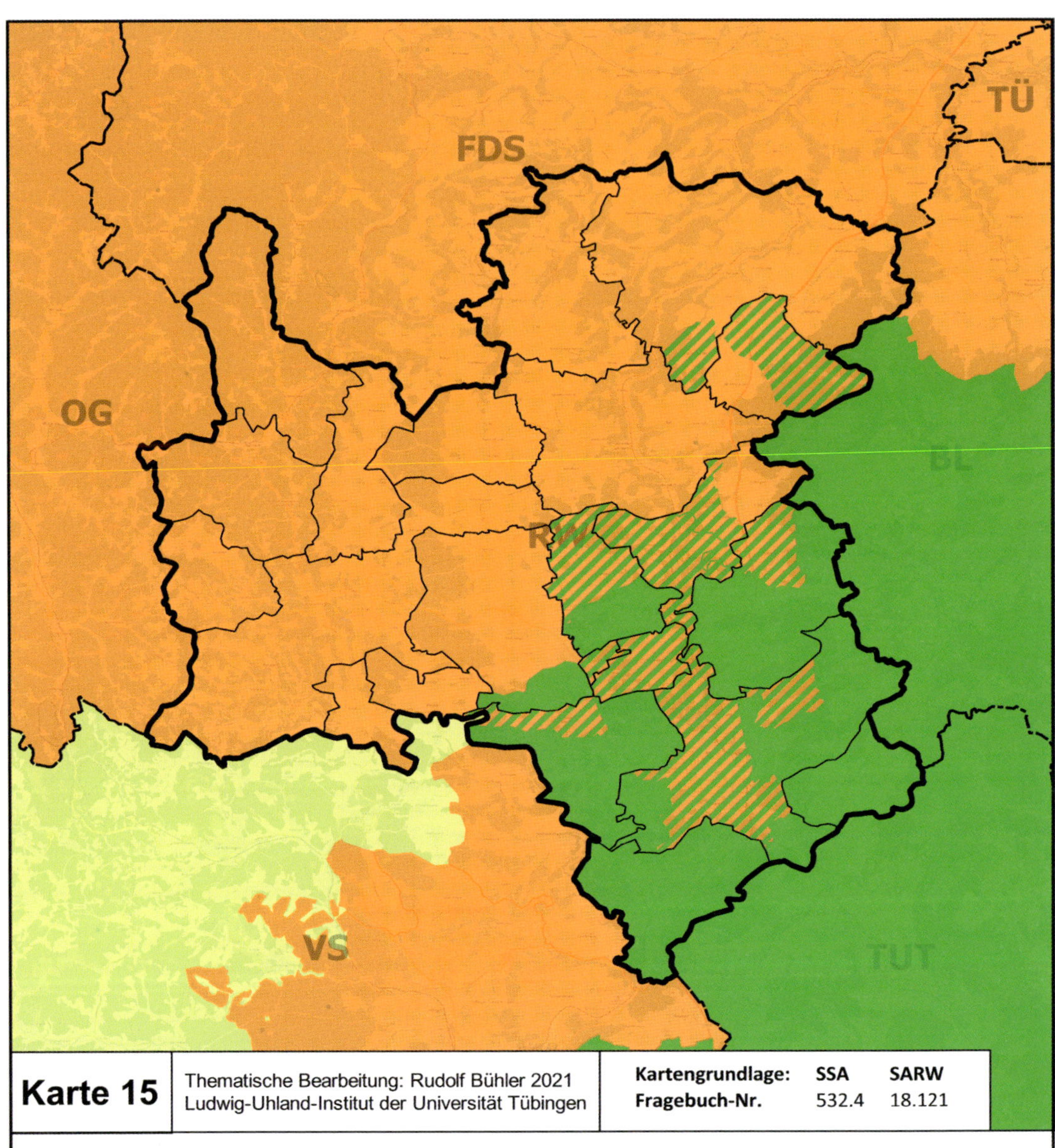

Karte 15	Thematische Bearbeitung: Rudolf Bühler 2021 Ludwig-Uhland-Institut der Universität Tübingen	**Kartengrundlage:** **Fragebuch-Nr.**	**SSA** 532.4	**SARW** 18.121

(vom Stuhl herunter) springen

Legende

- *hopsen, hupsen*
- *jucken*
- *hopsen, jucken*
- *hopfen, hoppen*

Kommen wir zu den Bezeichnungen für das Hüpfen, zum Beispiel von einem Stuhl herunter (**Karte 15**). Betrachtet man ganz Baden-Württemberg, so gibt es hierfür vier Bezeichnungen. Der ganze Norden sagt *hopfen/hoppen*. Diese Bezeichnung findet man auch noch in einem kleinen Gebiet südlich unseres Landkreises. Vom Kaiserstuhl bis zum Hochrhein heißt es *gumpen*, und dann gibt es noch zwei große Gebiete, die genau im Landkreis Rottweil aufeinanderstoßen. Mit *jucken* schließt sich der Ostrand einem Gebiet an, das von hier bis nach Bayerisch-Schwaben reicht, während das Hauptgebiet mit *hopsen/hupsen* mit den Nachbarn im Westen (Landkreis Emmendingen, Ortenaukreis, Landkreis Rastatt) und Norden (Landkreise Freudenstadt, Tübingen, Reutlingen) einen gemeinsamen Weg geht. Wenn den Kindern das *Jucken* oder *Hopsen/Hupsen* Freude macht, dann kann es sein, dass sie Freudeschreie ausrufen. Im Landkreis Rottweil sagt man dann, dass sie *juchzen*, *juchzgen* oder *jutzgen*.

Ein Wort mit einer sehr interessanten Geschichte ist schließlich *geheien*, das in der Lautung *keien* in den süddeutschen Mundarten weit verbreitet ist. Im Ostschwäbischen bedeutet es oft „werfen", in unserem Raum hingegen – insofern die Menschen es überhaupt noch kennen – „fallen, umfallen, hinfallen". Ausgangspunkt ist ein althochdeutsches Verb *hîan*, *gehîan* „heiraten". Danach kam es zu einer Bedeutungsverengung zu „vergewaltigen, aufs Kreuz legen, werfen". Über die Bedeutung „Gewalt" kommt es dann auch noch zu „quälen". Von hier aus entwickelte es sich zu einem Ausdruck, der in vielen Dialekten noch heute geläufig ist: *das keit mich* „das reut mich". Und aus der Bedeutung „aufs Kreuz legen" ist die Bedeutung „werfen" entstanden. In Anlehnung an die Bewegung kam es dann schließlich zu unserer Bedeutung „fallen". Da das Wort *keien* allerdings heute isoliert steht, ist es wohl wie viele andere Ausdrücke dem Untergang geweiht.

Erwähnen wir zum Schluss dieses Kapitels noch zwei Ausdrücke für den Vorgang des Rülpsens. Hierzu haben die Interviewer des „Südwestdeutschen Sprachatlas" vor 40 Jahren die Bezeichnungen *koppen* und *gorgsen* notiert. Sie galten aber schon damals als „anstößig" und bekamen mit *aufstoßen* einen Konkurrenten. Ob man die beiden alten Bezeichnungen wohl heute noch kennt?

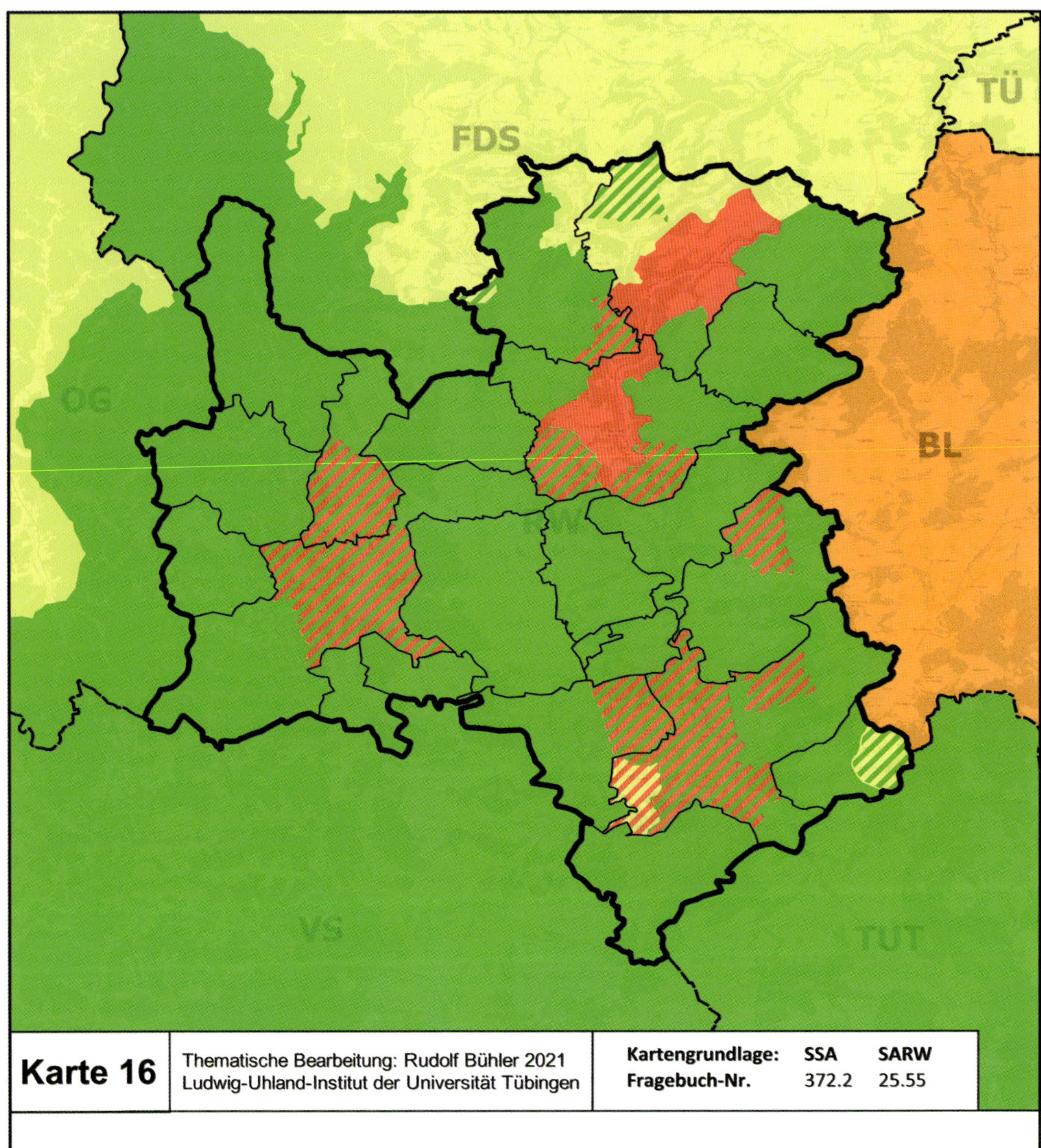

fegen

Legende

wischen

fegen

fürben

kehren

wischen, fegen

wischen, kehren

fegen, kehren

1.2 Haushalt und Küche

Den Nähkorb nennt man im Schwäbisch-Alemannischen allgemein *Nähkörblein* (gesprochen *Näökärblä*, *Naikärblä*) oder *Nähkrättlein*. Daneben gibt oder gab es im Landkreis Rottweil auch noch die Bezeichnung *Nähschiedlein*, gesprochen *Naischittlä* oder *Näischittlä*. Die Herkunft des Wortes *Schiede* ist unbekannt, Fischer belegt es aber in seinem 1920 erschienen „Schwäbischen Wörterbuch“ ebenfalls für den Raum Rottweil und die unmittelbare Umgebung, vor allem in der Bedeutung „aus Weiden geflochtener runder Korb mit zwei Handhaben für Erde, Holz, Kohle, Mist usw.“. Entsprechend hieß der Korbmacher in dieser Gegend auch *Schiedenmacher*.

Eine *Glufe* ist eine Stecknadel oder eine Sicherheitsnadel, in Bayerisch-Schwaben auch eine Wäscheklammer. Vielerorts ist das Wort *Glufe* aber inzwischen untergegangen, man kennt es aber dann noch meistens in der Zusammensetzung *Glufenmichel*. Dies ist ein weit verbreiteter Übername für einen ungeschickten, geizigen oder auch dummen Menschen. Wenn Sachen aus unserem Alltag verschwinden, bleiben die Wörter oft noch eine Weile erhalten. In dieser Zeit füllen die Sprecher diese Wörter manchmal mit einem neuen Inhalt. Und dieser Inhalt ist häufig negativ. Eine Chance, bewahrt zu bleiben, haben die vom Untergang bedrohten Wörter besonders dann, wenn sie sich in Wortzusammensetzungen befinden. Beim *Glufenmichel* kommt gleich beides zusammen: *Glufe* steht hier in einer Wortzusammensetzung, die etwas Negatives ausdrückt.

Der Stoffflicken auf der Hose ist im ganzen schwäbischen Raum ein *Bletz, Fleck, Flecken* oder *Flicken*. Daneben gab es bei uns auch noch die Bezeichnung *Spatt*, die vor allem im Westteil gegolten hat, was unter Einfluss aus dem mittelbadischen Rheintal geschah, wo diese Bezeichnung ihren Ursprung hat. Das Wort ist heute ähnlich wie *Hääß*, mit dem man früher ganz allgemein die Kleidung bezeichnete, untergegangen, doch hat es sich ebenso wie *Hääß* in der Fastnachtskleidung als *Spättle* erhalten können. Dies ist zum Beispiel die Bezeichnung des Fastnachtskostüms in Breisach am Rhein.

Zum Stricken und Stopfen gehören *Nadel* (*Nåådel*), *Schere* (*Schäär*) und *Faden* (*Faadä*), den man dann *einfädeln*, genauer: *einfädemen* muss. Mit der Wolle werden dann *wollene* (*wullene*) Socken oder Strümpfe gestrickt. Und wenn man *stopfen* will, was bei uns oft *stoppen* lautet, benutzt man das *Stoppei* „Stopfei“.

Ein Wollknäuel ist ein *Knaul*, meistens aber ein *Boppel*, und so nennt man auch in weiten Teilen des Schwäbischen die Eiskugeln: „*Zwei Boppel Eis*“ lautet dann die Bestellung in der Eisdiele. Zurück zur Hausarbeit: *flicken*, *stopfen*, *häkeln*, *stricken*, *waschen*, (Geschirr) *spülen* – all diese Wörter heißen auch bei uns nicht anders, nur werden sie natürlich dialektal ausgesprochen als *flickä*, *stopfä*, *hääklä*, *strickä*, *wäschä* und *spiälä*, Letzteres mit dem *Spüllumpen*.

Zur Arbeit in Haus und Hof gehört auch das Fegen. Unsere **Karte 16** zeigt, dass hierfür im Landkreis die Hauptbezeichnung *wischen* lautet. Zusammen mit den südlichsten Ortschaften des Landkreises Freudenstadt bildet unser Raum den Nordrand eines größeren *wischen*-Gebiets, das von hier nach Süden bis zum Hochrhein reicht. Im Osten schließt sich im Zollernalbkreis und im Landkreis Sigmaringen ein ebenso großes Gebiet mit der Bezeichnung *fürben* an. Und im Nordschwäbischen heißt es *fegen*, das Wort *kehren* ist neuer.

Interessant ist die meistens konsequente Unterscheidung der beiden *e*-Laute zwischen *wäschä* „waschen“ und *Wesch* „Wäsche“, man tut also *d'Wesch wäschä*. Und worin hat man dies vor der Erfindung

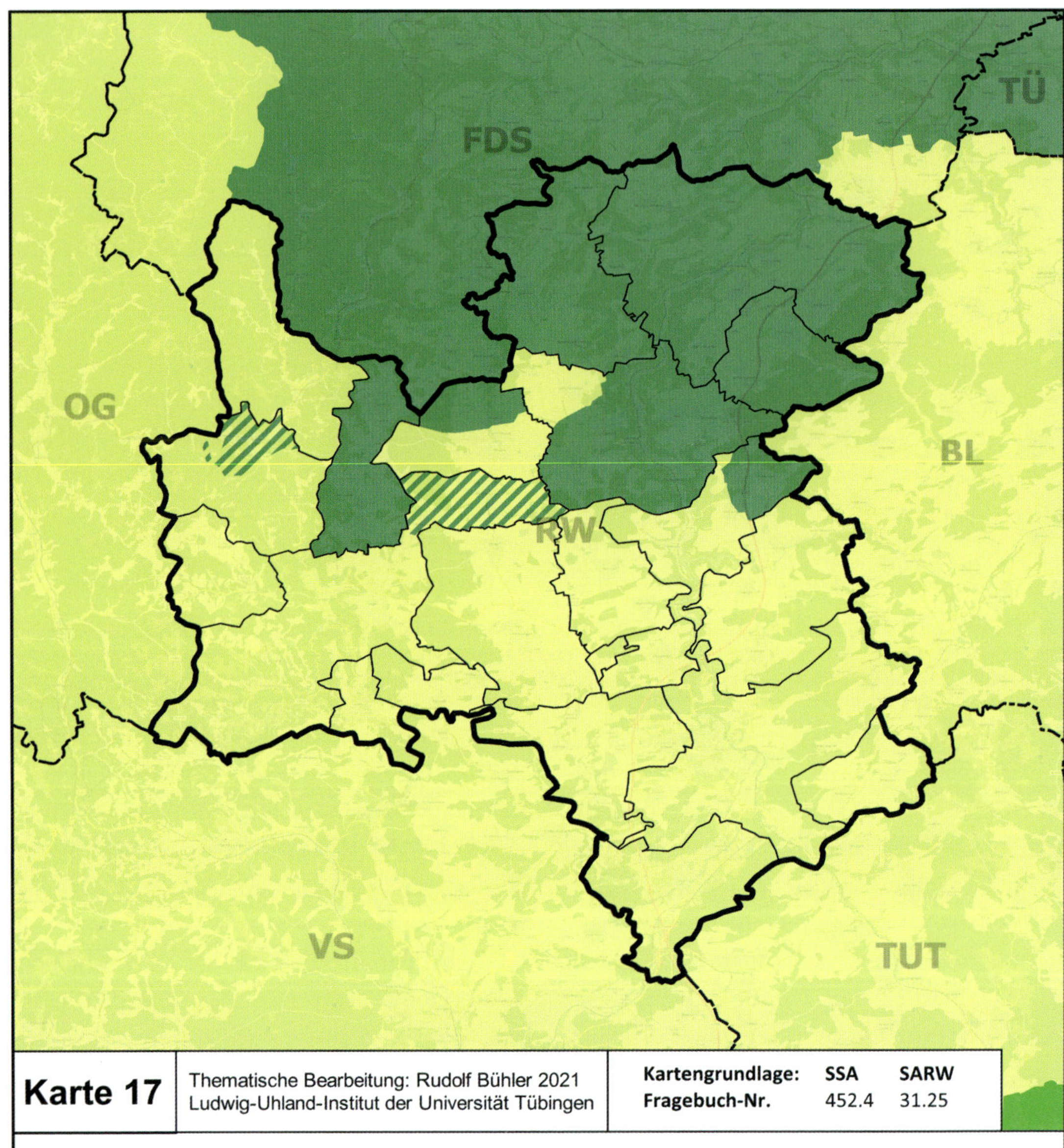

Karte 17	Thematische Bearbeitung: Rudolf Bühler 2021 Ludwig-Uhland-Institut der Universität Tübingen	**Kartengrundlage:** **Fragebuch-Nr.**	**SSA** 452.4	**SARW** 31.25

Der Flachkuchen

Legende

Berte

Kuchen

Berte, Kuchen

Dünne

der Waschmaschine getan? Nur die ältere Generation kann diese Frage beantworten: im *Weschzuber*. Die Wäsche wurde *eingeweichnet*, *gewaschen* und später mit klarem Wasser von den Seifenresten befreit, was man allgemein *spülen* oder *schwenken* nannte. Dann kam sie auf das *Seil* (*Soal*), wo die Kleidungsstücke mit *Wäscheklammern* (*Klämmer*, *Klämmerle*, *Klammere*) befestigt wurden, damit sie *trocknen* (gesprochen *tricknä*) konnten. Dabei musste man das Seil oft mit einer Art Astgabel stützen, damit es nicht durchhing. Dies war dann der *Steiber*, im Westteil unseres Landkreises *Stipper* ausgesprochen. Damit hat man das Seil *gesteibert*. Übrigens wurden auch die zu vollen Obstbäume *gesteibert*. Wenn die Wäsche fertig getrocknet war, kam sie in den *Wäschekorb* (*Wäschkratten, Wäschschiede*). Mit dem *Bügeln* (*beeglä*, im Süden *begglä*) war dann die früher so schwere *Arbet*/*Ärbet* des Wäschewaschens abgeschlossen.

Schon bei den Erhebungen zum „Südwestdeutschen Sprachatlas" konnten die Freiburger Kolleginnen und Kollegen vor 40 Jahren im Schwäbischen kaum noch jemanden finden, der sich an das Waschen mit Aschenlauge erinnerte. Interessanterweise war dieser Vorgang aber im badischen Rheintal noch vielen Bewohnern für die Zeit während des Ersten Weltkriegs bekannt. Dieses Waschen mit Aschenlauge verlief folgendermaßen: Man verwendete einen großen Bottich, in den man bereits vorgewaschene Wäsche hineinlegte. Dann goss man mit einer großen Kelle Aschenlauge auf ein Leinentuch, das über das Waschgefäß gespannt war. Die Lauge floss durch das Tuch und durch die Wäsche. Unten im Gefäß wurde sie durch ein Spuntloch wieder herausgelassen, aufgefangen, aufgekocht und wieder über das Tuch auf die Wäsche geschüttet. Dieses Verfahren ist in den Quellen bereits für das ausgehende Mittelalter bezeugt und wurde im südwestdeutschen Sprachraum als *bauchen*, schwäbisch *bouchä*, alemannisch *buuchä* bezeichnet.

Neben dem Waschtag ragte der Backtag aus dem Alltag heraus. Mancher machte sein Brot selber im eigenen Backofen, andere ließen den eigenen Teig beim Bäcker ausbacken. An einem solchen Tag war es geschickt, wenn man mit der Hitze im Ofen vor dem Backen – zum Testen der Temperatur – oder nach dem Backen – zum Ausnutzen der Resthitze – einen Flachkuchen backen konnte. Dieser Flachkuchen wird heute in manchen Gegenden wieder gemacht und heißt auch „schwäbische Pizza". Noch besser wäre der Vergleich allerdings mit dem heute beliebten Flammenkuchen, der im Prinzip dasselbe ist. Allerdings gibt es den Flachkuchen auch in einer süßen Variante, besonders im Hohenlohischen. **Karte 17** zeigt die räumliche Verteilung der Bezeichnungen für diesen Flachkuchen in unserem Raum. Während man in den meisten Gebieten Baden-Württembergs einfach nur *Kuchen* sagt, oft präzisiert als *Salzkuchen* (siehe auch Karte 7), heißt unsere Spezialität in einem kleinen Gebiet, das von Böblingen über den Landkreis Freudenstadt bis in den Nordteil unseres Landkreises reicht, *Berte*. Die Südgrenze dieses kleinen Gebiets bildet eine Linie, die die Ortschaften Aichhalden, Beffendorf und Trichtingen verbindet. Die Herkunft des Wortes ist völlig unbekannt. Leichter ist es dagegen bei der südlich der Donau vorzufindenden Bezeichnung *Dinnete*. Dass hier der dünne Teig Pate gestanden hat, ist leicht zu verstehen. Regionale Produkte sind heute wieder sehr gefragt, und so kommen auch regionale Speisen wieder auf die Speisekarte. In Ravensburg wirbt ein Gasthaus zum Beispiel mit dem Schild: *Pizza*/*Dinnete*.

Viele Bäckereien im Land nennen sich heute *Marktbäck*, *Mühlenbäck*, *Kirchenbäck* usw. Bei der Schreibweise gehen sie davon aus, dass das zweite Wort in der jeweiligen Zusammensetzung von *backen* kommt. Doch das ist falsch. Das Wort *Beck* ist die alte Bezeichnung für den Bäcker und existierte bereits im Mittelalter. Man schrieb es

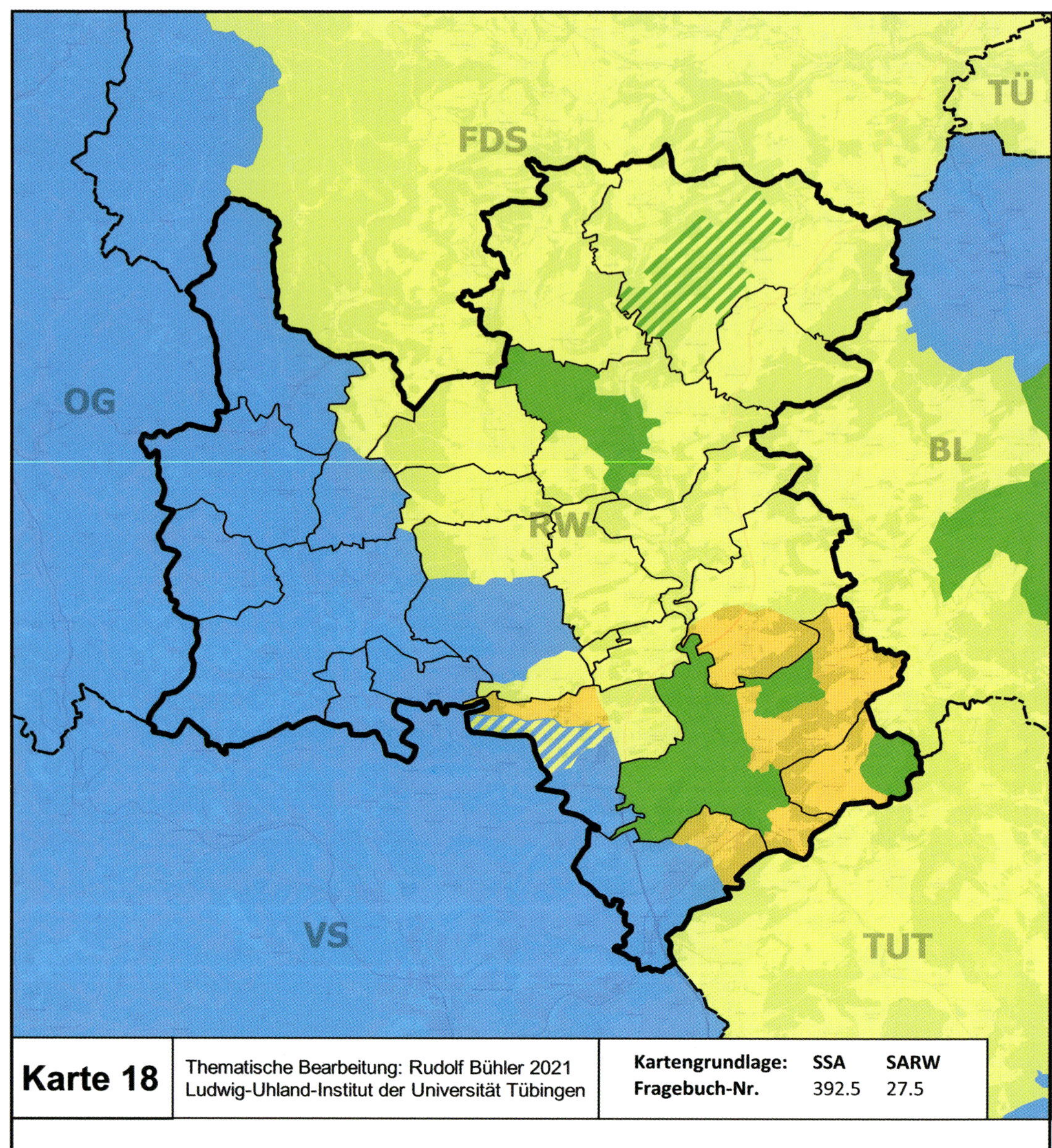

Das Langbrot

Legende

- *Kipf*
- *Gipf*
- *Stollen*
- *Laib [Loab]: Langbrot = Rundbrot*
- *Kipf, Stollen*
- *Kipf, Laib*

damals mit einem *-e-* und entsprechend wird es auch im schwäbischen Dialekt gesprochen: *Beck*. Die Berufsbezeichnung *Bäcker* wurde viel später gebildet, und zwar in Anlehnung an die anderen Berufsbezeichnungen auf *-er* wie *Metzger*, *Tischler*, *Schreiner* usw. Als die Familiennamen um das 14. Jahrhundert entstanden sind, war im Süden Deutschlands, in Bayern und Baden-Württemberg, die Bezeichnung *Beck* noch lebendig. Daher gibt es hier ganz viele Familien mit diesem Namen, während bei uns der Familienname *Becker* selten ist. Er hat im Westen und Norden Deutschlands sein Zentrum. Zur Haupttätigkeit des Bäckers sagt man *backen*, häufig auch *bachen* (*bachä*).

Am Vorabend tut man *hefeln* (gesprochen *heeflä*, im Süden des Landkreises *hefflä*), der Vorteig heißt entsprechend *Heeflä(tä)*, *Hefflä(tä)*. Den *Teig* (*Toag*) muss man dann *gehen lassen* (*gau lao*, *gåå låå*). Geknetet wurde dann im Backtrog, im Landkreis Rottweil *Backgelte* (*Bachgelte*) oder *Backmulte* (*Bachmolte*) genannt. Um die Laibe zu formen, muss man den Teig *auswirken*. Dies macht man meistens auf dem *Nudelbrett* (*Nuudläbritt*). Das Instrument, mit dem man im Backtrog die Teigreste zusammenscharrt, heißt einfach *Schaber* oder *Schärre*. Was dann zusammenkommt, ist entsprechend die *Scharrete* oder *Schärrete*. Eine alte Bezeichnung für das Instrument, womit man im Ofen die Glut verteilt, ist *Krücke* (gesprochen *Kruckä*). In den Ofen geschossen wird das Brot schließlich mit der *Backschaufel* (*Bachschoufel*, im Südwesten: *Bachschuuflä*). Die Brotmenge, die man früher an einem Tag gebacken hat, nannte man dann *Bachet*.

Das Wort *Brot* hat in vielen Gegenden seine alte mundartliche Lautung verloren, denn eigentlich müsste es im Landkreis Rottweil, der vorwiegend im Westschwäbischen liegt, als *Braot* ausgesprochen werden. Der Grund für die Aussprache *Broot* liegt daran, dass man es als Handelswort sehr oft in der Standardlautung hört. Anders ist es bei der Bezeichnung des Rundbrots. Hier wird das Wort *Laib* noch in der Regel entsprechend der Zugehörigkeit des Hauptgebiets zum Westschwäbischen als *Loab* ausgesprochen.

Vielerorts wird das Rundbrot in der Benennung vom Langbrot (**Karte 18**) unterschieden. Hierbei verläuft wieder einmal mehr mitten durch unseren Landkreis eine Grenzlinie, die zwei große Räume voneinander trennt. Im ganzen Ostschwäbischen sowie in weiten Teilen des Zentral- und Westschwäbischen heißt das Langbrot *Kipf*. Im Ostfränkischen, Südfränkischen, im Oberrhein-Alemannischen und Bodensee-Alemannischen ist *Stollen* die übliche Bezeichnung. Da in diesem Fall aber beide Bezeichnungen mit dem im Handel üblichen einfachen Wort *Langbrot*, *Langlaib* oder auch *Kapsel* in Konkurrenz stehen, ist es fraglich, ob sich die beiden alten Bezeichnungen im Sprachalltag halten können.

Die erste Mahlzeit am Tag nahm man früher wie überall im süddeutschen Raum nach der Stallarbeit ein, meistens zwischen 6 und 7 Uhr. Der übliche Ausdruck war *Kaffeetrinken* oder *Morgenessen*. Neben dem Wort *Abendessen* gab es auch noch die Bezeichnung *Nachtessen*, neuerdings auch *Abendbrot*. Mehrdeutig ist das *Vesper*: Damit bezeichnete man früher eine Zwischenmahlzeit am Morgen oder am Nachmittag, heute ist es das (kalte) Abendessen.

Die Brötchen sind *Wecken*, *Wecklein*, gesprochen *Wegglä*. Interessant ist, dass die alten Bezeichnungen für die Brotkrümel, die beim Schneiden entstehen, immer mehr vergessen werden. Bald weiß niemand mehr, was *Brosamen* – im Rottweiler Dialekt *Broosemä*, *Brobroosemä*, *Brausemä* – sind. 2012 haben wir an der Tübinger Arbeitsstelle „Sprache in Südwestdeutschland" eine Umfrage mit Dialektwörtern gemacht und auch nach den Bezeichnungen für die „Brotkrümel" gefragt. Hierbei hat sich gezeigt, dass das Wort *Brosamen* bei den über 60-jährigen Perso-

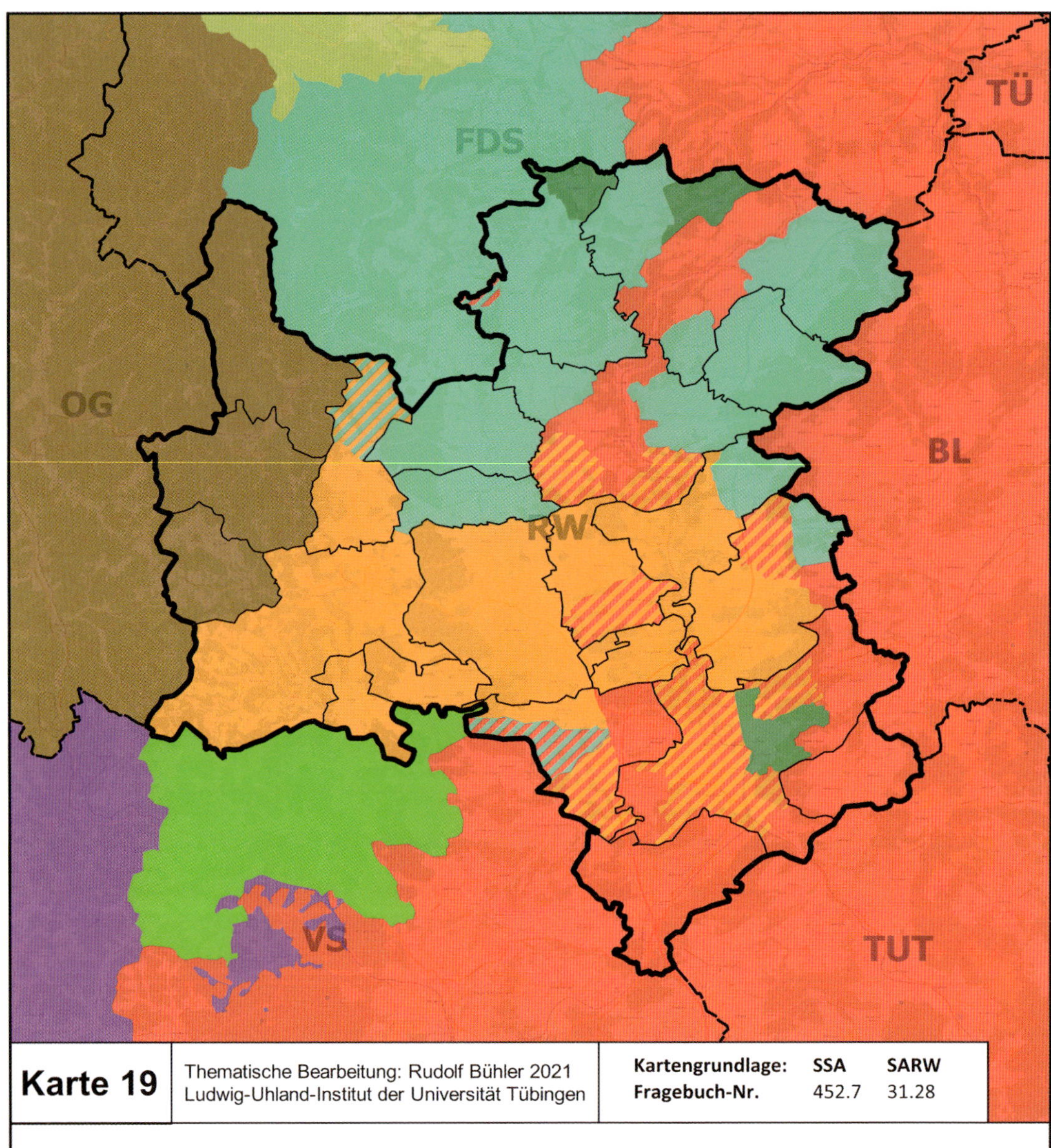

Der zerstoßene Pfannenkuchen

Legende

Dummes	*Mocken*
Durcheinander	*Mus, Holz-, Schmalz-, Brockel-*
Kratzete	*Geschmeiß*
Gefurletes	*Gefurletes, Kratzete*
Gerühre	*Gerühre, Kratzete*
	Gefurletes, Gerühre

nen noch geläufig war, während es die jüngere Generation kaum noch kannte. Ob die beiden im Landkreis Rottweil ursprünglich geltenden Bezeichnungen für den Brotanschnitt *Knäuslein* (gesprochen *Kneislä*) und *Riebelein* (*Riibelä*) bald dasselbe Schicksal erfahren werden?

Der Gründer und langjährige Leiter der Tübinger Arbeitsstelle „Sprache in Südwestdeutschland", Arno Ruoff, hat schon in den 50er-Jahren überall in Baden-Württemberg Personen interviewt und dabei im Jahr 1959 auch mit einer 1884 geborenen Frau aus Schramberg gesprochen. Wie hart das Leben als Bäckersfrau um 1910 in Schramberg war, wird allein schon an dem folgenden kleinen Erzählausschnitt deutlich:

„Und danach haben wir die Bäckerei gekauft am Brestenberg. Und danach haben wir gebacken allemal miteinander. In der Nacht haben wir angefangen um zwei, drei, und anderen Tags hat man müssen das Brot verhausieren, mit einem Karren in der Stadt herumziehen und von Haus zu Haus gehen und den Leuten betteln: ‚Kauft auch einen Laib Brot!' Eines hat einen gekauft, das andere hat keinen gekauft. Und manches hat man müssen aufschreiben und hat das Geld nicht mehr gekriegt."

Bei den Bezeichnungen für die Marmelade ist der Landkreis Rottweil gerade noch im schwäbischen *Gsälz*-Gebiet, das vom Neckar bis zur Tauber reicht. Das Wort *Gsälz* erstaunt in diesem Zusammenhang aber immer wieder Leute von außen, die nicht verstehen können, dass man so etwas Süßes wie die Marmelade mit Salz verbindet. Die Erklärung liegt darin, dass man früher – als es noch keinen Kühlschrank und keine Gefriertruhe (*Gfriere*) gab – mit Salz Lebensmittel haltbar gemacht hat. Und da man bei der Marmelade letztendlich Obst haltbar macht, kam es zur Bedeutungserweiterung des Wortes *Gsälz*. In Frage kommt auch der Umweg über die *salsa*, die *sal*zige Soße, die auch dickflüssig sein konnte, was die Übertragung des Wortes auf die Marmelade ermöglichen würde. Ins Alemannische ist *Gsälz* allerdings nicht vorgedrungen. Dort sagt man *Schlecksel* in der Ortenau, *Guts/Güts* im Breisgau und im Markgräflerland und *Eingemachtes* zwischen Hochrhein und Donau.

Der *Pfannenkuchen* heißt im Gegensatz zu unseren westlichen Nachbarn, wo er *Omlett* heißt, bei uns auch nicht anders. Wenn er noch in der Pfanne zerstoßen wird, dann erhalten wir in Baden-Württemberg ganz viele unterschiedliche Bezeichnungen wie *Dummes*, *Durcheinander, Eierhaber*, *Gefurletes*, *Gemockeltes*, *Geschmorgeltes*, *Gerühre*, *Gerümpel*, *Gestorrtes*, *Gestoßenes*, *Gestürztes*, *Habermuß*, *Kratzete*, *Mocken*, *Schollenmöckel*, *Stürum* (gesprochen *Stirum*) oder *Umgerührtes* usw. **Karte 19** zeigt, dass im Landkreis Rottweil *Gefurletes* (wohl zu einem alten Verb *furen* „den Hunger stillen") die Hauptbezeichnung ist. Der Ostteil schließt sich dem großen *Kratzete*-Gebiet an, der Westrand teilt die Bezeichnung *Dummes* mit der Ortenau, und *Gerühre* ist eine kleinräumige Besonderheit des Nordens.

Wir kommen noch einmal zum Backen zurück. Zur Tradition gehört auch das Backen eines Brotes mit getrockneten Früchten. Drei Bezeichnungen beherrschen unser Bundesland: *Hutzelbrot* im Norden (mit *Hutzel* bezeichnet man gedörrtes Obst), *Birnenbrot* oder *Birnenwecken* (gesprochen *Biiräbroot*, *Biiräweckä*) im Süden und *Schnitzbrot* in der Mitte zwischen Ludwigsburg, Schwäbisch Gmünd, Reutlingen und Calw. Daneben gibt es mit *Zeltes* (Großraum Ulm) und *Singete* (Allgäu) noch zwei kleinräumige Bezeichnungen. Im Landkreis Rottweil nannte man dieses Früchtebrot überall *Hutzlebrot.*

Kartoffeln, die zuerst gekocht und dann gebraten werden, heißen in weiten Teilen unseres Bundeslandes *Brägele*. Fehlt das Wort wie in weiten Teilen des Landkreises Rottweil, so setzt man vor die Bezeichnung der Kartoffel einfach den Zusatz *gebraten* hinzu, sodass man bei uns dann im Nor-

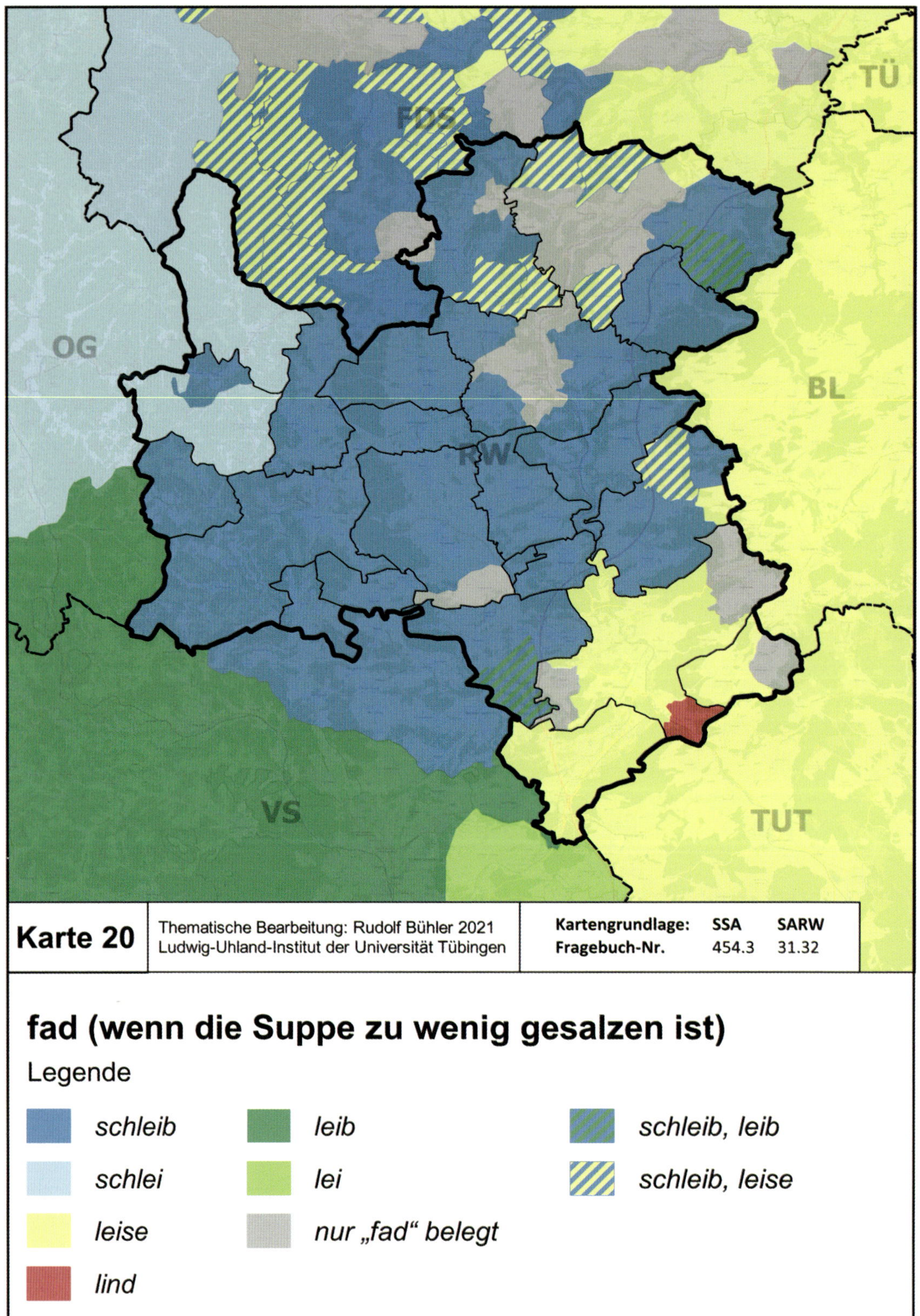
TÜ
FDS
OG
BL
RW
VS
TUT
Karte 20
Thematische Bearbeitung: Rudolf Bühler 2021
Ludwig-Uhland-Institut der Universität Tübingen
Kartengrundlage: SSA SARW
Fragebuch-Nr. 454.3 31.32
fad (wenn die Suppe zu wenig gesalzen ist)
Legende
schleib
leib
schleib, leib
schlei
lei
schleib, leise
leise
nur „fad“ belegt
lind

den von den *gebratenen Grundbirnen* (gesprochen *Grombiirä*) und im Süden von den *gebratenen Herdäpfeln* (gesprochen *Herdepfel*) spricht. Die gleiche Verteilung ergibt sich auch beim Kartoffelbrei: Im Norden ist das der *Grundbirnenbrei*, im Süden der *Herdäpfelbrei*. Wenn beim Kartoffelbrei oder *Grießbrei* (*Grießmuß*) am Boden noch etwas haften bleibt, das man dann wegkratzen muss, so nennt man dies die *Scharrete* oder *Kratzete*.

Wenn eine Speise nicht gut gewürzt ist, also fad schmeckt, dann gibt es in Baden-Württemberg hierfür vor allem eine Bezeichnung: *leise* (**Karte 20**). Das Wort, das im Ostteil unseres Landkreises zu hören und als *leis* auszusprechen ist, hat tatsächlich etwas mit dem schriftsprachlichen Wort *leise* „still" zu tun, denn schon im Mittelalter hatte das Wort *leise* auch die Bedeutung „sanft", und von „sanfter Stimme" zu „sanftem Geschmack" ist es kein weiter Weg. Die Hauptbezeichnung für den faden Geschmack ist bei uns aber *schleib*, im Nordwesten mit Anschluss an den Ortenaukreis in der Variante *schlei*. Über die Herkunft dieser Bezeichnung ist nichts bekannt. Ist eine Speise übrigens dagegen zu scharf oder versalzen, dann heißt es, dass sie *räß* ist.

Die Fettschicht auf der gekochten Milch nennt man einfach *Haut*, diejenige auf der ungekochten Milch heißt der *Rahm* (gesprochen *Raam*, *Room*) oder der *Mirre*. Letzteres ist wohl eine Abkürzung aus *Milchrahm*, wozu das maskuline Geschlecht bei *Mirre* gut passt. Als man früher die Butter oder besser *den Butter* noch selber gemacht hat, musste man zunächst diese Fettschicht *abtun* oder *abrahmen*. Zum Buttermachen sagte man *buttern* oder *plotzen*. Es gab zwei Butterfässer: ein Stoßbutterfass, bei uns *Stoßfass* genannt, und ein Drehbutterfass, das im Landkreis Rottweil *Butterfass* oder *Plotzfass* genannt wurde.

Dass es bei uns wie im schwäbisch-alemannischen Sprachraum allgemein *der Butter* heißt, lässt sich dadurch erklären, dass das frühere Wort für Butter – *Anken* – auch männlichen Geschlechts war. Das Wort *Anken* ging dann unter, das alte maskuline Geschlecht aber wurde auf *Butter* übertragen. Für Zugereiste sei an dieser Stelle noch hinzugefügt, dass man im Schwäbischen auch *das Teller* „der Teller" und *der Schoklaad* „die Schokolade" sagt. Bei *Teller* handelt es sich um das alte maskuline Genus, an dem das Schwäbische im Gegensatz zur Standardsprache festgehalten hat, während man bei *der Schoklaad* von einem französischen Einfluss ausgehen kann.

Wie schnell sich im Haushalt alles gewandelt hat, zeigt uns die Frage nach den Bezeichnungen für die Rückstände beim Buttereinsieden. Während man vor 40 Jahren bei den Erhebungen zum „Südwestdeutschen Sprachatlas" nämlich noch überall im Land Antworten hierfür bekam, war bei den Erhebungen zum Rottweiler Sprachatlas so gut wie nichts mehr zu holen. Vorgang und Bezeichnungen waren inzwischen in Vergessenheit geraten. Vor 40 Jahren aber kannte man auch im Landkreis Rottweil noch Wörter wie *Ankenbutter* oder *Ankenscharrete*.

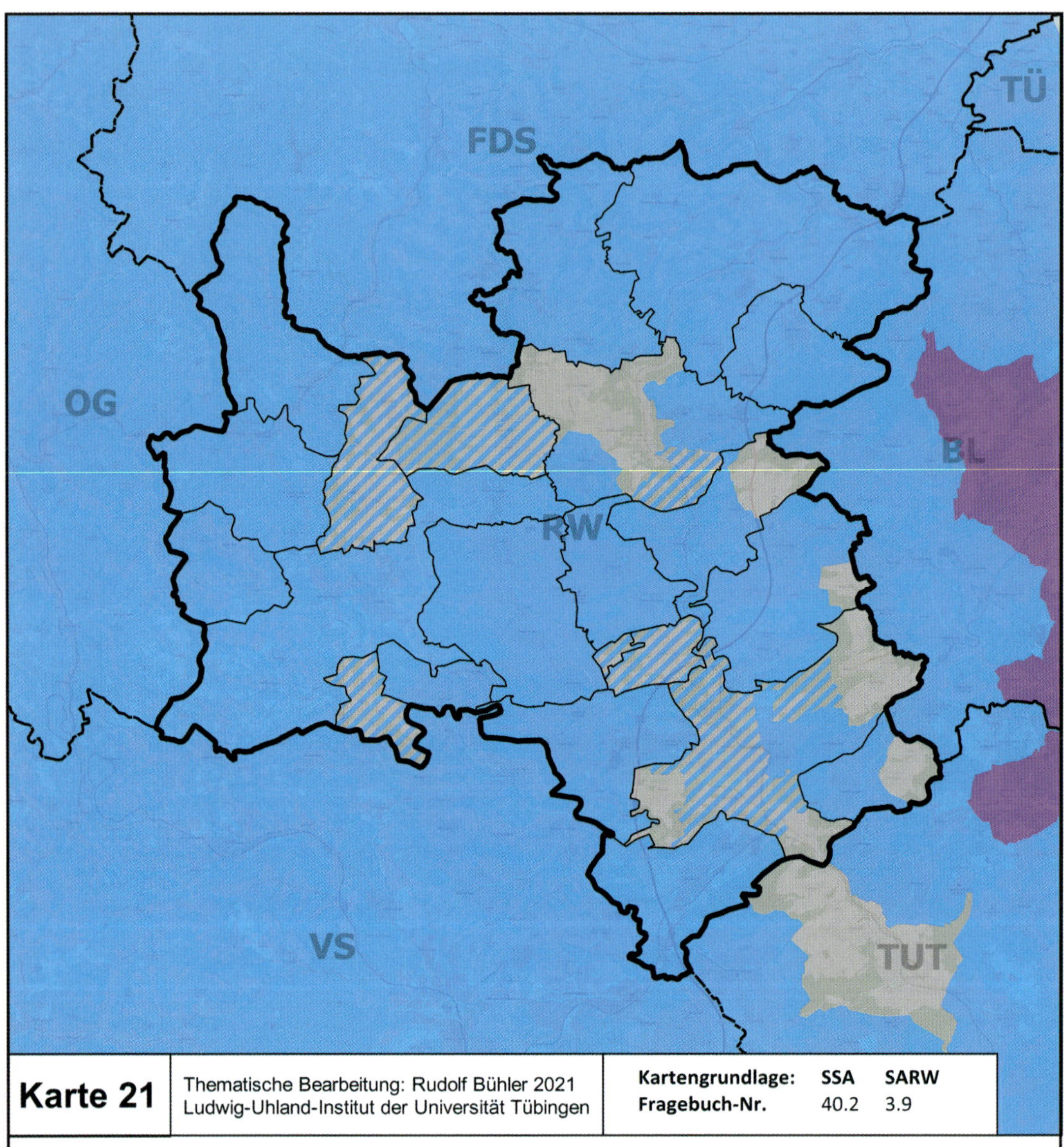

Karte 21	Thematische Bearbeitung: Rudolf Bühler 2021 Ludwig-Uhland-Institut der Universität Tübingen	Kartengrundlage: Fragebuch-Nr.	SSA 40.2	SARW 3.9

Der (oft mit Kräutern angemachte) Quark

Legende

- *Bibele(s)käs(e)*
- *Bibeleskäs, Quark*
- *Quark*
- *Knollen(milch)*

Die Hauptbezeichnung für den Quark lautet in Baden-Württemberg, so auch im Landkreis Rottweil, *Bibele(s)käs(e)* (**Karte 21**). Daneben gibt es noch im Norden unseres Bundeslandes den *Luckeleskäse* und am Nordostrand zu Bayern sagt man *Zibeleskäs*. Alle drei Bezeichnungen rühren daher, dass man den Quark früher an die kleinen Hühner verfüttert hat, die man je nach Gegend *Bibele, Luckele* oder *Zibele* nannte.

Der Wortschatz ist ein sehr unterschiedlich geschichteter Bereich der Sprache. In ihm können sich alte Wörter halten, wenn sie keine Konkurrenz in der Standardsprache haben, was in vielen Bereichen der Landwirtschaft der Fall ist. Manche schaffen sogar den Sprung in eine Art regionale Standardsprache, wie es bei *Kratzete* zum Beispiel der Fall ist, ein Wort, das man heute häufig auf der Speisekarte zusammen mit dem Spargel findet. Andererseits kann der Wortschatz aber auch sehr dynamisch sein und Neuerungen in viel schnellerer Zeit durchsetzen, als dies bei der Lautung der Fall ist. Bei den Bezeichnungen für eine Zwischenmahlzeit kann man seit einigen Jahren im Alpenraum beobachten, wie sich dort das aus Osttirol stammende Wort *Jause* ausbreitet und die Wirte auch in Vorarlberg ihre Berghütte plötzlich nicht mehr *Marendenstüble*, sondern *Jausenstation* nennen, so wie es die Touristen gerne haben. Diese haben auch den *Jagertee* aus dem bairischsprachigen Tirol nach Vorarlberg und ins Allgäu mitgebracht. Ganz besonders dynamisch ist der Wortschatz natürlich dort, wo lexikalische Neuerungen mit sachlichen Neuerungen Hand in Hand gehen.

Zum Abschluss dieses Kapitels wollen wir noch alles, was nicht auf den Boden gehört, wegfegen. Auf der Karte 16 wurden die Bezeichnungen für das Fegen schon dokumentiert. Hier soll es jetzt noch um den Handbesen und die Handschaufel gehen. Der Handbesen ist bei uns der *Kehrwisch*, daneben gab es früher am Südwestrand auch noch vereinzelt die Bezeichnung *Mehlwisch*, die dann für die südlich und westlich benachbarten Gebiete die übliche ist. Bei der Handschaufel gibt es dagegen im Landkreis unterschiedliche Bezeichnungen: Mit *Kutterschaufel* schließt sich die ganze Osthälfte dem großen schwäbischen Gebiet an, das von hier aus nach Süden nur noch bis zur Donau, nach Norden aber bis Heilbronn und Bad Mergentheim reicht. Im Osten findet das *Kutterschaufel*-Gebiet seine Fortsetzung in Bayerisch-Schwaben. Im Wort *Kutterschaufel* hat sich übrigens wieder einmal ein altes, inzwischen untergegangenes Wort halten können. Es ist das Wort *Kutter*, welches zu den alten Bezeichnungen *Kuter*, *Kauder* gehört. Damit wurde früher der grobe Flachs oder die grobe Wolle bezeichnet, bis es schließlich allgemein „Abfall“ bedeutete, daher die *Kutterschaufel*. Die beiden anderen Bezeichnungen, die man bei uns in jüngster Zeit für die Handschaufel findet, nämlich *Kehrschaufel* und *Dreckschaufel*, sind dagegen verstreut auch in anderen Teilen Baden-Württembergs geläufig.

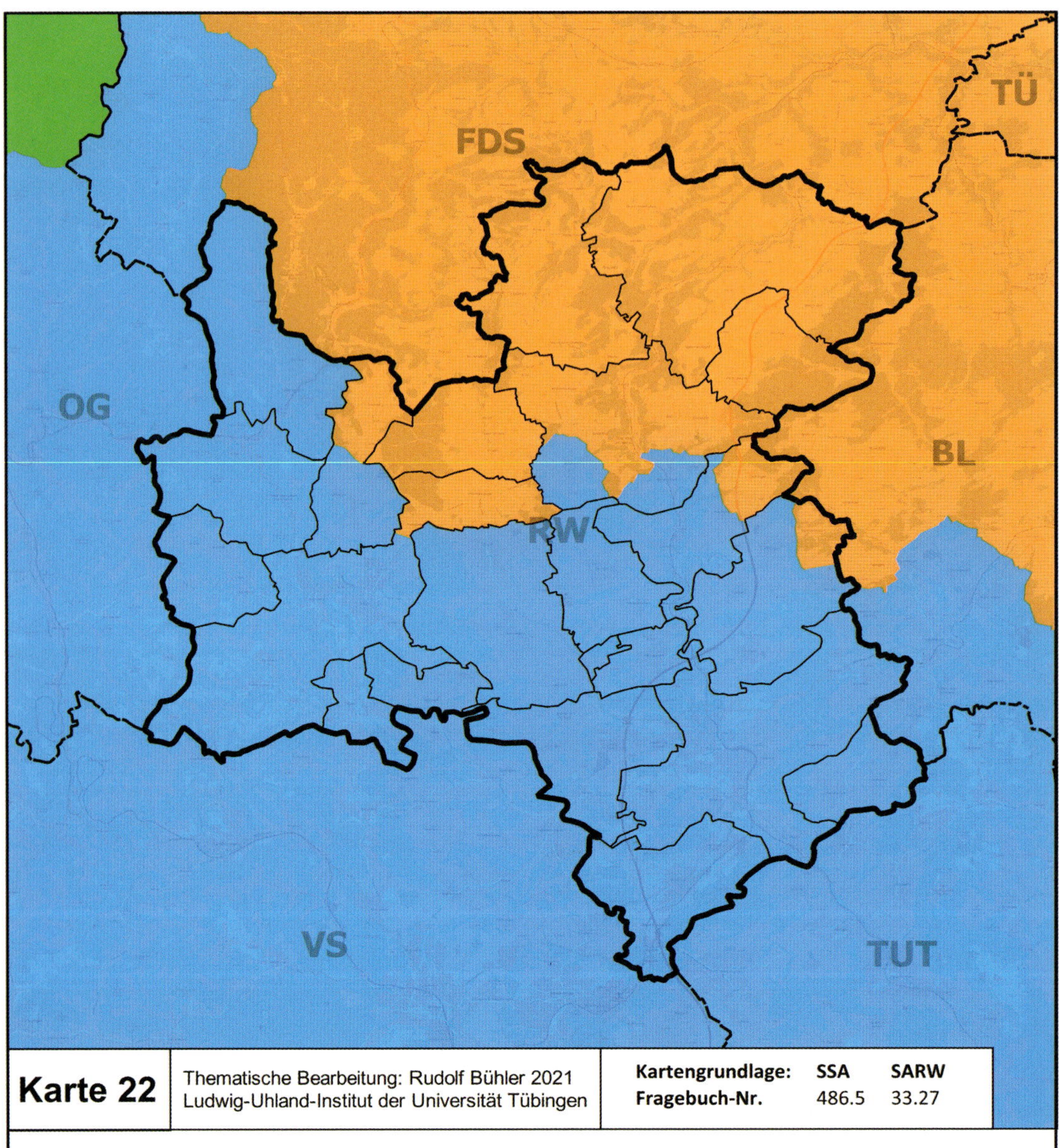

Karte 22	Thematische Bearbeitung: Rudolf Bühler 2021 Ludwig-Uhland-Institut der Universität Tübingen	**Kartengrundlage:** **Fragebuch-Nr.**	**SSA** 486.5	**SARW** 33.27

Der Taufpate

Legende

- *Dette, Deet(e), Deetle*
- *Gette, Götte*
- *Pfett(e)ri(g), Vetter*

1.3 Verwandtschaft und menschliche Gemeinschaft

Bei den Verwandtschaftsbezeichnungen sind in den letzten Jahrzehnten sehr viele Veränderungen eingetreten. Die Mutter war die *Mamme*, der Vater der *Babbe*, *Datte* oder *Dätte*, heute herrschen *Mutter* (*Mueder*), *Mama* und *Vater* (*Vadder*), *Papa* vor. Für den Großvater hatte man einst die Bezeichnungen *Aane, Aale, Ähle, Nähle, Nähni* oder *Ehne*. Heute sagt man *Opa*. Dieselben Bezeichnungen galten früher auch für die *Großmutter*, heute die *Oma*, wobei versucht wurde, zwischen den beiden Großeltern zu unterscheiden.

Noch relativ stabil sind die alten Bezeichnungen für die Taufpaten (**Karte 22**). Früher waren die Taufpaten die wichtigsten Verwandten eines Kindes, und in vielen Familien ist das auch heute noch so. Dabei war die Zahl der Paten sehr unterschiedlich. Ursprünglich war der Pate für die Kirche der *pater spiritualis* und somit für die religiöse Entwicklung des Kindes mitverantwortlich. Für viele Eltern waren die Paten im Notfall auch als „Elternvertreter" für die Kinder gedacht. Und natürlich ergab sich aus dem engen Verhältnis zwischen Paten und Patenkindern, dass die Patenkinder zu besonderen Anlässen ein Geschenk bekommen haben. Dies konnte bis zum Vererben von Haus und Hof gehen. All dies spielt auch heute in manchen Familien noch eine Rolle. Beginnen wir bei der Besprechung der Bezeichnungen mit dem großen geschlossenen *Gette-Götte*-Gebiet im Süden. Hier handelt es sich um eine umgelautete Variante zu einem schon in althochdeutscher Zeit belegten Wort *gota* in der Bedeutung „Patin", aus dem sich bereits in mittelhochdeutscher Zeit die Varianten *gotte/götte* „Pate/Patin" entwickelten. Die typisch schwäbischen und in der Nordhälfte des Landkreises Rottweil vorzufindenden Bezeichnungen *Dette, Deet(e), Deetle* sind wohl aus der kindersprachlichen Umbildung von *Gette/Götte* entstanden. Da das *G*- in der Sprachentwicklung relativ spät kommt, dürften die Kleinkinder dieses *G*- durch das leichter aussprechbare *D*- ersetzt haben, was zu *Dette* oder gedehntem *Deet(e)* führt. Durch das enge Verhältnis zwischen Patenkindern und Paten kam es dann oft zu Koseformen, was sich in *Deetle* widerspiegelt.

Die schon außerhalb unseres Landkreises vorzufindende Bezeichnung *Pfetter* gehört zu *Vetter*. *Vetter* ist im Mittelalter noch ein Wort für den Bruder des Vaters, dann auch für den Sohn des Bruders. In die Bedeutung „Taufpate" ist das Wort vermutlich aufgrund seiner lautlichen Nähe zu *Gevatter* gerutscht, denn dies war eine schon in althochdeutscher Zeit in Anlehnung an das lateinische *compater* „Mitvater" gebildete Bezeichnung für den Taufpaten. Das Wort *Vetter* ist heute kaum noch geläufig und durch das aus dem Französischen stammende Wort *Cousin* ersetzt worden. Ähnlich erging es der *Base*, mit der man im Mittelalter noch die Schwester des Vaters bezeichnete. Insofern das Wort – dann meistens in der Verkleinerungsform *Bäslein* – überhaupt noch in den Mundarten geläufig ist, bezeichnet es heute irgendeine Verwandte. Parallel zu *Cousin* ist die *Cousine* inzwischen die Tochter der Schwester oder des Bruders eines Elternteils.

Auch für die Verbreitung der Bezeichnungen für die „Taufpatin" ergibt sich im Landkreis die oben erwähnte Zweiteilung: Im Norden, in den Räumen Oberndorf – Sulz, sagt man *Dotte*, südlich entsprechend zum Taufpaten *Gotte*, mit Verkleinerung *Gottle*.

Die alte Bezeichnung *Tochtermann* für den *Schwiegersohn* ist heute so gut wie verschwunden, und dasselbe gilt entsprechend für die *Söhnerin* (gesprochen *Seeneri*) „Schwiegertochter". Der *Sohn* ist im Dialekt der *Bube* (*Bua*), die *Tochter* das *Mädlein* (*Määdlä*).

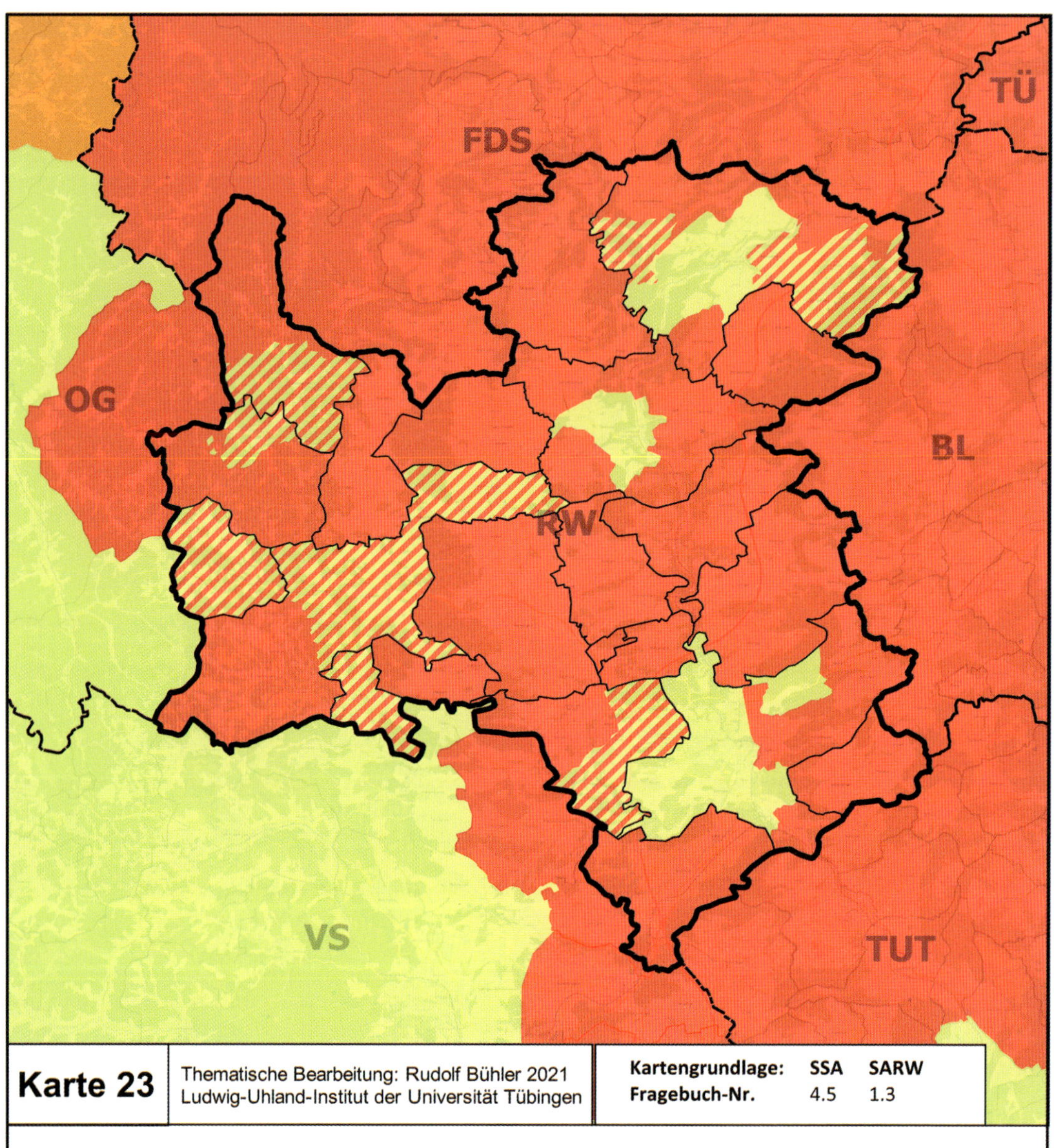

Karte 23	Thematische Bearbeitung: Rudolf Bühler 2021 Ludwig-Uhland-Institut der Universität Tübingen	**Kartengrundlage:** **Fragebuch-Nr.**	**SSA** 4.5	**SARW** 1.3

Der Bürgermeister

Legende

- *Schultes*
- *Schulz*
- *Bürgermeister*
- *Schultes, Bürgermeister*

Drei lautliche Varianten kennt man im Landkreis Rottweil für das Wort *Hochzeit*: *Horzig* (gesprochen *Hoorzich*) im Nordosten wie im Landkreis Freudenstadt, *Hozig* (*Hoozig*) im Südosten wie in den dort benachbarten Landkreisen und schließlich *Hochzig* (*Hoochzig*) im Westen, wo man sich den nach Westen auslaufenden Schwarzwaldtälern des Ortenaukreises angepasst hat.

Im Mittelalter hatte das Wort *Hochzeit* (mhd. *hôchzît*) noch die Bedeutung „hohes kirchliches oder weltliches Fest". Das Fest der Vermählung wurde *Brautlauf* (mhd. *brûtlouf*) genannt, womit man – wie das Wort sagt – ursprünglich einen Wettlauf um die Braut bezeichnete. Erst im 13. Jahrhundert kam als Entlehnung aus dem Lateinischen unser heutiges Wort *Fest* hinzu. In der Folgezeit kam es zu einer neuen Aufteilung dieser drei Bezeichnungen: *Fest* übernahm die Bedeutung, die früher *Hochzeit* hatte. Dafür übernahm *Hochzeit* die Bedeutung von *Brautlauf*, sodass dieses Wort überflüssig war und verschwand. Erst in den letzten Jahren erwarb sich *Hochzeit* neben seiner Bedeutung „Fest zur Vermählung" ein Stück seiner alten Bedeutung „Fest" zurück, da man heute oft von einer *Hoochzeit* im Sinne von „beste Zeit, beste Leistung, Höhepunkt" spricht.

Das Wort *Heirat* (mhd. *hîrât*) setzt sich aus zwei Teilen zusammen, wobei sich der erste Teil (*hî*) auf den Vollzug der Ehe bezog. Die Geschichte dieses Wortes wird ausführlich weiter oben bei der Erklärung des Wortes *keien* (mhd. *gehîen*) behandelt. Der zweite Teil bezieht sich auf den Vorrat, die Nahrungsmittel und betrifft also die neue Hausgemeinschaft, die mit der Hochzeit beginnt. Vom Substantiv *Heirat* abgeleitet ist dann das Verb *heiraten*. Südlich einer ungefähren Linie Aichhalden – Epfendorf gilt bei uns hierfür die abgekürzte Lautform *hiirä*.

In unseren Mundarten sprach nach der Hochzeit die Frau von ihrem *Mann* und der Mann von seinem *Weib*, was zeigt, dass die Mundarten an der alten Bedeutung von *Weib* (mhd. *wîb*) „Frau, allgemein" festhielten, denn im Mittelalter war die *Frau* (mhd. *vrouwe*) eine weibliche Person adliger Herkunft. Im Zuge der Emanzipationsbewegung und weil das standardsprachliche Wort *Weib* eine negative Bedeutung hat, verschwindet das Wort *Weib* in seiner alten mundartlichen Bedeutung heute immer mehr und wird auch im Dialekt nur noch in negativer Bedeutung eingesetzt.

Bürgerlich geheiratet wird auf dem Standesamt, wobei manchmal der Bürgermeister selbst die Trauung vollzieht. **Karte 23** zeigt die Bezeichnungen für diesen ehrenvollen Beruf und dass *Schultes* hier nahezu die Alleinherrschaft hat. Damit gehört der Landkreis zu dem großen schwäbischen *Schultes*-Gebiet, dessen Ausbreitung an vielen Stellen an das einstige Königreich Württemberg erinnert. Vergleicht man die heutigen Erhebungen mit denjenigen, die vor 40 Jahren beim Freiburger „Südwestdeutschen Sprachatlas" durchgeführt wurden, so fällt auf, dass das Wort *Schultes* auf dem Rückzug ist, was auf unserer Karte durch die vielen schraffierten Flächen zum Ausdruck kommt. *Schultes* ist eine verschliffene Form der Bezeichnung *Schultheiß*, die auf ein mittelhochdeutsches Wort *schultheize* mit der Bedeutung „Person, die das Recht hat, andere Personen zu einer Leistung zu verpflichten" zurückgeht.

Berufe, die es am Ende des Mittelalters gab, finden wir heute in vielen Familiennamen wieder. Hierzu gehört auch der *Schultes*. In Baden-Württemberg wohnen die etwa 2800 *Schultes* vorwiegend in der Osthälfte des Landes, die ungefähr 1700 *Schultheiß* dagegen im ganzen Bundesland verteilt. Die Bezeichnung *Bürgermeister* ist neuer und bei uns kaum noch in die Familiennamen eingegangen.

Zu den Honoratioren eines Ortes gehörte neben dem Bürgermeister der *Lehrer*, mancherorts sagte man auch *Schullehrer*. Er wurde in weiten Teilen des Schwäbischen sowie in der fränkischen Nachbarschaft *Schulmeister* genannt. Da früher das

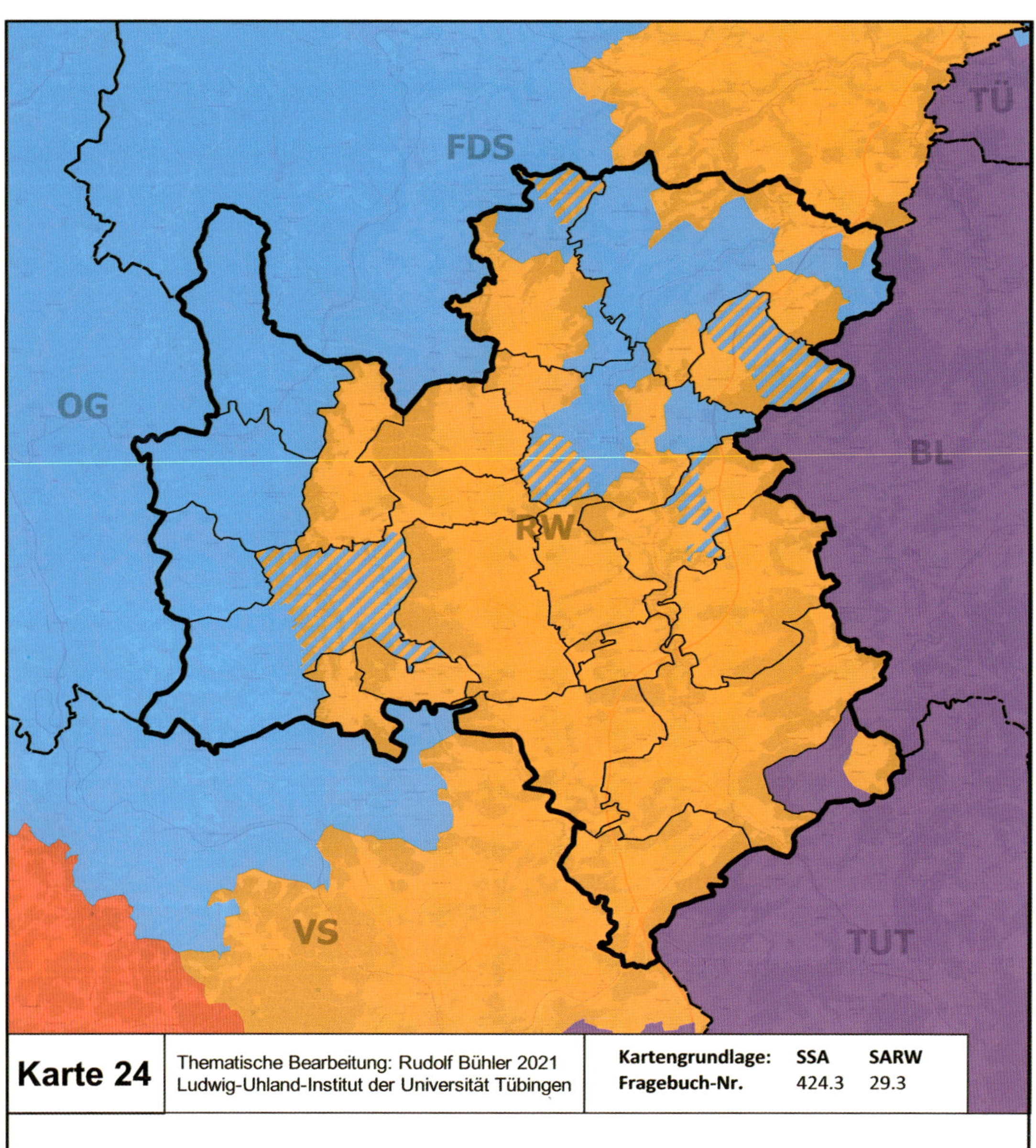

Der Schornsteinfeger

Legende

- *Kaminfeger*
- *Kämigfeger*
- *Kaminfeger, Kämigfeger*
- *Kämetfeger*
- *Kämifeger*

Schlagen der Schüler durchaus üblich war, bekam er häufig auch den Übernamen *Bumpes* oder *Bompes*, was ein altes Wort für „Schläge" ist.

Wir kommen zur Karte „Schornsteinfeger" (**Karte 24**). Der Rauchabzug war früher so groß, dass eine Person zur Reinigung hindurchsteigen konnte. Das galt auch für die Heizungsschächte, die in größeren Häusern und Schlössern vorhanden waren, um weitere Räume zu wärmen. Später, erst im 20. Jahrhundert, kam dann der russische Typ mit dem schmalen Kamin auf, den man nur noch mit einem Besen reinigen konnte. Für den Rauchabzug gibt es im deutschen Sprachraum mehrere Bezeichnungen: *Schornstein* im Norden, *Kamin* im Westen und Süden, *Esse* im Raum Dresden – Leipzig, *Rauchfang* in Österreich und *Schlot* im Ostfränkischen. Von diesen Bezeichnungen finden wir mit *Schornstein*, *Kamin* und *Schlot* drei Wörter wieder, die in Baden-Württemberg bei der Bildung der Berufsbezeichnung für diejenige Person, die den Rauchabzug reinigt, verwendet werden: *Schornsteinfeger* sagt man im äußersten Nordwesten (Kurpfalz), *Schlotfeger* im Nordosten (nördlich von Crailsheim), *Kaminfeger* im Hauptgebiet, wobei es verschiedene Lautformen gibt, von denen gleich drei in unserem Raum vorzufinden sind. *Kaminfeger* sagt man am Westrand, wo man sich einmal mehr den westlichen Nachbarn anschließt, ansonsten heißt es hier *Kämigfeger*. Dieses Wort ist lediglich in einem schmalen Streifen im Schwarzwald-Baar-Kreis und in den Landkreisen Rottweil und Freudenstadt bodenständig. Und dann gibt es noch den im Landkreis Rottweil nur in Wellendingen belegten *Kämetfeger*, der für den Zollernalbkreis, den Landkreis Tuttlingen und den Südteil des Schwarzwald-Baar-Kreises typisch ist. Interessant ist, dass dieser Beleg in Wellendingen auch schon vor 40 Jahren beim „Südwestdeutschen Sprachatlas" notiert wurde.

Das Wort *Kamin* geht auf lateinisch *camînus* zurück und kam mit dem gemauerten Rauchabzug nach Mitteleuropa. Im Althochdeutschen wurde aus diesem Wort mit der germanischen Betonung auf der ersten Silbe ahd. *kémîn*, *chémîn*, mhd. *kámîn*, *kémîn*. Dieser Akzent auf der ersten Silbe hat sich in den alemannischen und südschwäbischen Mundarten mit *Kämifeger*, *Kämigfeger*, *Kämetfeger* gehalten. Im 15. Jahrhundert ist das Wort dann nochmals aus dem Italienischen in den deutschen Sprachraum gelangt, und da im italienischen Wort *camíno* der Akzent auf der zweiten Silbe liegt, entstand im Deutschen das Wort *Kamín*. Unser heutiges Wort *Kamínfeger* nimmt in Baden-Württemberg den größten Raum ein. Von Norden dringt inzwischen die mittel- und norddeutsche Bezeichnung *Schornsteinfeger* nach Süden vor. Wie man auch heute noch an diesem Wort sehen kann, bezeichnete *Schornstein* ursprünglich nur den Stein, mit dem der Rauchabzug gemauert wurde. Später fand dann die Übertragung auf das gesamte Mauerwerk statt. *Schornsteinfeger* wird von vielen Baden-Württembergern als die standarddeutsche („hochdeutsche") Bezeichnung angesehen, obwohl *Kaminfeger* genauso Standard sein kann.

Wenn jemand stirbt, so gibt es in manchen Ortschaften ein eigenes Läuten. Man sagt dann, dass *ausgeläutet* wird oder dass das *Totenglöcklein* oder *Sterbeglöcklein* läutet. Hierbei war der Zeitpunkt des Läutens von Ort zu Ort verschieden. In manchen Orten wurde um 9 Uhr am folgenden Morgen geläutet, in anderen dann, wenn der Sarg, früher *Bahre* oder *Totenbaum* genannt, in der Kirche war, in wieder anderen Ortschaften erst bei der Verkündung durch den Pfarrer, und oft gab es auch noch einen Unterschied zwischen evangelischen und katholischen Gemeinden.

Für den *Friedhof* kennt man manchmal noch den alten Ausdruck *Kirchhof*, selten *Gottesacker*. Ursprünglich wurde damit tatsächlich ein Begräbnisplatz bezeichnet, der von der Kirche getrennt zwischen Äckern lag. Während *Gottesacker* und *Kirchhof* einfach zu erklärende, da heute noch

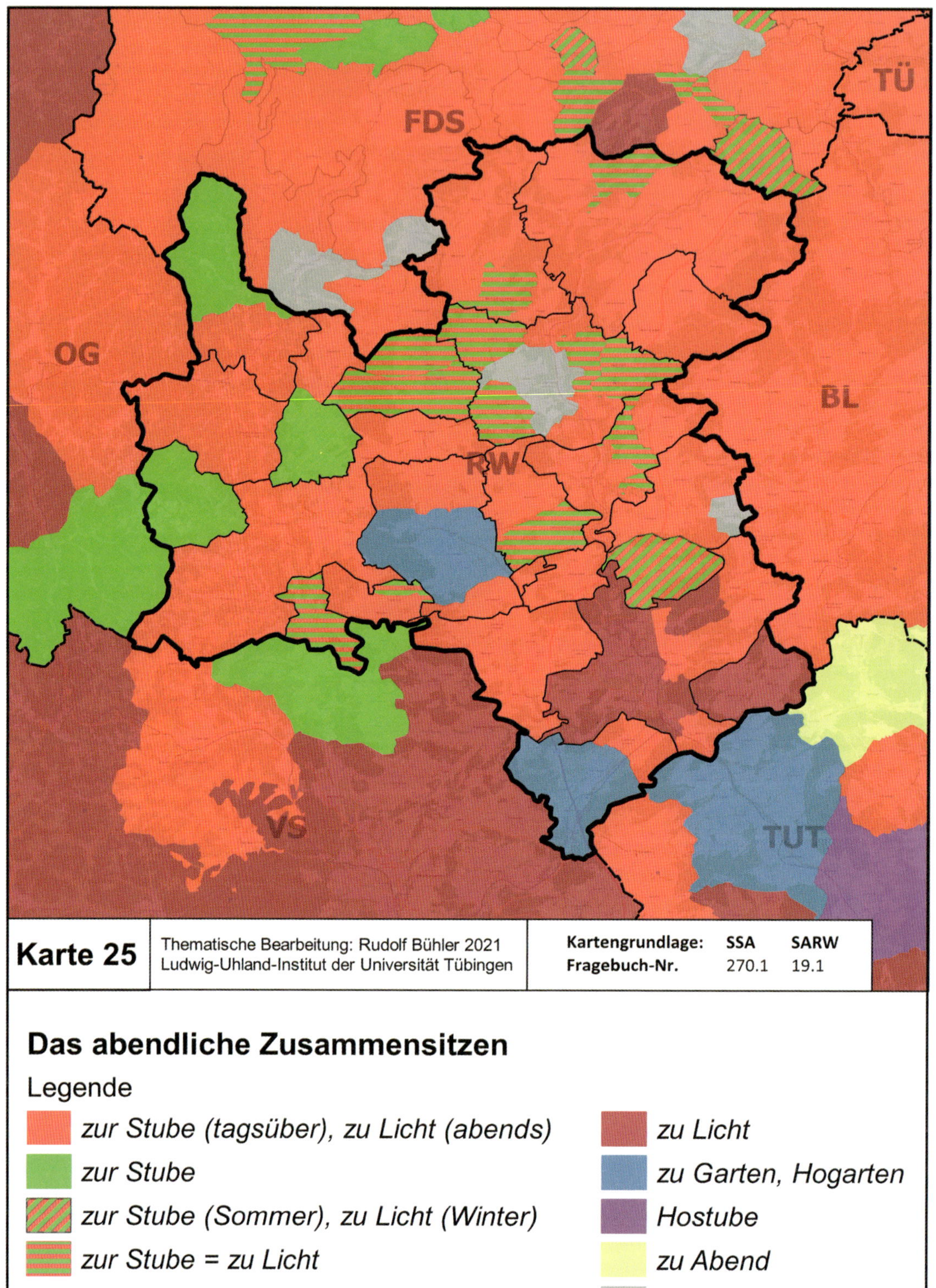
FDS
TÜ
OG
BL
RW
VS
TUT
Karte 25
Thematische Bearbeitung: Rudolf Bühler 2021
Ludwig-Uhland-Institut der Universität Tübingen
Kartengrundlage: SSA SARW
Fragebuch-Nr. 270.1 19.1
Das abendliche Zusammensitzen
Legende
zur Stube (tagsüber), zu Licht (abends)
zur Stube
zur Stube (Sommer), zu Licht (Winter)
zur Stube = zu Licht
zu Licht
zu Garten, Hogarten
Hostube
zu Abend
keine Bezeichnung

durchsichtige Wörter sind, ist die Erklärung von *Friedhof* komplizierter, als man glaubt. Das Wort hat nämlich ursprünglich gar nichts mit *Friede* zu tun, sondern bedeutete eigentlich „der eingefriedete Hof". Und da das Wort *einfrieden* auf ein mittelhochdeutsches *frîten* zurückgeht, hätte es – so wie mhd. *zît* zu *Zeit*, mhd. *îs* zu *Eis* – heute zu *freiden* werden und der *Friedhof* somit *Freidhof* heißen müssen. In Anlehnung an die Hoffnung, dass die Seelen auf dem Begräbnisplatz ihren *Frieden* finden, hat man dann das Wort aber aus seiner lautgesetzlichen Entwicklung herausgelöst und zu *Friedhof* umgebildet – wieder einmal ein Fall von Volksetymologie.

Und die Beerdigung ist eine *Leich*. Alte Bezeichnungen für eine *Witwe* waren *Wittfrau*, *Wittib*, *Wittweib*, für den *Witwer* die Bezeichnung *Wittling* oder *Wittmann*. Den Rosenkranz, den es nur bei den Katholiken gibt, nannte man früher *Pater*, südlich der Donau *Nuster*. Beide Bezeichnungen lassen sich vom Beginn des Vaterunsers im Lateinischen ableiten: *Pater noster*.

Früher, als es noch kein Fernsehen gab, traf man sich besonders im Winter abends in einem Haus, um sich zu unterhalten, zu stricken oder auch um zu spielen oder zu tanzen. Mancherorts waren nur Frauen und Mädchen zugelassen, andernorts hingegen trafen sich dort beide Geschlechter. Für dieses abendliche Zusammensitzen in einem Privathaus gab es zahlreiche Bezeichnungen. Unsere **Karte 25** dokumentiert die Antworten, die Rudolf Bühler bei seinen Befragungen im Jahr 2020 erhielt, als dieses gesellschaftliche Ritual schon lange der Vergangenheit angehörte. Es handelt sich also um Bezeichnungen aus der Erinnerung. Überall hieß es, dass man *zur Stube* oder *zu Licht* geht, wobei man in den meisten Ortschaften beide Bezeichnungen kannte und unterschied: In einigen Ortschaften ging man im Sommer *zur Stube*, im Winter *zu Licht*. Andere gaben hingegen an, dass man tagsüber *zur Stube* gegangen sei und abends *zu Licht*. Auf die Frage, wann diese Tradition endete, gab es ebenfalls unterschiedliche Antworten: Für einige war das um das Jahr 1960, für andere um 1970, wieder andere meinten, es habe mit dem ersten Fernseher geendet. Viele der von Rudolf Bühler befragten Personen hatten diese Zusammenkünfte noch selbst erlebt. Auch die Zusammensetzung der Personen, die sich trafen, war unterschiedlich. Meistens waren nur junge Leute weiblichen Geschlechts zugelassen, und man strickte und stopfte, doch hin und wieder, vor allem beim letzten Abend, hat man oft auch die männlichen Mitglieder des Ortes dazu eingeladen, und – wie eine Gewährsperson anmerkte: „Dort hat man sich gefunden. Es ist schön gewesen!"

Bis heute nicht völlig geklärt ist der Ursprung der Fastnacht – und zwar sowohl was die beiden baden-württembergischen Hauptbezeichnungen *Fastnacht* und *Fasching* betrifft als auch was das Fest selbst anbelangt. Eine Gruppe stellt das Wort *Fastnacht* zum Verb *fasten* und sieht darin den Beginn der Fastenzeit. Eine zweite Gruppe, zu denen die Augsburger Sprachforscher Werner König und Manfred Renn gehören, lehnt diese Herleitung ab, da im gesamten bairisch-fränkischen Raum keine Relikte einer Wortform mit *-t-* zu finden sind. Sie gehen daher vielmehr von einer alten Wortform *Faselnacht* aus, die sie zu einem mittelhochdeutschen Wort *vasen* „sich fortpflanzen" beziehungsweise *vaselen* „gedeihen, fruchten" stellen und die auf ein altes Fruchtbarkeitsfest schließen lässt, das in die heidnisch-germanische Zeit zurückreicht. Da dieses Wort später nicht mehr verstanden wurde und es zeitlich vor der Fastenzeit lag, hat man es später umgedeutet und als „Nacht vor der Fastenzeit" verstanden. Solche sogenannten volksetymologischen Uminterpretierungen findet man in der Sprachgeschichte häufig.

Früher war die *Fastnacht* auf katholische Gemeinden beschränkt, und besondere Fastnachtskostüme und Masken waren relativ selten. Angekurbelt von den erfolgreichen, schon sehr

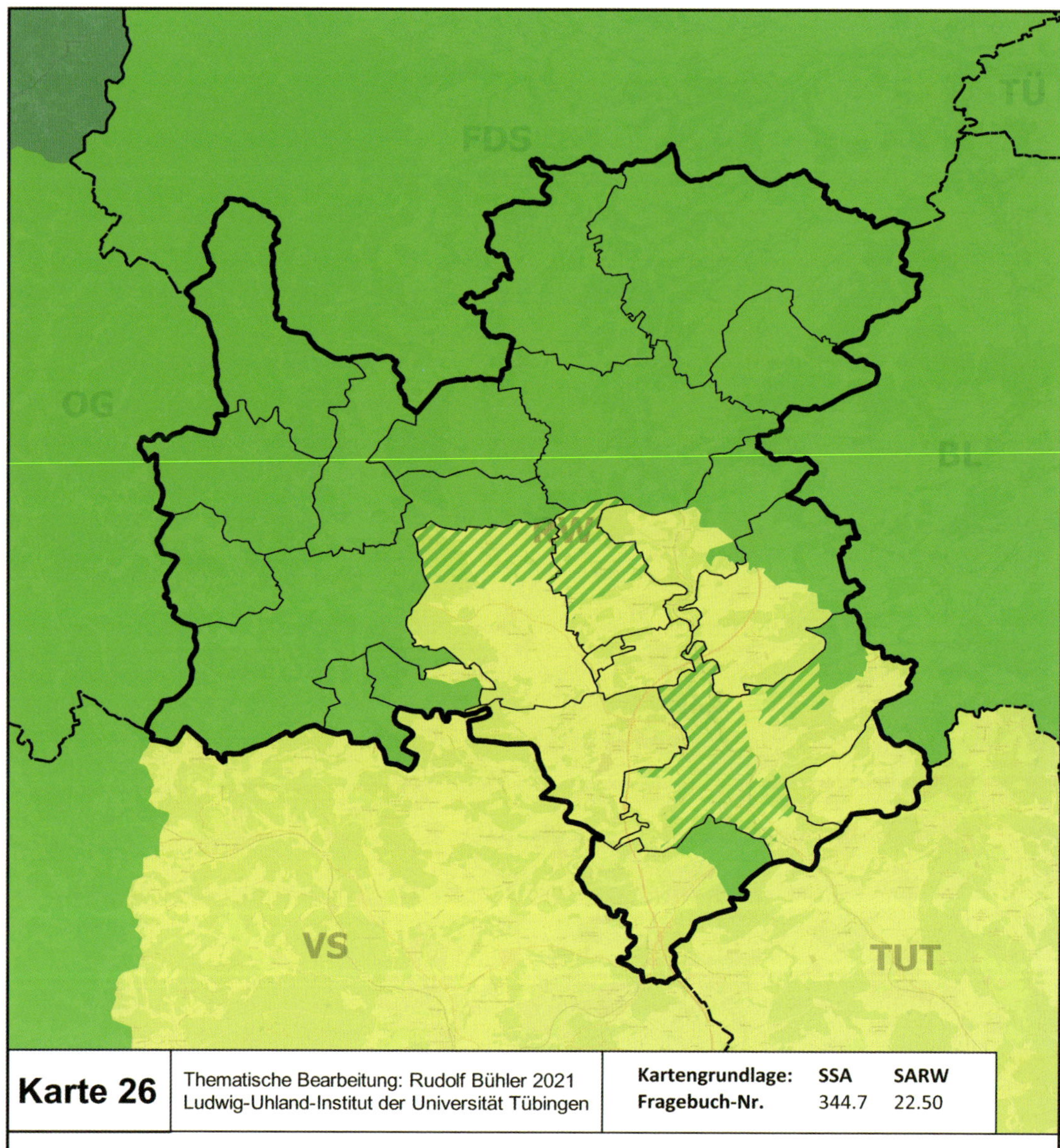

Karte 26	Thematische Bearbeitung: Rudolf Bühler 2021 Ludwig-Uhland-Institut der Universität Tübingen	**Kartengrundlage:** **Fragebuch-Nr.**	**SSA** 344.7	**SARW** 22.50

Die Fastnacht

Legende

- *Faasnet*
- *Fassnet*
- *Faasnet, Fassnet*
- *Faasent*

früh einsetzenden Fernsehübertragungen hat sich die ganze Szene inzwischen aber radikal gewandelt, sodass in den letzten Jahrzehnten nicht nur neue Gruppen gegründet wurden, sondern auch evangelische Gemeinden Fastnacht feiern. Im Zuge dieser Ausbreitung des Festes hat sich auch im Wortschatz etwas Überraschendes getan. Denn die alte Bezeichnung *Fastnacht* mit ihren vielen lautlichen Varianten wird heute immer mehr von einem Wort verdrängt, das noch vor wenigen Jahrzehnten ein südostbayerisches und ostösterreichisches Kennwort war: *Fasching*. Vor 40 Jahren war das Wort *Fasching* in Baden-Württemberg noch unbekannt, heute dringt es von Osten herkommend immer weiter nach Westen vor. Inzwischen ist das Wort auch in die Berichterstattung der Zeitungen gelangt und hat in dieser Funktion bereits das Neckartal erreicht. In vielen Gegenden wird inzwischen sogar ein *Fasnetsumzug* am *Faschingsdienstag* angekündigt.

Bei der Herleitung des Wortes *Fasching* gibt es wieder zwei Vorschläge: Entweder leitet man es aus einem mittelhochdeutschen Wort *vaschanc* ab, das man als „Ausschank des Fastentrunkes", also als kräftiges Essen und Trinken vor der Fastenzeit interpretieren kann, oder man stellt es wie *Fastnacht* zu einem allerdings in Urkunden nicht belegten Wort *Fasagang*, was bedeutet, dass das Wort ebenfalls ein Fruchtbarkeitsritual bezeichnete. Auch hier hätte dann eine spätere Umbildung stattgefunden.

Unsere **Karte 26** zeigt, dass im Landkreis Rottweil und Umgebung überall die *Fasnet* gefeiert wird und lediglich die Lautung unterschiedlich ist. Im Südosten treffen wir wieder auf die Kürzen in offener Silbe, die oben schon im Zusammenhang mit den lautlichen Besonderheiten des Landkreises Rottweil abgehandelt wurden. Sie setzen sich bekanntermaßen nach Süden fort.

Eine maskierte Gestalt ist ein *Fasnetsnarr* oder einfach nur ein *Narr*, und das Gerät, mit dem man Lärm machen kann, ist eine *Rätsche*. Diese findet man in vielen katholischen Gemeinden auch am Karfreitag, wenn die schön klingenden Glocken, die dann nach Rom geflogen sind, durch das Klappern der *Rätschen* ersetzt werden müssen.

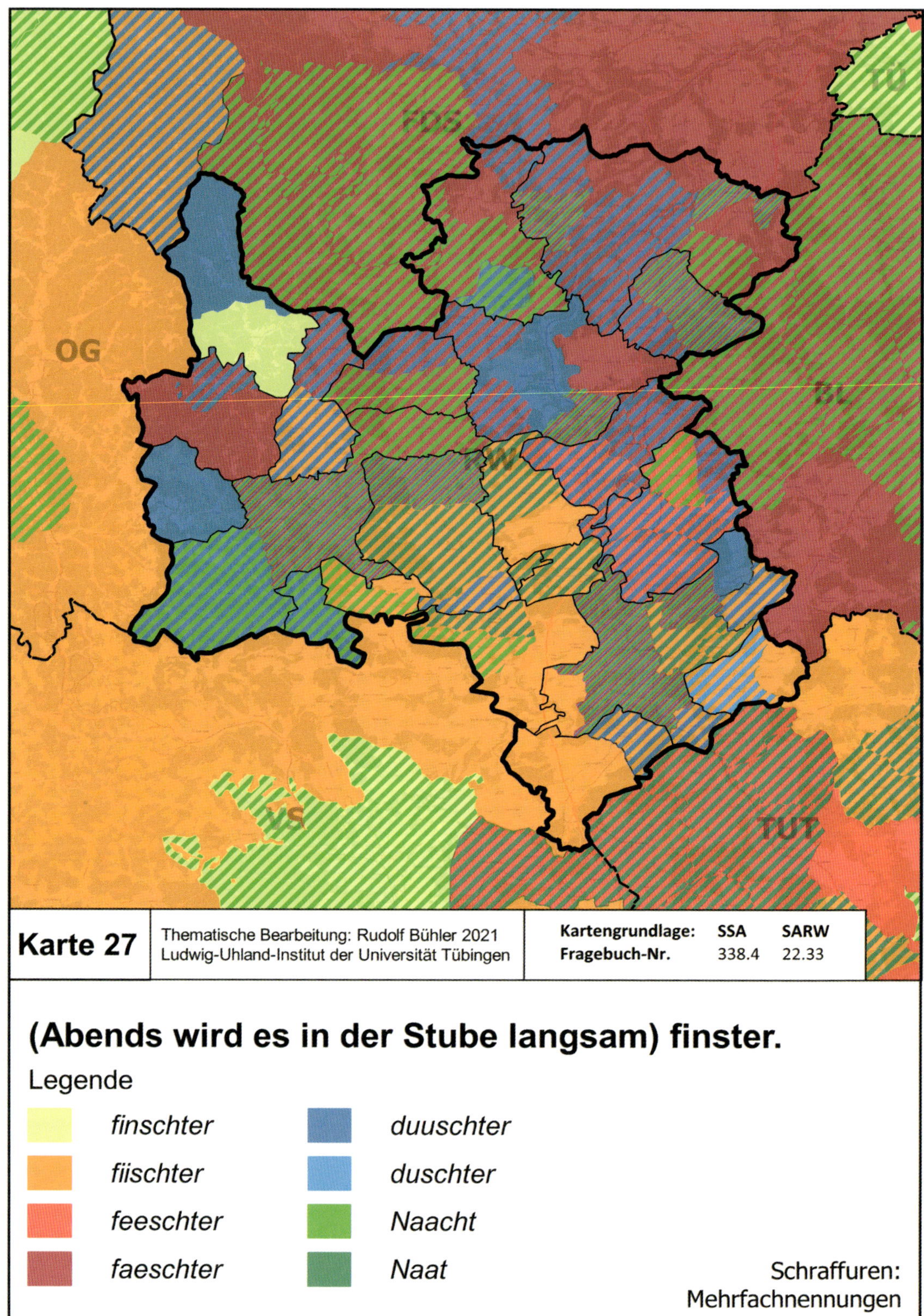
OG
TÜ
RW
VS
TUT
Karte 27
Thematische Bearbeitung: Rudolf Bühler 2021
Ludwig-Uhland-Institut der Universität Tübingen
Kartengrundlage: SSA SARW
Fragebuch-Nr. 338.4 22.33
(Abends wird es in der Stube langsam) finster.
Legende
finschter
fiischter
feeschter
faeschter
duuschter
duschter
Naacht
Naat
Schraffuren:
Mehrfachnennungen

2 Wetter und Zeit

Für den Blitz gibt es bei uns keinen eigenen Ausdruck, aber beim Donnern können wir verschiedene Lautungen vernehmen. So kann es im Landkreis Rottweil *dunnerä, duurä, doorä* oder *daorä*. Besonders interessant bezüglich seiner Geschichte ist das Wort *wetterleuchten*. Die ursprüngliche Bezeichnung lautete eigentlich *wetterleichen*. Sie setzt sich aus dem Substantiv *Wetter* und dem inzwischen untergegangenen Verb *leichen* „hüpfen, tanzen" (mhd. *leichen*) zusammen. In manchen Gebieten Süddeutschlands ist dies nach wie vor die bodenständigste Lautform. Da das Verb *wetterleichen* mit der Zeit aber unverständlich wurde, hat man es – auch in der Schriftsprache – volksetymologisch zu *wetterleuchten* umgedeutet. Solche volksetymologischen Veränderungen findet man in der Sprache immer wieder. So hat der *Vormund* zum Beispiel nichts mit dem *Mund* zu tun, sondern es handelt sich eigentlich um die Fortsetzung des alten mittelhochdeutschen Wortes *munt* „Schutz". Ebenso wenig steckt eigentlich im *Rosenmontag* die *Rose*, im *Friedhof* der *Frieden*, und der *Maulwurf* ist genauso wenig eine Zusammensetzung aus *Maul* und *Wurf*. Häufig treten volksetymologische Umdeutungen auch bei Entlehnungen auf. So hat man zum Beispiel das im Deutschen unverständliche Wort für ein „schwebendes Bett" in Haiti (*hamaca*) in *Hängematte* umgedeutet. Doch zurück zum Wetterleuchten. Ein alter Rottweiler Ausdruck hierfür war auch *verkühlen*, man sagte dann: „*Es hat sich gerade verkühlt*".

Auch die verschiedenen Winde hatten eine eigene Bezeichnung. So war der Ostwind der *Unterwind* oder *Schwabenwind*, der Westwind *Oberwind* oder *Hinterwind*. Der Wind (gesprochen *Wind, Wend*) wurde oft *Luft* genannt, noch heute sagt man, dass ein laues *Lüftlein* geht. Für das Graupeln gab es früher verschiedene Bezeichnungen: *kitzebohlen, kitzebohnen, gitzebohnen*. Ausgangspunkt dieser verschiedenen Lautvarianten ist das Wort *kitzebohnen*. Es setzt sich zusammen aus *Kitz* „Junges der Ziege" und *Bohnen*. Ursprünglich steht es für den Kot der kleinen Ziegen. Von hier aus kam es zur Übertragung auf die kleinen Brocken, die beim Graupeln auf die Erde fallen. Da man mit der Zeit die ursprüngliche Herkunft des Wortes vergaß, kam es zu verschiedenen lautlichen Anlehnungen an andere Wörter. War man länger im Nassen, dann kann es sein, dass die Schuhe *gnatschen, gnätschen, gnitschen* oder *gnotschen*. Alle diese Bezeichnungen sollen den Laut wiedergeben, den die Schuhe dabei machen. Solche Wörter nennt man lautmalende Wörter. Andere Beispiele hierfür wären *quietschen, krachen, flüstern* usw. Eine Pfütze heißt bei uns *Lache*, und das Wort „See" müsste man im Hauptgebiet des Landkreises Rottweil eigentlich als *Sae* aussprechen, doch ist diese alte Lautung inzwischen wohl verloren gegangen.

Wenn der Tau am Boden gefriert, bildet sich *Reif*, gesprochen *Reifä*, im Südwesten mit alemannischer Lautung *Riifä*. Ist es sehr kalt und hat es nachts Nebel, so kann sich an den Bäumen Raureif bilden, der im Dialekt eigentlich *Duft* genannt wird.

Karte 27 zeigt die sehr komplizierten Verhältnisse bei der Frage, wie man sagt, wenn es am Abend in der Stube langsam dunkel wird. Es gibt kaum ein Gebiet, in dem es nicht zwei Bezeichnungen gibt: *Nacht, finster* und *duster* existieren offenbar nebeneinander.

Es gibt Bezeichnungen, die nicht aufgrund einer Veränderung in unserer Arbeitswelt oder wegen gesellschaftlichen Veränderungen verschwunden sind, sondern weil sich das Klima und die Bekleidung verändert haben. Wenn man früher an kalten Wintertagen zu lange draußen war und dann in

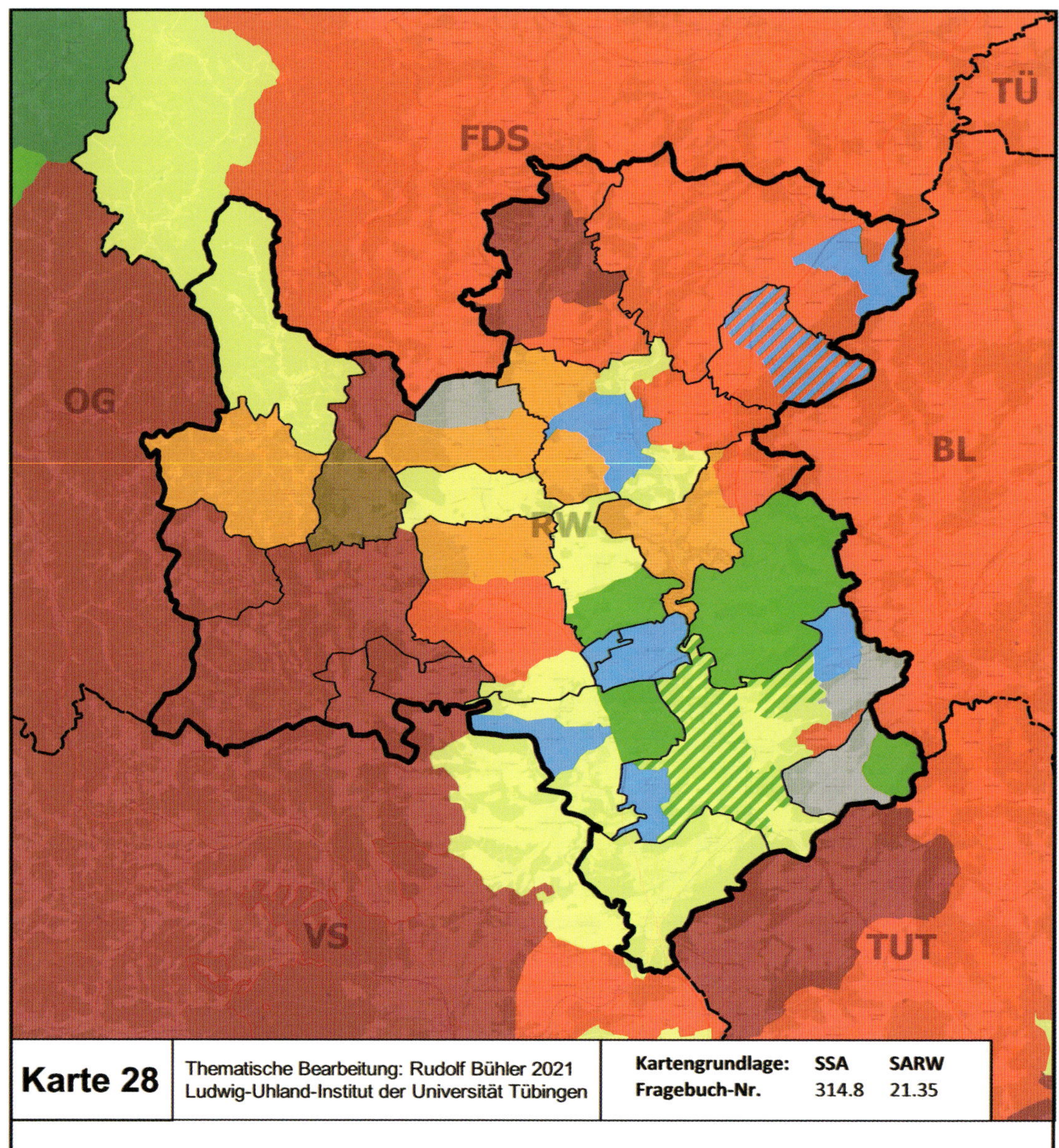

Karte 28	Thematische Bearbeitung: Rudolf Bühler 2021 Ludwig-Uhland-Institut der Universität Tübingen	Kartengrundlage: Fragebuch-Nr.	SSA 314.8	SARW 21.35

Das Kribbeln in den Fingerspitzen bei Kälte

Legende

horniglen, hurn-, hun-, -e-	*beißen*
dorniglen, dao-, -e-	*kribbeln*
urniglen, ao-, -e-	*süngeln*
neglen	*horniglen, kribbeln*
bitzeln	*bitzeln, aoneglen*

die warme Wohnung kam, so bekam man ganz schnell starke Schmerzen an den Fingerkuppen. Und da dies im Winter, als die Handschuhe noch nicht so gut waren, sehr häufig vorkam, gab es auch überall eine Bezeichnung hierfür (**Karte 28**). Die größte Verbreitung hat in Baden-Württemberg die auch bei uns mancherorts angegebene Bezeichnung *bitzeln*. Das Wort ist eine Ableitung zu *Bitz*, einem Substantiv, das zu *Biss* gehört. Im Gegensatz zu *beißen* drückt *bitzeln* mehr das schwächere, aber sich rasch wiederholende *Beißen* aus. Noch häufiger als in der Bedeutung „Schmerz der erfrorenen Fingerspitzen" tritt *bitzeln* in der Bedeutung „gären bei Wein oder Most" auf. Das Verb war so bekannt, dass es auch im übertragenen Sinn verwendet wurde, so etwa in einem Satz wie *Der Acker bitzelt mich*. Damit drückte die Person aus, dass es sie juckt, den Acker zu bekommen.

Eine eigene, große Gruppe bilden alle Bezeichnungen auf *-nigeln*, *-igeln*, *-nägeln* usw. Schon Grimm erwähnt in seinem 1827 entstandenen Artikel *hornigeln* für das „Deutsche Wörterbuch" das Verb mit zahlreichen lautlichen Varianten in unserer Bedeutung. Eine weitere Bedeutung, die auch bei Johann Peter Hebel belegt ist, lautet „gleichzeitig schneien und regnen". Die vielen Lautvarianten machen es nun aber schwer, die ursprüngliche Lautung herauszufiltern. Grimm stellt unser Verb zur *Hornisse*, Fischer sieht hingegen in seinem „Schwäbischen Wörterbuch" zumindest bei *hornigeln* einen Zusammenhang mit dem alten Wort *Hornung* „Februar", was plausibel ist, da der Februar früher ein wirklich kalter Wintermonat war. Bei *dornigeln* liegt eindeutig eine Anlehnung an die spitzen Dornen vor, da der Schmerz in den Fingerkuppen so ist, als ob man in Dornen gegriffen hätte. Das Ursprungswort unserer Bezeichnungen auf *-niglen/-neglen* muss auf jeden Fall so sehr bodenständig gewesen sein, dass es, nachdem es nicht mehr verstanden wurde, in den verschiedenen Regionen zu zahlreichen Umbildungen und Anlehnungen an andere Wörter gekommen ist. Auch hier liegt also letztendlich wieder einmal der Vorgang der Volksetymologie vor, bei dem Wörter, deren „Sinn" man nicht mehr versteht, „verständlicher" gemacht werden, indem sie an bekannte Wörter angeglichen werden. Die Verbreitung des neueren Wortes *kribbeln* zeigt, dass die alte Bezeichnung mancherorts schon untergegangen ist.

Wenn zum starken Schneefall auch noch ein starker Wind hinzukommt, so können sich Schneeverwehungen bilden, im Raum Rottweil *Schneewähete* (gesprochen *Schneewaijätä*, *Schnaewaijätä*) oder *Windwerfe* genannt. Wenn die Kinder mit den Schuhen auf dem Eis gleiten, so tun sie *schleiferen*, in Aichhalden und Schramberg aber *gluten* beziehungsweise *gluteren*. Für den einfachen Kinderschlitten notierten die Sprachforscherinnen und Sprachforscher beim „Südwestdeutschen Sprachatlas" vor 40 Jahren noch die Bezeichnungen *Rutscherle*, *Bogenrutscher*, *Bodenrutscher* und *Füdlerutscher* (gesprochen *Fiidlärutscher*). Wenn der Schnee bei großer Kälte unter den Füßen knirscht, so sagt man, dass er *garrt*, *gurrt* oder *gnurrt*. Auch hier wird es sich wieder um lautnachahmende Bezeichnungen handeln.

Wir kommen zum Kapitel „Zeit". Die Einteilung des Jahres in Monate, Wochen und Tage finden wir bereits in den alten orientalischen Hochkulturen, wobei zum Beispiel die Babylonier die Wochentage den sieben Planetengöttern zuordneten. Später übernahmen die Griechen diese Zeiteinteilung von den Babyloniern, die Römer von den Griechen, die Germanen von den Römern. Bei diesen Übernahmen wurden dann die fremden Götter durch eigene ersetzt, sodass aus dem Tag des Mars (vgl. frz. *mardi*) bei den Germanen entsprechend dem germanischen Kriegsgott *Ziu* ein *Ziostag* (vgl. engl. *tuesday*) wurde. Als man den Gott *Zio* vergessen hatte, konnte man mit dem Wort *Ziostag* nichts mehr anfangen und wandelte es um zu *Zinstag*, der Tag, an dem man Zinsen zahlen muss.

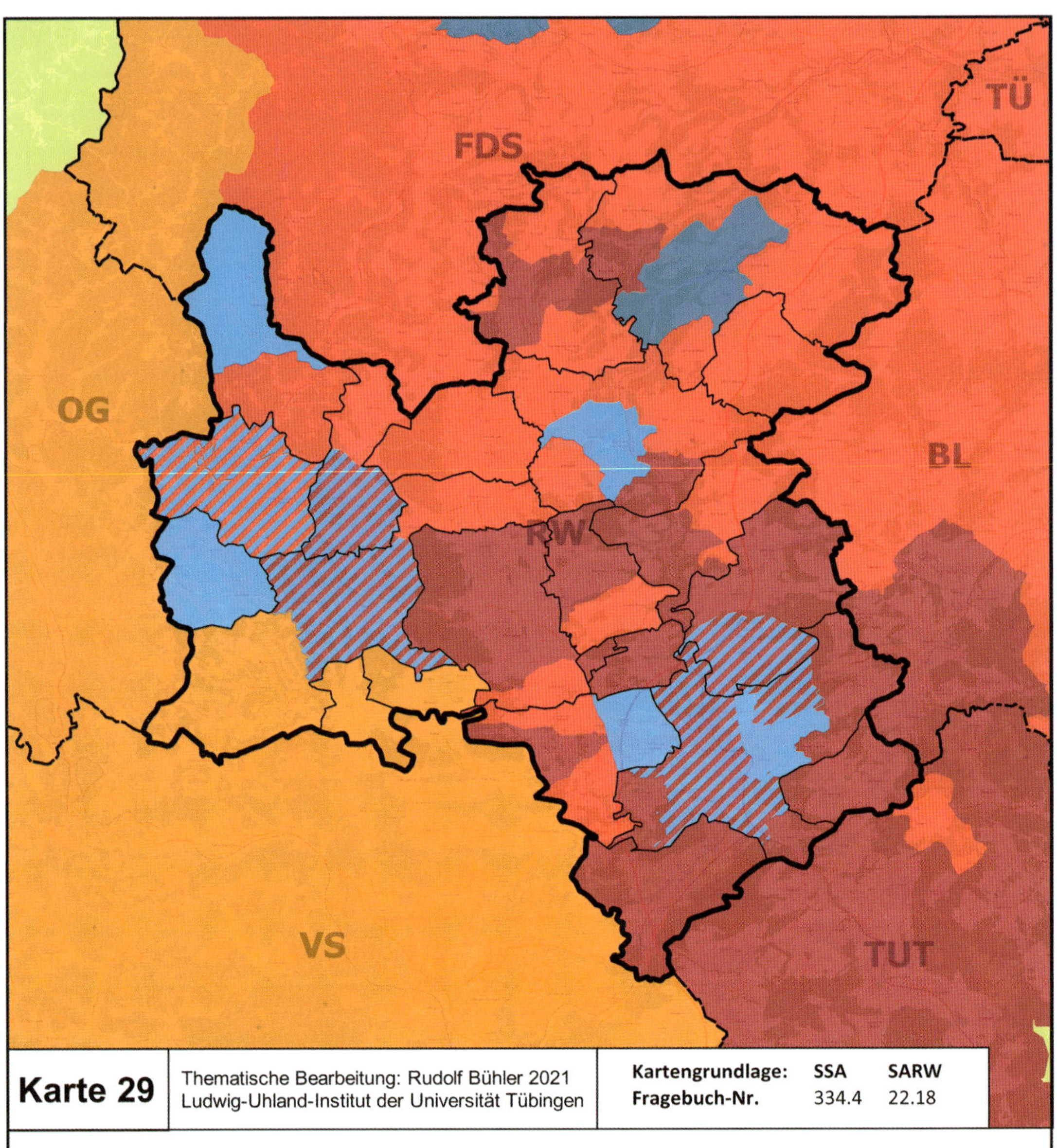

Karte 29	Thematische Bearbeitung: Rudolf Bühler 2021 Ludwig-Uhland-Institut der Universität Tübingen	**Kartengrundlage:** **Fragebuch-Nr.**	**SSA** 334.4	**SARW** 22.18

Der Dienstag

Legende

- *Zeischtig, -tich*
- *Zaischtig, -tich*
- *Ziischtig*
- *Zinschtig*
- *Daischtig*
- *Dinschtig, -tag*
- *Dinschtig, Zeischtig*
- *Dinschtig, -tag, Zaischtig*

Einen solchen Vorgang haben wir bereits mehrfach als Volksetymologie kennengelernt. Dieses Wort ist dann auch der Ausgangspunkt für Lautungen wie *Ziischtig*, *Zaischtig*, *Zeischtig*, die wir im Süden Baden-Württembergs und auch im Landkreis Rottweil in den rot markierten Gebieten vorfinden (**Karte 29**). Die heute in der deutschen Schriftsprache übliche Bezeichnung *Dienstag* kommt dagegen aus dem niederrheinischen Gebiet und erklärt sich aus dem dortigen Beinamen des Kriegsgottes *Mars Thingsus*, hat also nichts mit dem Wort *Dienst* zu tun. Seit Luther wurde diese Bezeichnung verstärkt in die deutsche Sprache übernommen. Während in Baden-Württemberg die Bezeichnung *Zistag* mit ihren Varianten den Süden beherrscht, deckt der *Dienstag* mit den Varianten *Dinschtig*, *Diischtig*, *Deeschtig*, *Daischtig* den Norden ab. Vor 40 Jahren wurden diese Bezeichnungen bei den Erhebungen zum „Südwestdeutschen Sprachatlas" im Landkreis Rottweil noch nicht vorgefunden, doch – wie die Karte zeigt – verdrängt bei uns das neuere *Dinschtig/Daischtig* zunehmend die älteren, oben erwähnten Varianten von *Ziostag*.

Nur lautlich interessant ist der *Montag*. Beim *Montag* gibt es mit *Meendig/Meendich* und *Meedi/Meedich* zwei Lautvarianten, wobei die zweitgenannte die häufigere ist. Der *Mittwoch* ist überall gleich, während es beim Donnerstag wieder Lautvarianten gibt: *Dunschtig*, *Dooschtig*, *Duurschtig*, *Dauerschtig*. *Freitag*, *Samstag* und *Sonntag* haben dann wieder keine besondere Lautung. Beim *Freitag* muss lediglich wieder auf die alemannische Lautung *Fritig* hingewiesen werden.

Bei den Bezeichnungen der Tageszeiten gibt es bei uns wie überhaupt in ganz Baden-Württemberg nichts Besonderes, wohl aber bei den Uhrzeiten. Zu 6.15 Uhr sagt man *viertel 7*, zu 6.45 Uhr konsequenterweise *dreiviertel 7*. Diese Art der Uhrzeitangabe ist auch außerhalb unseres Bundeslandes weit verbreitet.

Bei der Begrüßung gibt es in Baden-Württemberg zwei Bezeichnungen, wobei die beiden alten Landesteile Baden und Württemberg hier offenbar prägend waren: Im alten württembergischen Teil sagt man *Grüß Gott*, im badischen (*Guten*) *Tag*. Unser Landkreis gehört gerade noch zum *Grüß-Gott*-Gebiet, doch kennt man hier auch die Begrüßung mit (*Guten*) *Tag*. Wenn in einem Ort beide Begrüßungen bekannt sind, so wurde oft ein Unterschied angegeben: *Grüß Gott* würde man dann nur zu Fremden oder in der Stadt sagen, auch sei es offizieller und neuer. Es gibt aber auch die Möglichkeit, die Wahl zwischen beiden Formulierungen zu umgehen und sich nur auf die Tageszeit zu beziehen. Man sagt dann *Guten Morgen* oder *Guten Abend*.

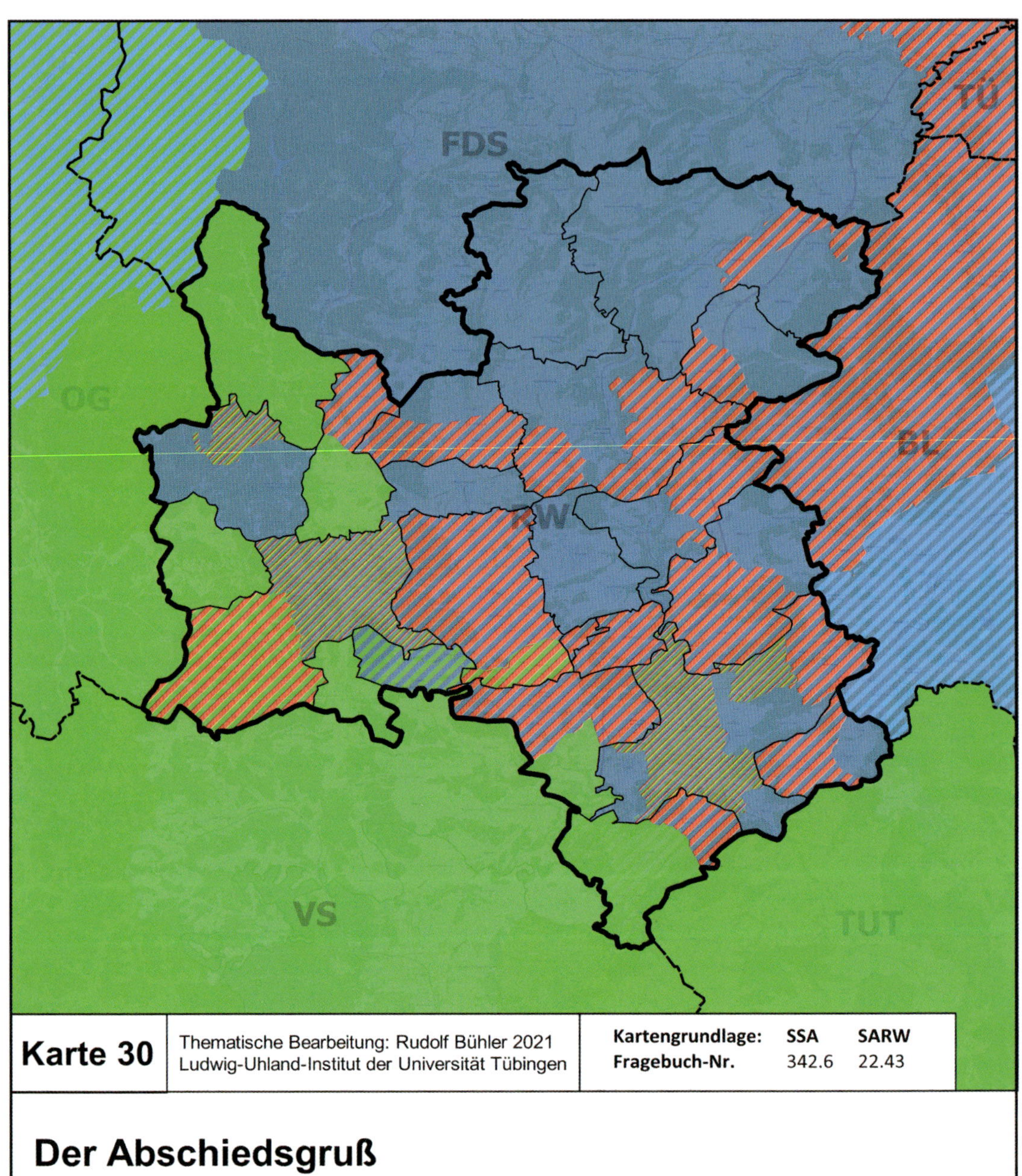

Karte 30

Thematische Bearbeitung: Rudolf Bühler 2021
Ludwig-Uhland-Institut der Universität Tübingen

Kartengrundlage:	SSA	SARW
Fragebuch-Nr.	342.6	22.43

Der Abschiedsgruß

Legende

- *Adée*
- *Ádee*
- *Ádje, Ádjö*
- *Ádee, Adée*
- *Ádee, Ádje*
- *Adée, Adjée*
- *Ádje, Adjée*
- *Behüte dich Gott, Adée*
- *Behüte dich Gott, Ádee*
- *Behüte ..., Adée, Ádee*

Auch bei der Verabschiedung (**Karte 30**) tut sich etwas im Landkreis, was nicht verwundert, denn mitten durch den Landkreis geht die Grenze zwischen nördlichem *Adée* mit Akzent auf der zweiten Silbe und südlichem *Ádee/Ádjee* mit dem Akzent auf der ersten Silbe. Vergleicht man wieder die Aufnahmen von Rudolf Bühler mit den älteren vor 40 Jahren aus Freiburg, so kann man feststellen, dass sich die typisch schwäbische Verabschiedung *Adée*, die früher nur im Ostteil des Landkreises rechts und links des Neckars gegolten hat, ausbreitet. In einigen Ortschaften haben die Gewährspersonen sogar ganz konkret angegeben, dass man früher *Ádee/Ádjee* gesagt habe. Im Gegensatz zur Begrüßung ist unser Bundesland dieses Mal nicht zwei-, sondern dreigeteilt: Im Württembergischen heißt es *Adée*, im Badischen *Ádee/Ádjee* und in Ostwürttemberg *Behüte dich Gott*. Eine Formulierung, die früher auch im Landkreis Rottweil bodenständig war, denn sie wurde von vielen Gewährspersonen mit der Bemerkung „früher hat man so gesagt" versehen. Im Dialekt lautete der Ausdruck dann *Pfiädägott*, *Pfiädä* oder *Phiädä*.

Für den *Frühling* (*Friäling*) konnte man einst auch *Frühjahr* (*Friäjåår*) sagen, der *Sommer* (oft als *Summer* ausgesprochen) hatte ebenso wenig eine eigene Bezeichnung wie der *Winter* (mit schwäbischer Senkung von *-i-* zu *-e-* vor einem Nasallaut: *Wenter*). Wie beim *Frühling*, so gab es auch für den *Herbst* (*Herbscht, Hirbscht*) mit *Spätjahr* (*Schpååtjåår*) noch einen zweiten Ausdruck.

Auch bei den Monatsnamen gibt es nichts Spektakuläres zu berichten, außer dass es früher neben dem *Februar* (*Febr*) auch noch die Bezeichnung *Hornung* gab. Alle anderen Monate haben höchstens lautliche Varianten: *Januar* (*Janner*, *Jenner*), *März* (früher auch mit *r*-Ausfall *Mäz*), *April*, *Mai*, *Juni*, *Juli* (beide oft auch mit kurzem *-u-* zu sprechen: *Junni*, *Julli*), *August*, *September*, *Oktober*, *November*, *Dezember*. Ein alter Ausdruck für das letzte Jahr war *fern(d)*. Die in der östlichen Nachbarschaft geltende Bezeichnung *heuer* „dieses Jahr" ist hingegen nicht bis in den Landkreis Rottweil vorgestoßen.

Wir kommen zu den Festtagen. Im Wort *Ostern* steckt ein alter langer *o*-Laut, der eigentlich in der ganzen Osthälfte zur Lautung *Auschtere* führen müsste, doch ist bei einem Kirchenwort wie *Ostern* der Einfluss der Standardsprache so stark, dass man häufig nur noch *Ooschtern* hört. *Weihnachten* heißt verkürzt *Wiinächtä* oder *Wiinätä*, ein alter Ausdruck war *Christtag*. Die Geschenke brachte das *Christkind* (*Krischkindlä, Krischkendlä*). Unterschiedlich wurde im Landkreis früher die Tradition des *Nikolaus* (*Niklaos*) gehandhabt. Bei den Aufnahmen Ende der 1970er-, Anfang der 1980er-Jahre machten die befragten Personen folgende Angaben: „*Der Pelzmärtel kam am Heiligen Abend mit dem Christkind*" (Dornhan), „*der Nikolaus kam nur in den Kindergarten*" (Hopfau), „*den Nikolaus gibt es erst in jüngerer Zeit*" (Weiden), „man unterscheidet zwischen *Klausmaa* und *Pelzmärtel* (= Knecht Rupprecht)" (Schenkenzell), „*Niklaus ist eine neue Sache*" (Trichtingen).

Für *Pfingsten* gibt es wieder nur lautliche Varianten (*Pfingschtä, Pfengschtä*), und wenn bei einer Prozession in katholischen Gemeinden Fahnen mitgetragen werden, so ist das in der alten Mundart nicht *die Fahne*, sondern *der Fahne*. Wir hatten schon an anderer Stelle gesehen, dass manche Wörter in den Mundarten ein anderes grammatisches Geschlecht haben als in der Standardsprache, dass man also auch *der Butter* oder *der Schoklad* sagt.

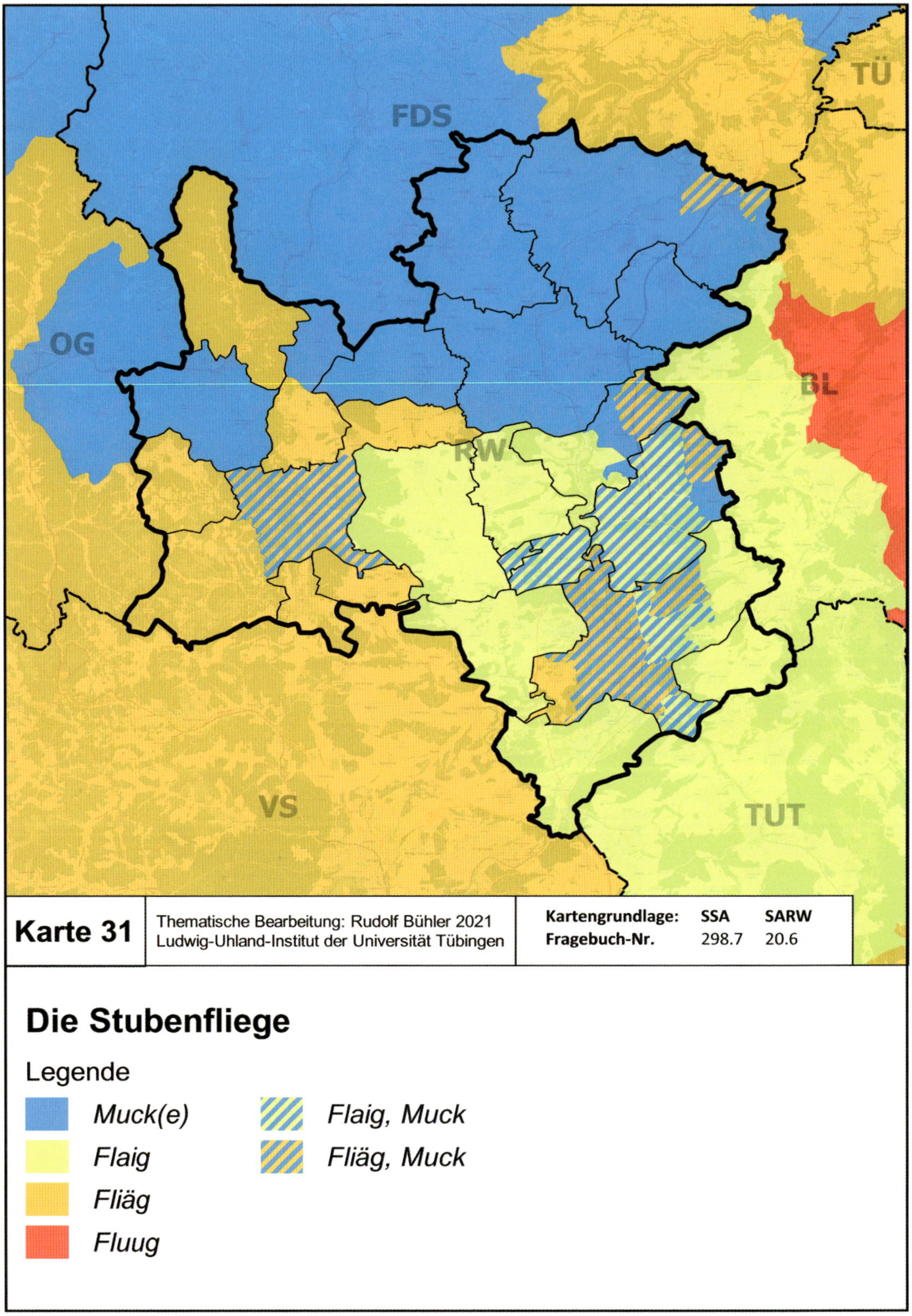

FDS
TÜ
OG
BL
RW
VS
TUT

Karte 31	Thematische Bearbeitung: Rudolf Bühler 2021 Ludwig-Uhland-Institut der Universität Tübingen	Kartengrundlage: Fragebuch-Nr.	SSA 298.7	SARW 20.6

Die Stubenfliege

Legende

Muck(e)

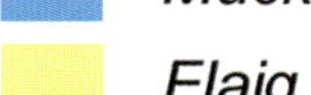
Flaig

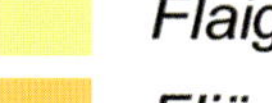
Fliäg

Fluug

Flaig, Muck

Fliäg, Muck

3 Freilebende Tiere

Eine *Wespe* ist heute eine *Wäschp*, der ältere Ausdruck aber ist *Wäfzge*. Zur Viehbremse sagt man *Breem*, *Breäm* oder mit Kurzvokal *Bremm*/*Brämm*. Da im größten Teil des Landkreises Rottweil das Wort „groß" als *graoß* (siehe Karte 56) und das Wort „Stroh" als *Schtrao* ausgesprochen wird, müsste man eigentlich auch *Flao* „Floh" sagen. Doch weit gefehlt. Der *Floh* heißt bei uns überall *Floo* – und das war auch schon bei den Erhebungen vor 40 Jahren so! Auch der Schmetterling hat bei uns weder eine andere Bezeichnung noch eine besondere Lautung. In anderen Gegenden heißt er *Sommervogel* oder *Pfiffholder*, *Pippholder*, *Pippfolder*, *Flittersch* u. ä.

Den Ausgangspunkt für unser heutiges standardsprachliches Wort *Hornisse* bilden die mittelalterlichen Wortformen *hornîz* und *hornûz*, aus Letzterer ist die im Raum Rottweil belegte alte Bezeichnung *Hornaus*, *Hurnaus* entstanden. Für die oft in den Kirschbäumen sitzenden stinkenden Beerenwanzen gab es mancherorts früher den Ausdruck *Wäntele*. Für die Kleidermotten kann man auch *Schaben* oder *Milben* sagen.

Bei den *Spinnen* ist zunächst wieder einmal auf den Unterschied zwischen schwäbischer *e*-Lautung (*Schpennä*) und sonstiger *i*-Lautung (*Schpinnä*) hinzuweisen. Interessanter aber ist die Bezeichnung für ein (altes) Spinnennetz. Die Germanen hatten nämlich das Netz der Spinne als Gewebe aufgefasst und entsprechend lautet auch die mittelhochdeutsche Bezeichnung *spinnenweppe*. Diese hat sich bei uns in der Lautform *Schpinnwäppä* fortgesetzt. Meistens sagt man aber im Landkreis *Spinnhuttle* (*Schbinnhuttlä*) dazu, ein Wort, dessen zweiter Bestandteil zum im schwäbisch-alemannischen Bereich weit verbreiteten Wort *Hudel* „Lappen, zerrissenes Tuch" gehört.

Vielfältig sind die alten lautlichen Variationen für das Wort *Ameise*: *Aamais*, *Aamoas*, *Uumais*, *Uumoas*, *Eemuäs*, *Oomuäs* usw. Auch für den Ohrwurm gab es früher verschiedene Bezeichnungen, wie die 40 Jahre alten Belege aus dem Material für den „Südwestdeutschen Sprachatlas" zeigen: *Ohreklemmer*, *Ohrewurzel*, *Ohrewitzel*, *Ohremitzgler*, *Ohremitzel*, *Mohrritzel*. Und wie sagte man früher zur *Eidechse*? Heute heißt sie bei uns wie in der Standardsprache *Eidechs*, früher aber auch *Heckgeiß*.

In Baden-Württemberg gibt es zwei Bezeichnung für die Fliege: Im gesamten Norden bis auf eine ungefähre Höhe Heidenheim – Göppingen – Tübingen – Freudenstadt – Lahr nennt man sie *Mücke*, gesprochen *Muck(e)*, südlich davon *Fliege*, wobei dieses Wort wie unsere **Karte 31** zeigt, sehr unterschiedliche Lautungen haben kann. Die Grenzlinie zwischen den beiden Bezeichnungen geht nun genau durch unseren Landkreis, und daher verwundert es nicht, wenn in manchen Orten beide Bezeichnungen bekannt waren. Ist dies der Fall, so wird gelegentlich auch unterschieden zwischen der *Fliege* „Stubenfliege" und der *Muck(e)* „kleine Stechmücke". Das *Fliege*-Gebiet können wir dann nochmals bezüglich der Aussprache unterteilen: Im Westen ist es eine *Fliäg*, im Osten eine *Flaig*. Die zuletzt genannte Aussprache deckt lediglich einen kleinen Raum ab und gilt nur noch im Landkreis Tuttlingen und am Westrand des Landkreises Sigmaringen. Die für den Zollernalbkreis notierte Lautung *Fluug* ist hingegen nicht bis in unseren Landkreis vorgedrungen.

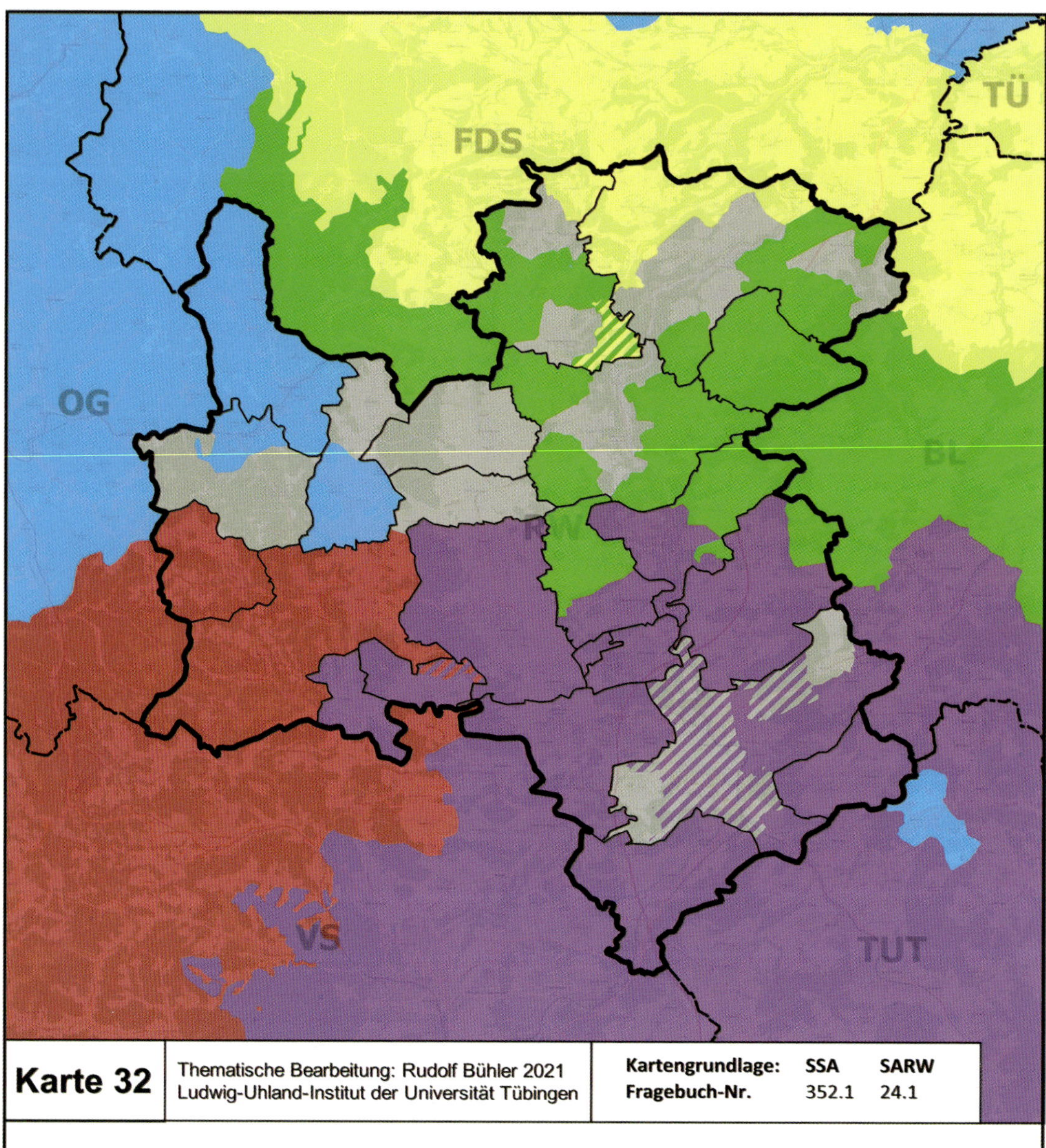

Karte 32	Thematische Bearbeitung: Rudolf Bühler 2021 Ludwig-Uhland-Institut der Universität Tübingen	**Kartengrundlage:** **Fragebuch-Nr.**	**SSA** 352.1	**SARW** 24.1

Der Löwenzahn

Legende

Blau	*(Bett)seicher, -scheißer*	Grün/gelb schraffiert	*Milchstock, Gackelestock*
Grün	*Milchstock, -busch*	Lila/rot schraffiert	*Sonnenwirbel, Rossblume*
Gelb	*Gackelestock, -busch*	Lila/grau schraffiert	*Sonnenwirbel, Löwenzahn*
Rot	*Rossblume, -bollen*	Grau	*Löwenzahn*
Lila	*Sonnenwirbel*		

4 Pflanzen

Wir beginnen mit den Blumen. Veilchen sind *Veigelein* (*Veigelä*), manchmal werden sie auch *Märzenveigelein* genannt. Die in der Standardsprache geltende Verkleinerungsform *Veilchen* hat sich im Deutschen erst relativ spät gegenüber der Grundform *Veil* durchgesetzt, wobei man die Schreibweise an die lateinische Ausgangsform *viola* angepasst hat. Unsere Mundartlautung setzt hingegen die mittelhochdeutsche Verkleinerungsform *violîn* fort. Eine weitere Ableitung zum lateinischen Ausgangswort *viola* führt dann zu der erst im 17. Jahrhundert bei uns häufiger auftretenden Farbbezeichnung *violett*, die über französische Vermittlung zu uns kam. Bis dahin deckte das Adjektiv *braun* diesen Farbton ab.

Mehrere Blumen bilden dann einen *Strauß* (gesprochen *Schtrouß*, in der Südwestecke mit alemannischer Lautung *Schtruuß*). Ein altes Wort für „Strauß" ist *Maien*, doch hat dieses Wort im Landkreis Rottweil eine andere Bedeutung. Bis heute erhalten ist bei manchen die Tradition, einem Mädchen am 1. Mai einen Baum mit Bändern an das Haus oder auf das Dach zu binden, was man dann *jemandem einen Maien stellen* nennt. Mit *Maien* konnte früher aber auch ein kleiner Baum beim Richtfest oder bei der Hochzeit gemeint sein. Beim Stroh oder Reisig spricht man hingegen weder von *Strauß* noch von einem *Maien*, sondern von einem *Buschel*.

Zu den vielen Pflanzen, denen man heilende Kräfte zuspricht, gehört auch der Löwenzahn (**Karte 32**), der schon im Mittelalter diesen Namen hatte. Blättert man durch die Literatur der Hausmittel, so taucht der Löwenzahn immer wieder auf, wobei teilweise ein Aberglauben, teilweise eine tatsächliche Wirkung dahintersteckt. So glaubte man, dass sieben oder neun Wurzeln, die am Bartholomäustag ausgegraben und in einem Säckchen als Amulett umgehängt werden, gegen Augenbeschwerden helfen. Einige nahmen getrockneten Löwenzahn gegen Zahnschmerzen, andere den Milchsaft der Stengel gegen Warzen. Der Milchsaft wurde auch zur Herstellung von Säften verwendet, die das Stillen unterstützen sollten. Dann gab es den Aberglauben, dass man bei Kühen, denen Hexen die Milch geraubt hatten, Löwenzahn ins Futter mischte, damit sie wieder Milch geben. Und schließlich spielte auch bei Kindern der Löwenzahn früher eine größere Rolle. Man nahm ihn teils als Orakel (zum Beispiel sollten die nach dem Pusten noch stehenden Früchte angeben, wie viele Jahre man noch bis zur Hochzeit hat), teils als Schmuckstück, indem man sich Ketten aus Löwenzahn flocht.

Wenn wir nun die Bezeichnungen des Löwenzahns auf unserer Karte genauer betrachten, so begegnen uns einige der erwähnten „Funktionen" des Löwenzahns in den angegebenen Wörtern wieder. So beziehen sich die Bezeichnungen *(Bett)seicher* und *(Bett)scheißer* eindeutig auf die treibende Wirkung der Pflanze als Heilmittel. Auf den milchigen Saft verweisen die Bezeichnungen *Milchstock* und *Milchbusch*, auf die gelbe Farbe die Bezeichnung *Gackelestock*, *Gackelebusch*, denn mit *Gackele* werden im Dialekt auch Eier bezeichnet. Bei den Bezeichnungen *Rossblume* und *Rossbollen* wird wieder Bezug auf den Löwenzahn als Heilmittel genommen, der wegen seiner positiven Eigenschaften für Blasenerkrankungen, aber ebenso für Leber, Nieren und Galle auch bei Pferden eingesetzt wird, und das *Pferd* ist in Baden-Württemberg südwestlich einer Linie Baden-Baden – Balingen – Biberach ein *Ross*. Bleibt noch *Sonnenwirbel*: Hier liegt der Ursprung im äußeren Erscheinungsbild der Pflanze.

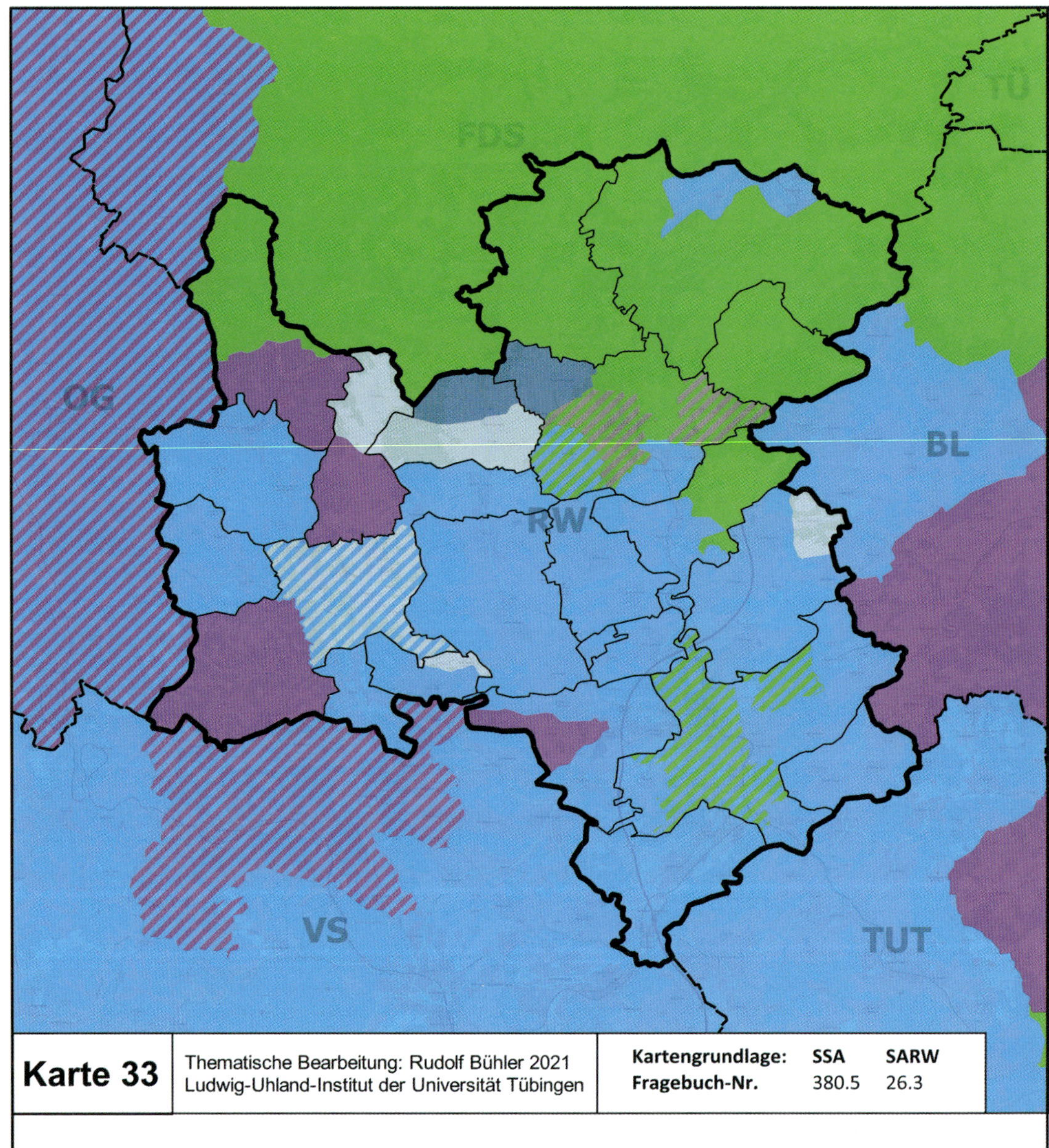

Karte 33	Thematische Bearbeitung: Rudolf Bühler 2021 Ludwig-Uhland-Institut der Universität Tübingen	**Kartengrundlage:** **Fragebuch-Nr.**	**SSA** 380.5	**SARW** 26.3

Die Kartoffel

Legende

- *Grundbirne [Grombiir]*
- *Erdepfel*
- *Herdepfel*
- *(H)ardepfel*
- *Järd-, Jadepfel*
- *(H)erdepfel*
- *Jad-, Erdepfel*
- *Grombiir, Herdepfel*
- *Grombiir, Kartoffel*

5 Gemüse und Obst

Bei der *Kartoffel* handelt es sich bei uns um eine recht junge Pflanze. Sie kam in der 2. Hälfte des 16. Jahrhunderts nach Spanien, von dort zunächst nach Italien, später in die Schweiz und in den Süden Frankreichs. In Deutschland gab es sie im 17. Jahrhundert nur in den botanischen Gärten als Zierpflanze, als Feldfrucht angebaut wurde sie erst Mitte des 18. Jahrhunderts. In den deutschsprachigen Raum kam sie unter der Bezeichnung *tartufoli*, die dann zu *tartuffeln* eingedeutscht wurde. Den späteren Anlaut mit *K-* kann man vielleicht dadurch erklären, dass man zur leichteren Aussprache den zweimaligen *t*-Laut verhindern wollte. Im 19. Jahrhundert errang der Kartoffelanbau durch die Not der napoleonischen Kriege und der Hungerzeit von 1817 sogar eine Vorrangstellung gegenüber den anderen Nahrungsmitteln. Trotz der relativ späten Einbürgerung zeigt die Kartoffel in den deutschen Dialekten eine reiche Bezeichnungsvielfalt.

In Baden-Württemberg handelt es sich hierbei um Zusammensetzungen von *Grund*, *Boden* und *Erde* mit dem Substantiv *Birne* beziehungsweise von *Erde* und *Herd* mit dem Substantiv *Apfel* (**Karte 33**). Alle diese Wörter finden wir nun auch im Landkreis Rottweil bei den Bezeichnungen der Kartoffel: *Grund* und *Birne* ergeben *Grundbirne* (*Grombiir*). Dies ist die häufigste Bezeichnung für diese Bodenfrucht in Baden-Württemberg, und sie gilt in der Nordhälfte des Bundeslandes. Die Hauptbezeichnung bei uns aber ist *Herdepfel*, was wieder einmal eine volksetymologische Umdeutung eines anderen Wortes, nämlich *Erdepfel*, ist. *Herdepfel* sagt man auch in ganz Südbaden, wobei sich der Landkreis Sigmaringen noch anschließt. Auffallend ist hier allerdings die besondere lautliche Entwicklung zu *Järd-* oder *Jadäpfel* in manchen Ortschaften. Die dritte Bezeichnung, *Erdepfel*, streut nicht nur in unserem Landkreis, sondern im ganzen Süden unseres Bundeslandes. Mit diesem Wort hat man schon seit dem Mittelalter die verschiedensten Knollengewächse bezeichnet. Der erste Beleg für das Wort in der Bedeutung „Kartoffel“ ist für das Jahr 1717 in Luzern bezeugt.

Die Samenkartoffeln werden in den Boden *gelegt*, *gesteckt* oder – von der Ostalb über Göppingen, Sigmaringen, Oberschwaben bis zum Bodensee und auch bei uns mit einer älteren Bezeichnung – *gestupft*. Um das Unkraut zu verhindern, muss man die Erde lockern, man muss sie *hacken*. Das Entfernen des Unkrauts (*Aukrout*, *Ookrout*, *Uukrout*, *Uukrut*) im Garten nennt man dann *jäten* (*jättä*). Sind die Kartoffeln reif, dann muss man sie *raustun*. Liegen sie zu lange im Keller, dann *treiben* sie *aus* oder man sagt auch, dass sie *keimen*. Bei dieser Bezeichnung ist besonders zu erwähnen, dass sie auch dort mit einem Monophthong gesprochen wird (*kiimä*), wo man eigentlich den schwäbischen Diphthong *keimä* erwartet.

Die dunkelrote Bodenfrucht nennt man im Landkreis Rottweil *rote Rahnen* (*rootä Raanä, raotä Raanä*). Das *Weißkraut* heißt bei uns auch nicht anders. Früher gab es daneben noch die Bezeichnung *Kabis*, ein Wort, das schon im Mittelalter in dieser Lautform belegt und aus dem lateinischen Wort *caput(ia)* „Haupt, Kohlkopf“ abzuleiten ist. Für den Wirsing aber sagt man wie in vielen anderen Gegenden Baden-Württembergs *Köhl* (gesprochen *Keel*). Ohne Konkurrenzwort ist dann wieder der *Rettich*.

Damit Blumen und Gemüse nicht austrocknen, muss man sie *spritzen* oder *gießen*. Dies macht man mit der *Spritz-* oder *Gießkanne*. Fällt diese auf den Boden und ist sie aus Metall, dann kann es sein, dass sie einen *Dallen* oder einen *Buck* bekommt.

Das Wort *Bohne* hatte in mittelalterlicher Zeit einen langen *o*-Laut, weshalb es sich in den baden-

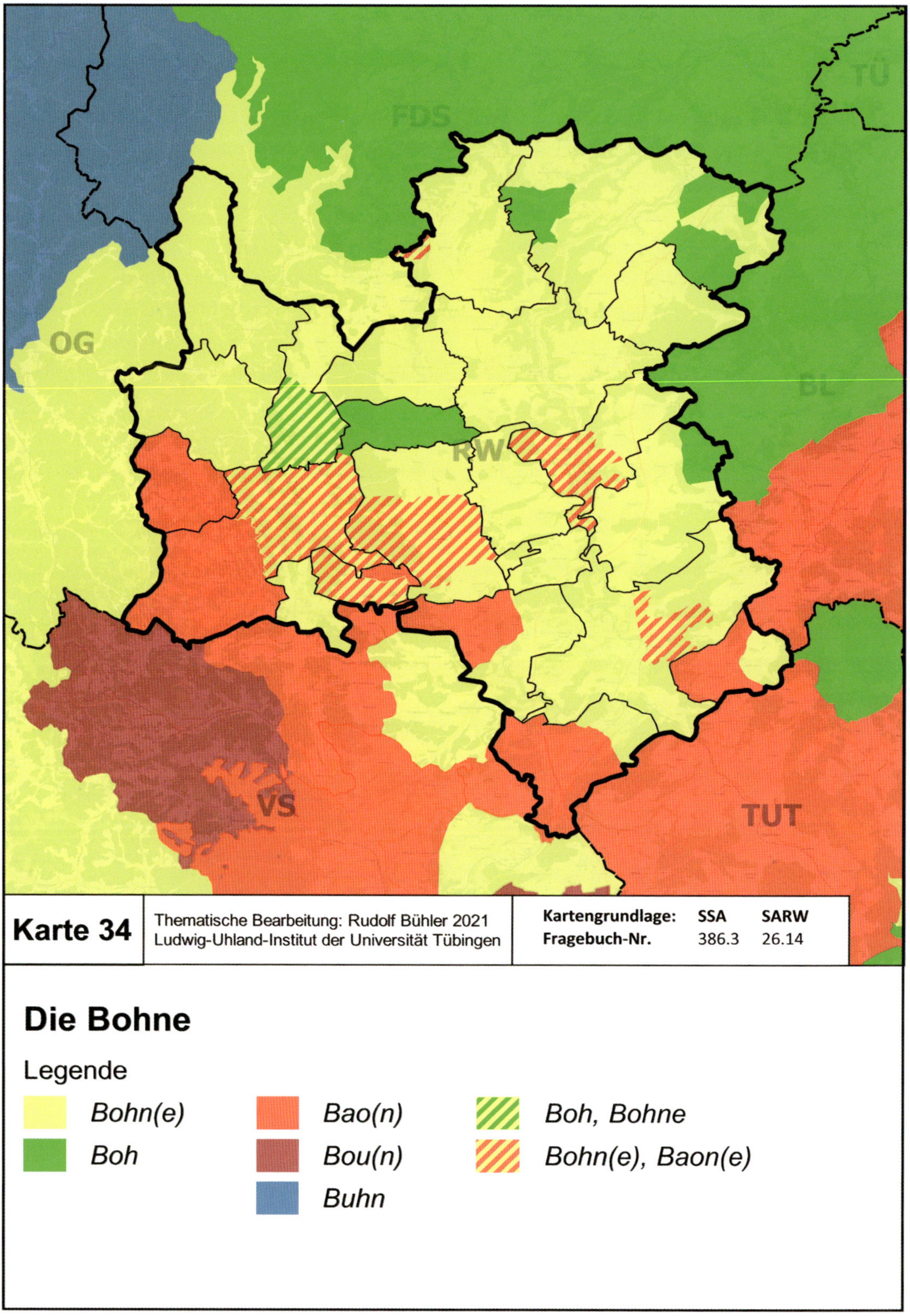

Karte 34	Thematische Bearbeitung: Rudolf Bühler 2021 Ludwig-Uhland-Institut der Universität Tübingen	**Kartengrundlage:** **Fragebuch-Nr.**	**SSA** 386.3	**SARW** 26.14

Die Bohne

Legende

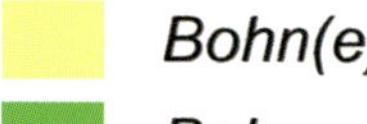
Bohn(e)

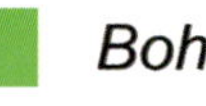
Boh

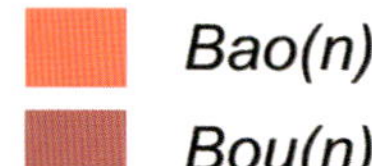
Bao(n)

Bou(n)

Buhn

Boh, Bohne

Bohn(e), Baon(e)

württembergischen Dialekten zu *Bao(n)* (west-, zentralschwäbisch), *Buhn* (mittlerer Schwarzwald), *Boä(n)* (ostschwäbisch, ostfränkisch), *Bou(n)* (fränkische Gebiete) und *Bohn(e)* (Hauptgebiet) entwickelt hat. Im Landkreis Rottweil konnte Rudolf Bühler – dies macht **Karte 34** deutlich – nur noch in den südlicher gelegenen Ortschaften die alte mundartliche Lautung *Bao(n)* notieren. Wie ein Vergleich mit den 40 Jahre alten Aufnahmen für den „Südwestdeutschen Sprachatlas" zeigt, hat die auch standardsprachliche Lautung *Bohn(e)* im Hauptgebiet des Landkreises als Handelswort die alte Lautung mit Diphthong wohl schon seit längerer Zeit verdrängt.

Für die *Stangenbohnen* gibt es bei uns keine andere Bezeichnung, wohl aber für die *Buschbohnen*, die *Hockerlein* (*Hockerlä*) heißen. Die grünen beziehungsweise dürren Hülsen der Bohnen sind *Schefen*, gesprochen *Schäffä*, *Schääffä*, *Schäaffä*. Der *Spinat* kennt im Landkreis Rottweil keine andere Bezeichnung, ihm ähnlich ist der *Mangold*, auch *Mangled* genannt. Die Herkunft dieses Namens ist bis heute ungeklärt. Beim Wort *Salat* wird häufig der zweite *a*-Laut, der auch den Akzent hat, mit einem offenen *o*-Laut gesprochen: *Salååt*. Bei der Bezeichnung für den Salatkopf hat sich noch lange das Wort *Haupt*, das später in seiner primären Bedeutung durch das Wort *Kopf* abgelöst wurde, als *Häuptlein* (*Haiptle*) halten können.

Der germanische Sammelname für die Zwiebelpflanzen war *Lauch*. Unser heutiges Wort *Zwiebel* stammt aus dem lateinischen Wort *cēpa*, genauer aus dessen Verkleinerungsform *cēpula*. Es wurde im Italienischen zu *cipollo* und kam so im Mittelalter ins Deutsche, wo man es – in volksetymologischer Umdeutung – zu mhd. *zibolle*, also eigentlich „zwiefache Bolle", umbildete. In unserer Gegend führte das zur Lautung *Ziibel/Ziibelä*, die dann nach und nach durch die standarddeutsche Aussprache *Zwiibel* ersetzt wurde. Die *Zwiebelschalen* haben bei uns wieder keine andere Bezeichnung, und auch der *Knoblauch* heißt nicht anders, ausgesprochen als *Knooblä*.

Wenn es für das Gemüse im Feld einen eigenen Krautgarten gab, so war dies das *Krautland*. Um die Vögel von den Erträgen des Gartens fernzuhalten, stellt man in den Gärten oft Stecken mit Hut und Kittel, sogenannte Vogelscheuchen, auf. Diese haben oder hatten im Landkreis Rottweil wieder eine Vielzahl von Bezeichnungen: *Krautscheuch*, *Gescheu*, *Butzenmann*, *Butzeme*, *Hexe* oder einfach *Vogelscheuche*. Von den genannten Bezeichnungen ist *Butz* die interessanteste, denn dieses Wort hat zahlreiche Bedeutungen. Zunächst wird damit irgendetwas Wertloses am Obst bezeichnet, also zum Beispiel ein Auswuchs am Obst, oder das Kerngehäuse (der *Butzen*). Von hier aus kommen wir zur Bedeutung „Abfall", und von dieser negativen Wertung des Wortes ist es dann nicht mehr weit zur Bedeutung „Dämon, Teufel, vermummte Gestalt". Auch unsere Nachbarschaft kennt entsprechende Bezeichnungen. So heißt die Vogelscheuche im Nordschwarzwald *Krautbutz*, zwischen Offenburg, Rottweil und Titisee sagt man *Gescheu*, im Markgräflerland heißt sie *Butzenmummel*, im mittleren Schwarzwald *Bondli* und *Scheumann*. Zwischen Schluchsee und der Schweizer Grenze soll schließlich der *Kabesbutz*, zwischen Donau und Neckar der *Butzenmeckerle* und am nördlichen Bodenseeufer der *Butzgengöggel* die Vögel davon abhalten, an den Erträgen der Gärten zu knabbern.

Die Aussprache des Wortes Apfel teilt unser Bundesland in drei Teile: Von Tauberbischofsheim im äußersten Nordosten über Heilbronn, Bruchsal und Karlsruhe bis nach Offenburg sagt man *Apfel*, um Mannheim sogar *Appel*. *Apfel* sagt man auch im Ostschwäbischen (Aalen, Heidenheim, Göppingen, Bayerisch-Schwaben). Dazwischen aber und damit auch im Landkreis Rottweil heißt es auch in der Einzahl *Epfel*. Ist der Apfel weich, dann ist er *mirb*. Hat er einen Quetschfleck, so spricht man von einer *Maaße* (*Måååß[e]*). *Dallen* und *Buck* sind weitere

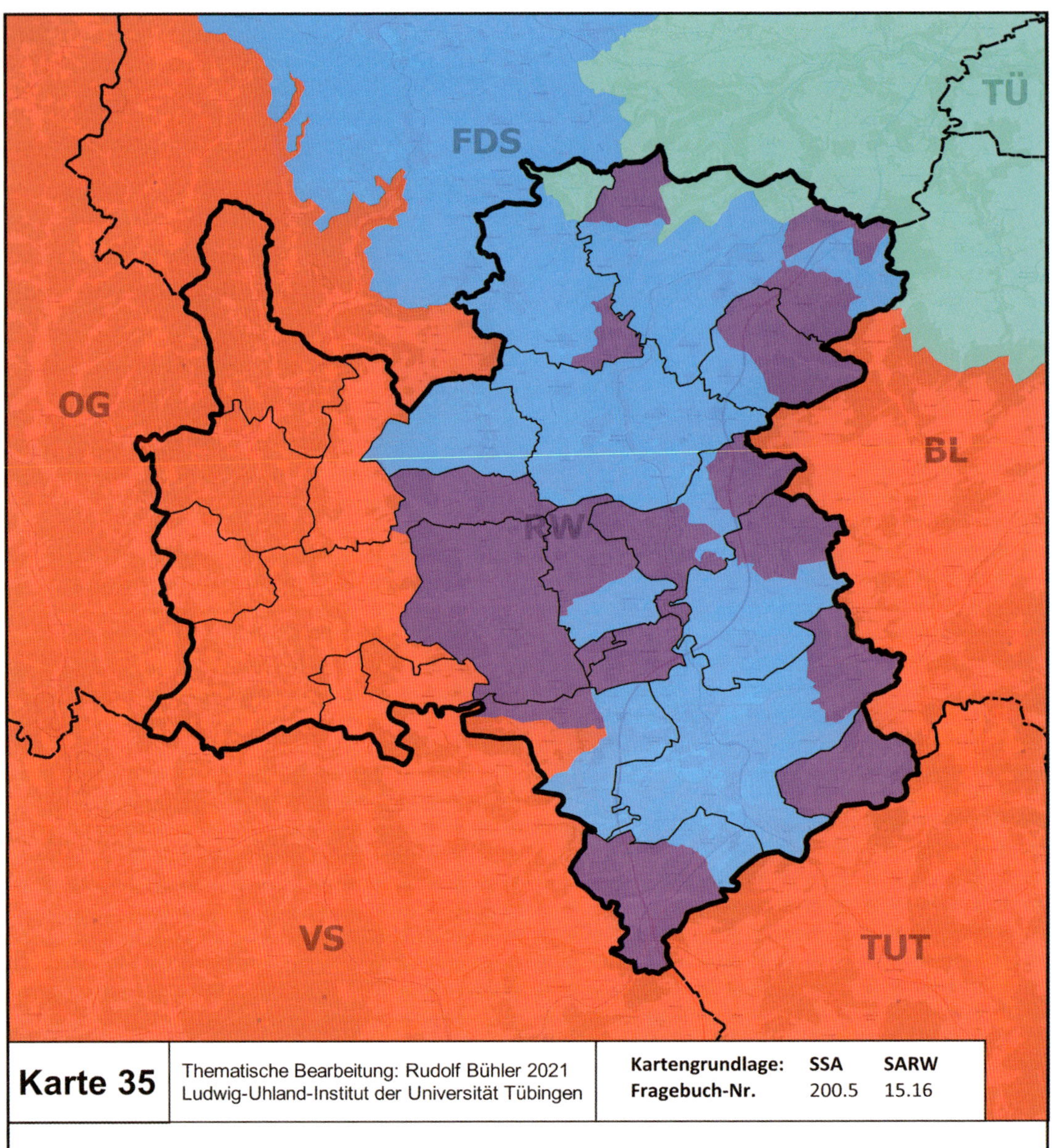

Karte 35	Thematische Bearbeitung: Rudolf Bühler 2021 Ludwig-Uhland-Institut der Universität Tübingen	**Kartengrundlage:** **Fragebuch-Nr.**	**SSA** 200.5	**SARW** 15.16

Die Kirsche

Legende

- *Kriesen*
- *Kriesen (altes Wort), Kirschen (neues Wort)*
- *Kirschen*
- *Kirschen, Kiischen*

Ausdrücke, die hier verwendet werden können. Die *Apfelschalen* konnten früher auch *Schelem(e)* genannt werden. Diese muss man dann *schälen* (*schellä*), und die abgeschälten Schalen hießen dann ebenfalls wieder *Schelem(e)*. Sind die Äpfel reif, so muss man sie vom Baum *herabtun*, *herabmachen* oder – vor allem beim Tafelobst – vorsichtig *brechen*. Das Wort *Butz* für das Kerngehäuse haben wir im Zusammenhang mit dem Wort *Butz* für die Vogelscheuche auf der vorangegangenen Seite schon besprochen. Im Rottweiler Raum ist es dann der *Butzen* oder *Butzgen*.

Die Kenntnis edler Birnensorten verdanken die Germanen den Römern, die den Baum *pirus*, die Frucht *pirum* nannten. Das Wort kam über die wichtige Handelsroute Mittelmeer – Rhonetal schon zur Römerzeit in den deutschsprachigen Nordwesten. In den Süden gelangte es erst nach der Zweiten Lautverschiebung, was man daran erkennen kann, dass wir sie *Piirä* und nicht *Pfiirä* nennen. Unsere Mundarten setzen also die alte Lautform fort, während die standardsprachliche Form mit *-n* (*Birne*) eine spätere deutsche Neubildung ist.

Wir kommen zur Karte *Kirschen* (**Karte 35**): Die Frucht kam wie die Birne mit den Römern zusammen mit anderen Obstarten und deren Bezeichnungen (*Pflaume*, *Pfirsich*) nach Mitteleuropa. Im Lateinischen hieß die Kirsche *ceras(i)um*, und der Plural lautete *ceresia*, *ceresa*. Dieser hat dann die Bedeutung des Singulars angenommen und kam so ins Deutsche, wo es im Laufe der Jahrhunderte zu vielen Umbildungen kam. Baden-Württemberg ist in dieser Hinsicht wieder einmal zweigeteilt: Im Süden hat sich die althochdeutsche Variante *kriesa* fortgesetzt, die Bezeichnungen der ganzen Nordhälfte sind dagegen auf das althochdeutsche Wort *kirsa* zurückzuführen. Während *Kriesen* keine weiteren Varianten neben sich hat, gibt es für die Bezeichnung *Kirschen* eine regionale Lautbesonderheit, die auch unseren Landkreis noch betrifft. Von unserem Nordrand über die Landkreise Tübingen und Reutlingen reicht bis zum Alb-Donau-Kreis ein Gebiet, in dem das *-r-* wegfällt, sodass man *Kiischen* sagt. Die violette Farbgebung auf der Karte macht übrigens deutlich, dass das alte Mundartwort *Kriesen* immer mehr verschwindet und durch das standarddeutsche Handelswort *Kirsche* ersetzt wird. Insofern man im Landkreis Rottweil überhaupt Kirschen hat, so werden sie nicht geerntet, sondern *herabgemacht*, *herabgetan* oder vorsichtig *gebrochen*. Sie kommen beim Pflücken in einen Korb, genannt *Kriesenkratten*.

Wenn man Obstbäume veredelt, dann tut man sie *zweigen* (gesprochen *zweigä*, *zwiigä*). Auf die Bäume steigt man mit der *Leiter*, und da wir vor allem im westschwäbischen Dialektraum sind, ist das meistens eine *Loater*.

Die *Johannisbeeren* heißen *Träublein* (*Treiblä*) oder mit genauer Farbbenennung *Rot-* und *Schwarzträublein*. Die *Heidelbeere* ist eine *Hoabeer*, und dann gibt es im Garten noch *Himbeer*, *Brombeer* und natürlich die *Brestling* „Erdbeere“.

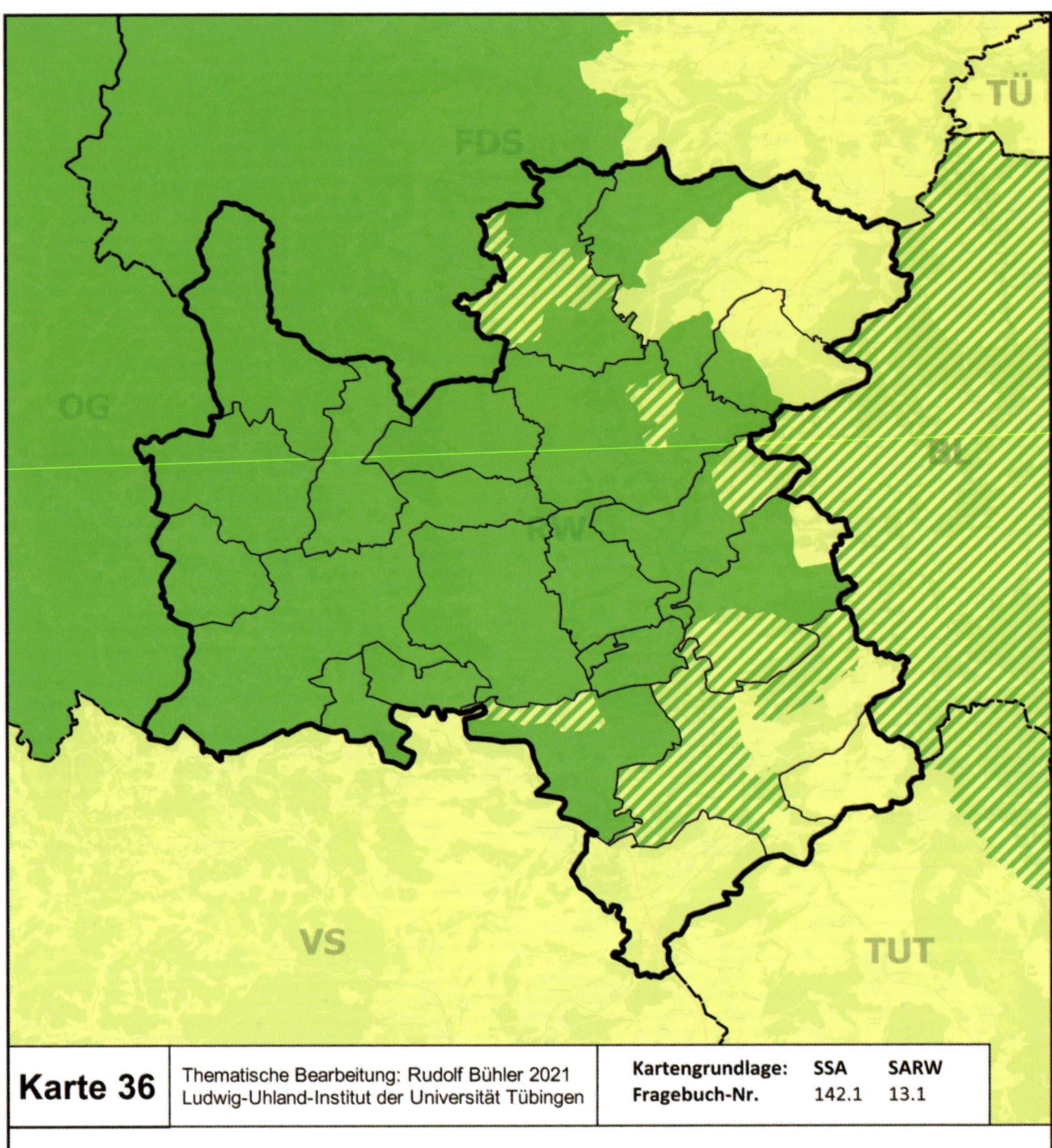

Der Zaun

Legende

- *Zaun*
- *Zaun, Hag*
- *Hag*

6 Gelände

Eine kleinere natürliche Erhebung im Gelände ist ein *Berglein* oder ein *Buckel*, eine größere Erhebung ist dann schon ein *Berg*. Das alte Wort für einen Hügel, *Bühel*, ist heute untergegangen, hat sich aber im Familiennamen *Bühler* erhalten. Und da es in Baden-Württemberg sehr viele Hügel gibt und viele Leute daher auf oder an einem Hügel gewohnt haben, gibt es in unserem Bundesland besonders viele *Bühlers*. Das Wort *Hügel* ist bei uns übrigens zu jung, um noch Familiennamen zu bilden. Diejenigen, die im Südwesten *Hügler* heißen, müssen ihren Familiennamen daher vom Rufnahmen *Hugo* ableiten.

Eine natürliche Vertiefung ist eine *Mulde*, der Straßengraben einfach ein *Graben*. Ein steiler Hang ist ein *Rain* (*Roa*) oder eine *Halde*, und *Rain* heißt auch ein kleiner, langgezogener Hang entlang der Straße. Besonders interessant ist das Wort *Tobel*, das früher auch im Landkreis Rottweil bodenständig gewesen sein muss, da es hier Flurnamen mit dieser Bezeichnung gibt und sich auch ältere Gewährspersonen an dieses Wort noch erinnerten. Es bezeichnete ursprünglich ein enges Tal und ist in Baden-Württemberg lediglich südlich des römischen Limes zu belegen. Diese Verbreitung im Zusammenhang mit dem Limes legt nahe, in *Tobel* ein romanisches Reliktwort zu sehen. Ausgangspunkt für das Wort wäre das lateinische Wort *tubus* „Wasserleitungsröhre“.

Karte 36 zeigt die allgemeine Bezeichnung für einen Zaun. Abgesehen von einem kleinen ostschwäbischen Gebiet, wo man die Einzäunung *Dill* nennt, teilen die Wörter *Zaun* und *Hag* unser Bundesland unter sich auf, wobei das auch standardsprachliche Wort *Zaun* den größeren Teil einnimmt. *Hag* gilt – grob gesagt – lediglich in Mittel- und Südbaden, und beide Gebiete treffen nun genau in unserem Landkreis aufeinander. Das Wort *Zaun* ist nicht nur bereits im Mittelalter belegt, sondern es ist in seiner Bedeutung „Einfriedung“ sogar gemeingermanisch und verwandt mit dem englischen Wort *town* „Stadt“. *Hag* (der Plural lautet *Heeger* oder *Hegger*) ist verwandt mit dem Wort *Hecke*, was darauf schließen lässt, dass es ursprünglich eine Abgrenzung mit Hilfe von Pflanzen bezeichnete. Die Bedeutung „Hecke“ hat *Hag* bei uns auch noch sehr häufig im *Zaun*-Gebiet. Das Wort kann übrigens Neutrum oder Maskulinum sein. Dort, wo man wie im Landkreis Rottweil die Einzäunung *Hag* nennt, wird eine Einzäunung mit Pflanzen als *lebiger Hag* bezeichnet. Für einen Zaun mit senkrechten Latten sagt man *Gartenhag* oder einfach *Lattenhag*, die oben zugespitzten Latten sind die *Stecken*. Mit Hilfe eines *Hags* wird ein Geländestück dann *eingehagt*. Um in dieses Gelände hinein- und wieder herauszukommen, gibt es das *Gartentürlein* (*Gaartetiirlä*). Auf der Weide nennt man dann den aus Stangen bestehenden Durchlass *Gatter*.

Der gelbliche, zähe Boden ist der *Lehm*, im Dialekt *Leime*, mit westschwäbischer Lautung gesprochen *Loam* oder *Loa*. Mit *Letten* bezeichnet man hingegen einen Boden, der fetter, undurchlässiger als Lehm ist. Eine Spur im Sand ist eine *Leise*. Auch hier treffen wir bei der Lautung des Vokals wieder auf die westschwäbische *oa*-Lautung: *Loas*. Das Wort ist in dieser Bedeutung schon im Mittelalter belegt, das daraus abgeleitete Wort *Geleise* ist hingegen jünger. Es wurde zu unserem heutigen Wort *Gleis* „verschliffen“. Das Wort *Straße* wird östlich des Schwarzwalds stets mit offenem *o*-Laut gesprochen, den wir als *-å-* notieren. Man sagt also bei uns *Schtrååß*, im badischen Rheintal aber *Schtrooß*.

Eine Kurve hieß früher auch *Rank* (gesprochen *Rank*, *Rang*, *Raak*). Das entsprechende mittel-

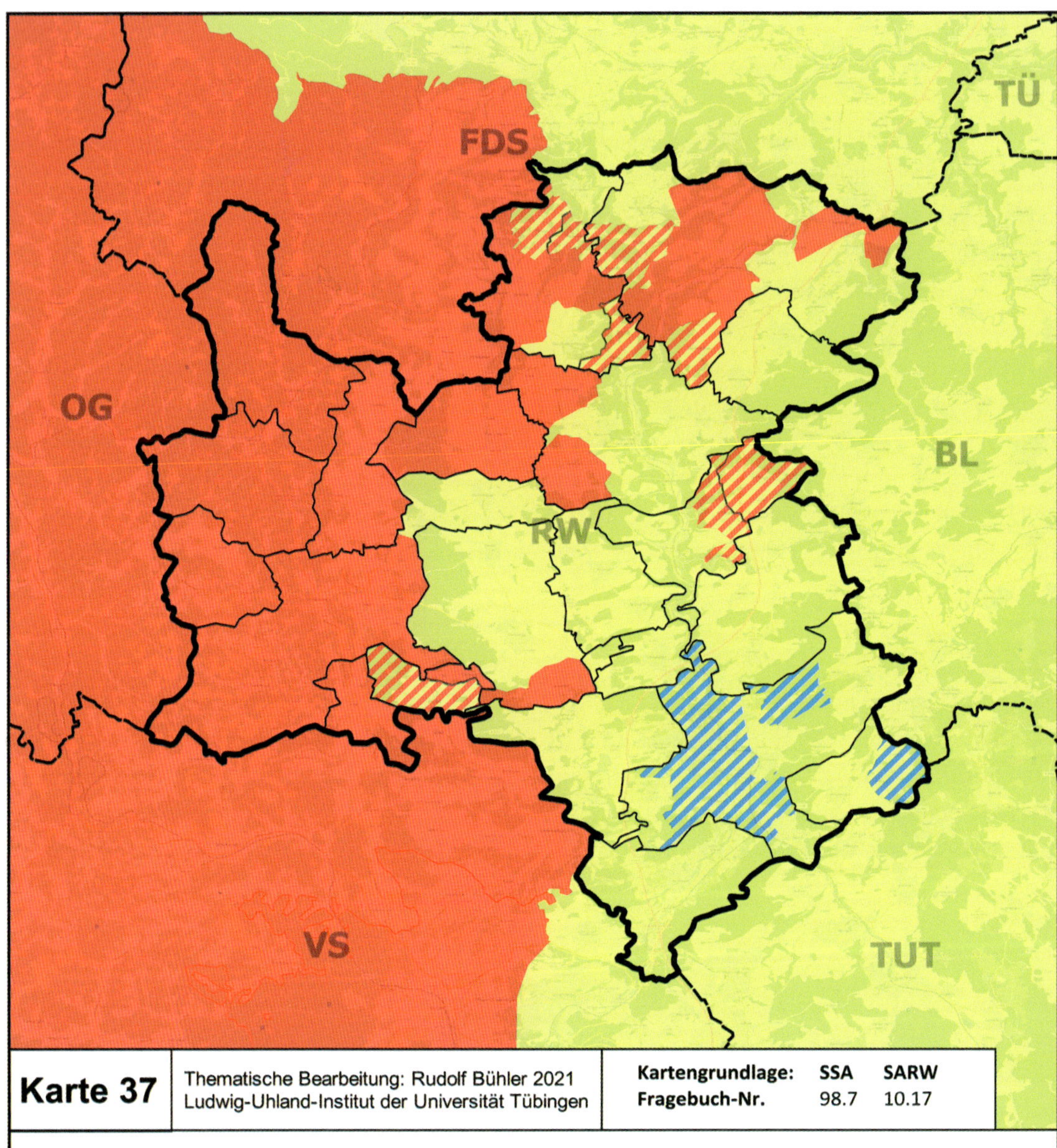

Der Grenzstein

Legende

- *Markstein*
- *Markstein, Grenzstein*
- *Lachen(stein)*
- *Mark(stein), Lachen(stein)*

alterliche Wort bedeutete „schnelle, drehende Bewegung". Die heute wohl eher unbekannte Redewendung *einem den Rang ablaufen* hängt mit unserem Dialektwort *Rank* zusammen. Man verstand ursprünglich darunter, dass jemand eine Kurve (den *Rank*) schneidet und somit den Vordermann überholt. Als man das Wort *Rank* später nicht mehr verstand, hat man es zu *Rang* umgebildet.

Man geht in der Dialektforschung des alemannischen Sprachraums davon aus, dass der heutigen Dialektaufteilung in Schwäbisch, Oberrhein-Alemannisch, Bodensee-Alemannisch, Hochalemannisch eine Zweiteilung vorausgegangen ist, bei der der Westen die eine Hälfte und der Osten die andere Hälfte bildeten. Getrennt wurden beide durch den unbesiedelten Schwarzwald. Diese West-Ost-Teilung setzt sich dann in der Schweiz fort und trennt den Berner vom Züricher Raum. Die historische Sprachgeographie hat anhand vieler Urkunden diesen frühen West-Ost-Gegensatz nachweisen können. Zu den berühmtesten Beispielen gehört das Wortpaar *Matte – Wiese. Matte* ist ein Kennwort des Oberrhein-Alemannischen und des Hochalemannischen, wobei der Schwerpunkt im Rheintal und den Schwarzwaldtälern liegt. Lediglich im Süden geht das Verbreitungsgebiet von *Matte* etwas über den Schwarzwaldkamm, ohne jedoch noch die Baar zu erreichen.

Acker und *Feld* sind einfache Wörter, deren Bedeutung jeder zu wissen scheint. Doch der Schein trügt. Je nach Gegend, Gelände, Bodenbeschaffenheit und Anbau werden nämlich die beiden Wörter in unseren Mundarten ganz unterschiedlich verwendet. In einigen Ortschaften ist die Größe ausschlaggebend, andere sehen den Unterschied in der Geschlossenheit des Geländes, sodass der *Acker* dann eingegrenzt, das *Feld* dagegen offen ist. Mancherorts versteht man unter *Acker* einen offenen Boden, während *Feld* dort dann der Oberbegriff für *Wiese* und *Acker* ist. So ist es auch im Landkreis Rottweil. Eine gemeinschaftlich genutzte Wiese oder auch ein von der Gemeinde zugewiesenes Stück Acker oder Wiese nannte man *Allmende*. Früher musste man auch für die Gemeinde bestimmte Arbeiten zum Beispiel an den Wegen verrichten, was man *fronen* nannte. Der Aufseher über diese Arbeiten war dann der *Fronmeister*. Über Feld und Flur wachte der *Feld-* oder *Waldschütz*.

Jeder Acker wird durch einen Grenzstein (**Karte 37**) vom Nachbargrundstück abgegrenzt. Wer das alte Wort heute nicht mehr weiß, sagt einfach wie in der Standardsprache *Grenzstein*. Die Hauptbezeichnung in Baden-Württemberg aber war eigentlich *Markstein*. Während das Wort *Grenze* aus dem Slawischen stammt, ist *Mark* ein germanisches Wort und schon im Mittelalter in unserer Bedeutung „Grenze" belegt. Ein weiteres altes deutsches Wort ist *Lache*. Dieser Begriff kann mit dem Wort *Lache* in der Bedeutung „Pfütze" in den Dialekten nicht verwechselt werden, da lautlich unterschieden wird: *Lache* „Pfütze" kommt von einem mittelhochdeutschen Wort *lache* mit kurzem *-a-* und wird auch so in unseren Dialekten ausgesprochen (*Lachä*), während *Lache* „Grenze" von *lâche* abstammt und daher als *Lååchä* erscheint. Im Landkreis Rottweil sagt man allerdings *Låågä*. Den *Lachen(stein)* kennt man in Baden-Württemberg in einem Streifen vom Schluchsee über Schwenningen und Schiltach bis nach Offenburg. Dieses Gebiet trifft genau in unserem Landkreis auf das große *Markstein*-Gebiet. Dieses erstreckt sich wiederum von hier bis zur Ostalb, wo das zweite *Lachen(stein)*-Gebiet liegt. Interessant ist, dass das Wort *Låågä* bei uns auch im *Markstein*-Gebiet vorkommt und dort „Grenze, Grenzlinie" bedeutet.

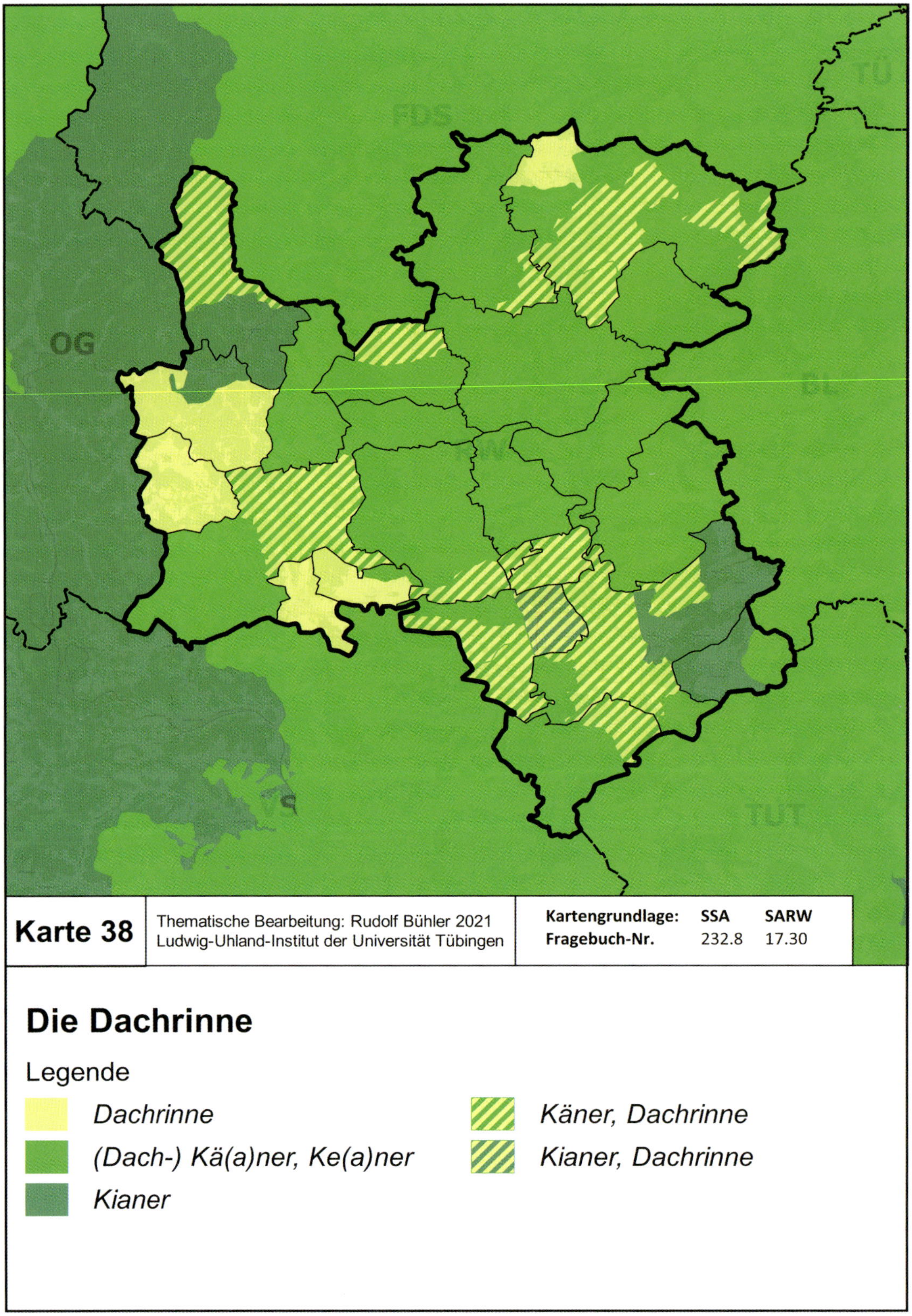

Karte 38	Thematische Bearbeitung: Rudolf Bühler 2021 Ludwig-Uhland-Institut der Universität Tübingen	**Kartengrundlage:** **Fragebuch-Nr.**	**SSA** 232.8	**SARW** 17.30

Die Dachrinne

Legende

Dachrinne

(Dach-) Kä(a)ner, Ke(a)ner

Kianer

 *Käner, Dachrinne*

 *Kianer, Dachrinne*

7 Das Haus

Das Wort Haus gehört zu denjenigen Wörtern, die für die Dialekteinteilung des Landkreises Rottweil wichtig sind, denn durch den Landkreis geht die Grenze zwischen dem schwäbischen Hauptgebiet mit *Hous* und dem alemannischen Südwesten (Lauterbach, Tennenbronn, Schramberg, Hardt, Mariazell) mit *Huus*. Das Haus für die ältere Generation, in das sie zieht, nachdem der Hof überschrieben worden ist, nannte man auf den Höfen *Leibding*, im Südwesten mit alemannischer Lautung *Libding*. *Leibding* oder *Leibgeding* ist ein altes Rechtswort, das sich aus den Wörtern *Leib* mit der alten Bedeutung „Leben" (vgl. mhd. *lîb* „Leben, Körper") und *Ding* (ahd. *ding* „Gerichtsort, Urteil") mit der alten Bedeutung „Urteil, Rechtshandlung" zusammensetzt.

Den Wohnraum, in dem man sich tagsüber aufhielt, bezeichnete man als *Stube* (gesprochen *Schtuubä, Schtubbä, Schtuwwä*), die *Küche* heißt bei uns *Kuche*. Das lateinische Wort *cellare, cellarium* wurde früh, als das lateinische *k-* vor *e* noch als *k-* ausgesprochen wurde (wie zum Beispiel auch im Wort *Kelch*), entlehnt und ergab in mittelhochdeutscher Zeit *këller* oder *këlre*. Die zweite Variante hat sich dann zu *Kerr* weiterentwickelt, und dies ist dann auch die Ausgangsform für die alte Rottweiler Wortform *Kerr*, gesprochen *Kääar*. Der Hausgang ist der *Gang*, früher auch *Ern* genannt. Dieses Wort setzt ein schon im Mittelalter belegtes Wort mit der Bedeutung „Grund, Tenne" fort und ist inzwischen untergegangen. Neuere Untersuchungen, die wir in der Arbeitsstelle „Sprache in Südwestdeutschland" durchgeführt haben, zeigen, dass das Wort *Gang* vielleicht eines Tages dasselbe Schicksal erfahren wird, denn es wird heute zunehmend auch im Dialekt durch das norddeutsche Wort *Flur* ersetzt. Der Abstellraum heißt auch *Rumpelkammer*, die Treppe im Haus die *Stege* (gesprochen *Schtäägä, Schtäagä*). Die aus Stein bestehenden Stufen vor dem Haus sind die *Stapfeln*.

Der Dachboden im Haus ist die *Bühne* (*Biinä*), im Stall hingegen der *Heubarn*. In diesem Wort steckt das alte mittelhochdeutsche Wort *barn* „Krippe, Raufe", das als Substantiv zum Verb *bërn* „(Früchte) tragen, gebären" zu stellen ist. Unsere heutigen Wörter *gebären* und *Bahre* haben sich ebenfalls aus diesem Verb entwickelt. Ältere Häuser hatten auch noch einen oberen Außengang aus Holz, manchmal auch eine Art Vorbau, der *Laube* genannt wurde. Da dieser Gang häufig auch zur Toilette führte, kam es gelegentlich zur Übertragung des Wortes *Laube* auf die Bedeutung „Toilette".

Der Handwerker, der den Dachstuhl macht, ist der *Zimmermann* (*Zimmermaa*). Es ist ein alter Beruf, und die Berufsbezeichnung *Zimmermann* ist deutschlandweit verbreitet, sodass er zu den 20 häufigsten Familiennamen gehört. Der oberste Balken am Dachstuhl ist auch bei uns der *First*. Parallel zum First liegen die Pfetten und senkrecht zum First die *Sparren*. **Karte 38** zeigt nun die Rottweiler Bezeichnungen für die Dachrinne. Im Oberrhein-Alemannischen, Bodensee-Alemannischen und im Westschwäbischen sagt man eigentlich *Käner*, wobei sich die Aussprache des Wortes durchaus unterscheiden kann (*Käaner, Ke(a)ner, Kianer*). Eine andere Wortform hierzu ist *Kandel*. Sie gilt im fränkischen Nordbaden sowie im südalemannischen Markgräflerland. Ausgangspunkt beider Wortformen ist das lateinische Wort *canālis* „Röhre, Rinne, Wasserlauf". Im übrigen Baden-Württemberg herrscht dagegen das auch standardsprachliche Wort *Dachrinne* vor. Wie unsere Karte zeigt, verdrängt dieses Wort heute zunehmend die alte Bezeichnung *Käner*.

Die Türklinke nennt man im ganzen schwäbischen Dialektraum, im nördlich benachbarten

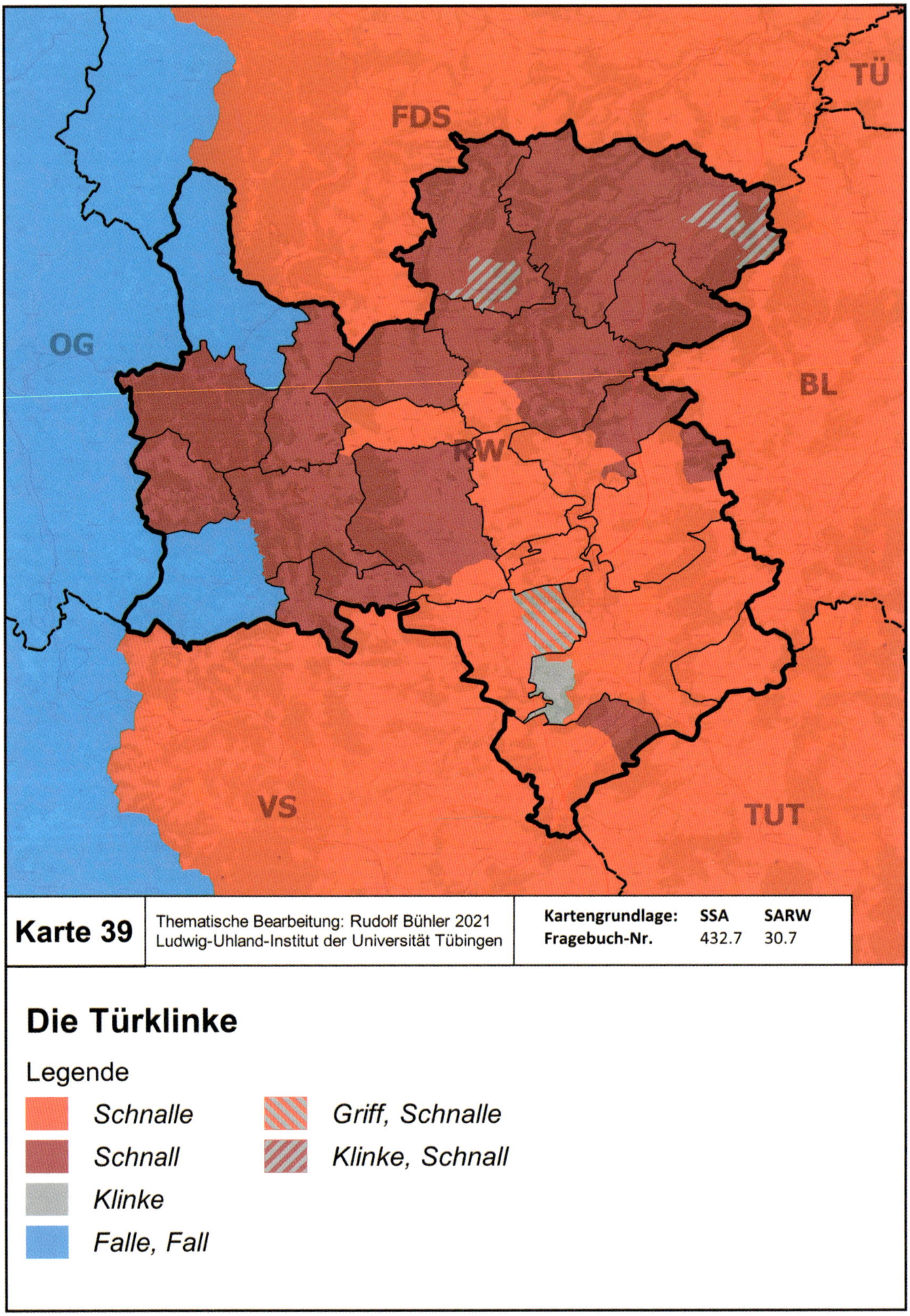

TÜ

FDS

OG

BL

RW

VS

TUT

Karte 39	Thematische Bearbeitung: Rudolf Bühler 2021 Ludwig-Uhland-Institut der Universität Tübingen	Kartengrundlage: Fragebuch-Nr.	SSA 432.7	SARW 30.7

Die Türklinke

Legende

Schnalle

 *Griff, Schnalle*

Schnall

Klinke, Schnall

 *Klinke*

 *Falle, Fall*

Gebiet Heilbronn – Hohenlohe sowie von der Baar über den Hegau bis zum Bodensee *Schnalle/Schnall*, während man zu dieser in Mittel- und Südbaden *Falle/Fall* sagt. Wie **Karte 39** zeigt, liegt der Landkreis Rottweil genau an der Grenze zwischen dem westlichen *Falle/Fall-* und dem östlichen *Schnalle/Schnall-*Gebiet. Tennenbronn, Kaltbrunn und Schenkenzell schließen sich einmal mehr den westlichen Nachbarn an. Ferner macht sie darauf aufmerksam, dass auch hier die alte Bezeichnung *Schnalle/Schnall* mancherorts schon zugunsten der standardsprachlichen Bezeichnung *Klinke* aufgegeben wurde.

Ist die Türe nicht richtig geölt, dann *knarrt*, *gurrt* oder *grillt* sie. Wer an der Tür unerlaubt lauscht, der *horcht* oder *losnet* (*loosnet*). Das Wort *losen* hatte im Mittelalter noch die ganz neutrale Bedeutung „zuhören". Es ist in dieser Grundbedeutung untergegangen und durch *lauschen* ersetzt worden, doch hat es sich – was bei untergehenden Wörtern oft passiert – in der negativen Bedeutung „unerlaubt lauschen" noch halten können. Ist die Türe zu niedrig gebaut, so muss man sich *bücken*, im Dialekt *bucken*. Die *Falle* oder *Schnalle* muss man *hinabdrücken*, also *naadruckä*. Früher hat man an der Haustüre am Abend lediglich den *Riegel* vorgeschoben, heute schließt man mit dem *Schlüssel* (*Schlissl*) *zu* oder *ab*.

Den Aufbewahrungsort für Kleider nannte man früher *Kasten*. Die Holztruhe, worin man die Wäsche aufbewahrte, war einfach eine *Truhe* oder der *Trog*. In der Küche stand vor dem Fenster ein Gestell mit Querstangen für das Geschirr, das *Schüsselbrett* (gesprochen *Schisslebritt*). Die Trockenstange am Ofen war das *Ofenstänglein* oder das *Ofengeräme* (*Ofengräm*). Den Fenstersims nennt man allgemein *Sims*, *Simsen*, wobei es keine Rolle spielt, ob sich dieser innen oder außen befindet. Und der Fensterladen ist einfach ein *Laden*.

Ein Vorhängeschloss ist in weiten Teilen Süddeutschlands und so auch im Landkreis Rottweil ein *Marderschloss*. Es ist ein eigenartiges Wort mit einer interessanten Geschichte, denn der Ausgangspunkt ist das mittelalterliche Wort mhd. *malchsloz*, welches eine Bildung zu *malhe* „Mantelsack" war, sodass das Wort *Malchschloss* also ursprünglich „Schloss am Mantelsack" bedeutete. Da das Wort *Malch* aber im Laufe der Jahrhunderte untergegangen ist, konnte man schließlich mit der Bezeichnung *Malchschloss* nichts mehr anfangen und deutete es schließlich um, indem man es nun an bekannte, ähnlich klingende Wörter anpasste, daher *Markschloss*, *Marderschloss*. Es ist wieder einmal ein Beispiel für eine Volksetymologie.

Zum Schluss dieses Kapitels schauen wir noch kurz in die Küche: Früher gab es dort noch ein Becken aus Stein, den sogenannten *Schüttstein*. In der modernen Küche hat dieses Wort heute keinen Platz mehr. Der *Hafen* (gesprochen *Haafä*, *Haffä*) ist bei uns ein Kochtopf, und die *Brateskachel*, gesprochen *Bråådeskachel*, ist ein Topf zum Fleischbraten. Und mit dem *Schöpfer* oder *Schöpflöffel* nimmt man die Suppe aus dem Topf. Für die Kaffeetasse sagt man *Schüsselein* oder *Kaffeeschüsselein*, für die *Kaffeekanne* auch *Kaffeehafen*.

Den Elektroherd muss man *einschalten* (*aischaldä, iischaldä*), und man darf nicht vergessen, ihn später *auszuschalten*. Das elektrische Licht muss man ebenso *einschalten* oder *anmachen* und später *ausmachen* oder *ausschalten*. Lange hielt sich noch der Ausdruck *auslöschen*, der noch aus der Zeit stammt, als man Kerzen als Lichtquelle benutzt hat.

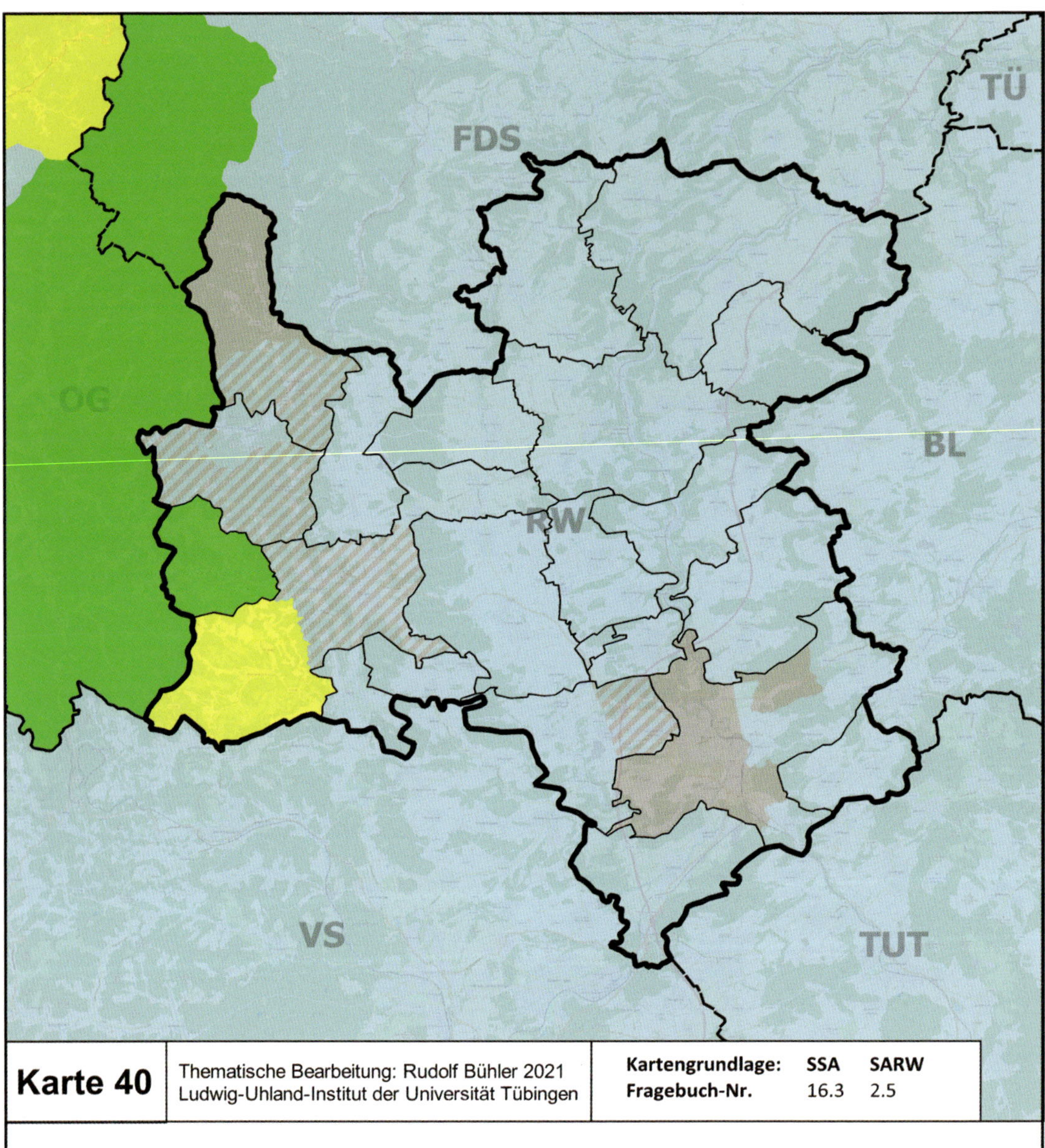

Karte 40	Thematische Bearbeitung: Rudolf Bühler 2021 Ludwig-Uhland-Institut der Universität Tübingen	**Kartengrundlage:** **Fragebuch-Nr.**	**SSA** 16.3	**SARW** 2.5

wiederkäuen

Legende

- *wiederkauen / wiederkäuen*
- *(ein)dauen / däuen*
- *mäuen*
- *eindrücken*
- *däuen, wiederkäuen*

8 Landwirtschaft

8.1 Stallarbeit und Tierhaltung

Wir gehen in den Stall. Das Wort wird in der Südostecke häufig lang ausgesprochen (*Schtaal*). Dort finden wir das *Vieh* (Einzahl: *Vii*, Mehrzahl: *Viicher*). Die alte Bezeichnung für den Zuchtstier ist im Landkreis Rottweil *Hagen*, neuer ist *Hummel*. *Hagen* sagt man in weiten Teilen des West- und Zentralschwäbischen, von Tübingen bis zum Bodensee. Für das Kastrieren gibt es bei uns den Ausdruck *verheilen* (*verhoalen*). Wenn die Kuh zum Stier will, dann ist sie *rinderig* oder *ochsnig* (gesprochen: *oosnig*). Bekommt die Kuh ein Kalb, so *kalbt* oder *kälbert* sie. Die erste Milch nach dem Kalben ist die *Priestermilch*, eine Bezeichnung, die wieder einmal durch volksetymologische Umdeutung zustande gekommen ist. Die ursprüngliche Wortform lautete nämlich *Biestmilch*, und da man dieses Wort irgendwann nicht mehr verstand, hat man aus der *Biestmilch* die *Priestermilch* gemacht. Das Kalb nennt man netterweise *Mockel*, *Möckelein* (*Meckele*) oder auch *Busel*. Die Milch säuft es aus dem *Kübel* oder *Kälbleinkübel*. An der Kuh tut man es *saugen lassen* (*saogä lao*, in Mariazell: *suugä lao*). Gewöhnt man das Kalb an das Heu, so tut man es *abgewöhnen* oder – ein alter Ausdruck – *vertwöhnen* (*vertweenä*). Wenn die Kuh eine Zeit lang vor dem Kalben keine Milch mehr gibt, dann steht sie *trocken* (*druckä*). Das Wort *Euter* wird im schwäbischen Teil als *Eiter*, im alemannischen Südwesten aber als *Itter* ausgesprochen. Ein alter Ausdruck ist auch *Gemelk*.

Für das Wiederkäuen bei der Kuh gab es im deutschen Südwesten früher offenbar eine einheitliche Bezeichnung, was man daran erkennen kann, dass über das ganze Gebiet verteilt immer wieder der Ausdruck *eindrücken* oder eine lautliche Variante davon auftaucht. Rudolf Bühler konnte diese Bezeichnung tatsächlich ebenfalls noch in Tennenbronn nachweisen (**Karte 40**). Das Wort *eindrücken* ist ein Beispiel dafür, dass sich im Wortschatz auch alte sprachliche Besonderheiten halten können. Denn das Wort stammt von einem alten Wort *itarucchen* ab, das schon in althochdeutscher Zeit belegt ist, dessen erster Teil *ita* „wieder" bedeutete. Doch wurde dies im Laufe der Jahrhunderte nicht mehr verstanden, sodass man in volksetymologischer Anlehnung daraus *eindrücken* gemacht hat. Bei dem im mittleren Schwarzwald (einschließlich Lauterbach) und in Südbaden belegten *mäuen* könnte es sich um eine Verschmelzung zweier Wörter, nämlich *däuen* und *mahlen*, handeln. Ansonsten hat sich im Landkreis Rottweil wie auch in großen Teilen des Landes Baden-Württemberg der Begriff *(ein)dauen/däuen* noch gehalten.

Für den Kuhfladen gibt es gleich mehrere Ausdrücke: *Kuhpflarrer*, *Kuhpflatten*, *Kuhdreck*, *Kuhteische*, und die Kotklunker sind bei uns meistens *Bollen*, mancherorts sagt man auch *Bägel*. Der *Kuhschwanz* heißt auch *Wadel* oder – am Westrand – *Wedel*. So sagt man dann auch in der Ortenau. Schlägt die Kuh beim Melken mit dem Schwanz herum, dann tut sie *wedeln* (*weedlä*, mit Kurzvokal: *weddlä*). Frisst sie im Frühjahr zu viel Grünfutter, *bläht* (*blaait*) sie.

Damit das Vieh auf der Weide nicht davonläuft, gab es auf den Bauernhöfen früher einen *Hirtenbub* oder *Kühebub*. Wenn Kühe sich an Bäumen oder Zäunen reiben, so sagt man, sie *ficken*, wenn sie wegen Bremsen oder wegen der Hitze mit erhobenem Schwanz wie toll herumrennen, heißt es, dass *sie durchgehen*, noch älter ist der Ausdruck *bisen*. Wenn aber zwei Kühe auf der Weide miteinander kämpfen, so *hornen* oder *stoßen* sie.

Wenn das Tier beim Essen wählerisch ist, so ist es im Norden des Landkreises *schleckig*

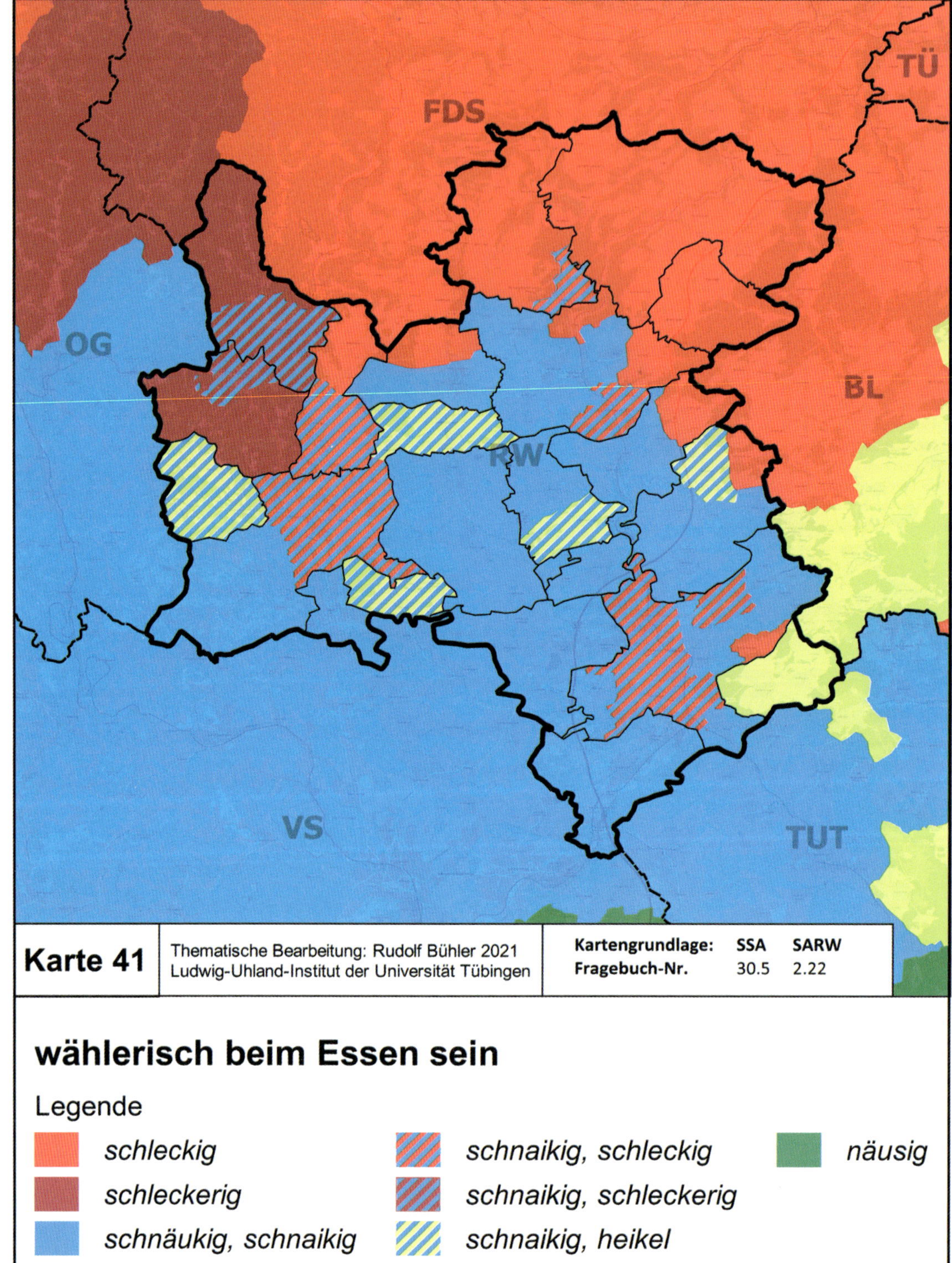

Karte 41

Thematische Bearbeitung: Rudolf Bühler 2021
Ludwig-Uhland-Institut der Universität Tübingen

Kartengrundlage:	SSA	SARW
Fragebuch-Nr.	30.5	2.22

wählerisch beim Essen sein

Legende

- *schleckig*
- *schleckerig*
- *schnäukig, schnaikig*
- *heikel*
- *schnaikig, schleckig*
- *schnaikig, schleckerig*
- *schnaikig, heikel*
- *näusig*

oder *schleckerig*, im Hauptgebiet aber *schnäukig/schnaikig* (**Karte 41**). Der Ausdruck *schleckig* gilt für die gesamte Mitte von Baden-Württemberg, während *schnaikig* der Ausdruck des Südwestens unseres Bundeslandes ist, und zwar von Rottweil bis zum Bodensee und Hochrhein. Im Südosten (Oberschwaben) ist dann die Bezeichnung *heikel* die übliche. Das Verbreitungsgebiet dieses Wortes reicht gerade noch bis in unseren Landkreis hinein. Die soeben genannten Bezeichnungen gelten in der Regel auch beim Menschen, denn auch dort gibt es welche, die wählerisch beim Essen sind.

Das hakenartige Instrument, mit dem man das Heu aus dem Heustock rupft, nannte man *Heuliecher*. Wenn das frische Heu zu arbeiten beginnt, *gärt* es. Für die Menge Heu, die man der Kuh vorlegt, gibt es die Ausdrücke *Lege*, *Wisch*, *Armvoll* (*Arfl*). Das kurz geschnittene Heu heißt einfach *Kurzfutter* oder *Häcksel*. Zu den Futterrüben sagt man bei uns entweder einfach *Rüben, Kuhrüben* oder *Runkelrüben*, am Nordrand des Landkreises konnte Rudolf Bühler bei seinen Erhebungen auch noch den Ausdruck *Burgunder* hören, der auch im Landkreis Freudenstadt gängig ist oder war. Wenn man Getreide grob mahlt, dann tut man *schroten*. Die *Kleie* heißt bei uns auch nicht anders, mancher mag sich aber noch an das alte Wort *Grüsch* erinnern. Gibt man dem Tier etwas zu essen, tut man es *futtern* (*fuätärä*), gibt man ihm Wasser, tut man es *tränken* (*tränkä, treekä*). Das Melkgefäß ist der *Melkeimer* oder *Melkkübel*, und wenn Heublumen in die Milch gefallen sind, so muss man sie *sieben* oder *seihen* (*seijä, siijä*), was man dann früher mit dem *Seihtüchlein* oder *Seiher* gemacht hat.

Als man noch mit den Zugtieren ging, rief man „*Oha!*“ oder auch „*Eha!*“, wenn sie stehenbleiben sollten, und „*Hii!*“, wenn sie wieder weitergehen sollten. „*Wischt!*“ rief man, wenn die Zugtiere nach links gehen sollten, „*Hott!*“, wenn sie nach rechts gehen sollten.

Für das Pferd gibt es in Baden-Württemberg nur zwei Bezeichnungen. Entweder man sagt *Gaul*, oder es heißt *Ross*, wie im Landkreis Rottweil üblich. Die Trennlinie zwischen nördlichem *Gaul* und südlichem *Ross* verläuft direkt nördlich von unserem Landkreis etwa entlang einer Linie Freudenstadt – Horb – Balingen. Wichtig ist, dass Zugereiste verstehen, dass die Wörter *Ross* und *Gaul* im Gegensatz zur Standardsprache nicht negativ gemeint sind, sondern eine ganz neutrale Bezeichnung für dieses Tier sind. Ist das Pferd brünstig, so ist es *ross(l)ig*. Die festen runden Exkremente beim Pferd sind die *Rossbollen*. Negative Ausdrücke für ein altes ausgedientes Pferd sind im Landkreis Rottweil zum Beispiel Wörter wie *Mähre*, *Schinder* oder *Gurre*. Beim Wort *Mähre* (*Märr*) liegt wieder einmal mehr der Fall vor, dass ein altes Wort seine ursprüngliche, völlig neutrale Bedeutung verliert und in negativer Bedeutung aber noch erhalten bleibt: *Mähre* war nämlich früher einfach die Bezeichnung für das Pferd, egal welchen Geschlechts. Und der *Marschall* kümmerte sich um die Pferde. Das Pferdegeschirr nennt man bei uns wie fast überall *Kummet*, ausgesprochen als *Kommet* oder *Kummig*. Das Wort kommt aus dem Polnischen.

Die Aussprache des Wortes *Geiß* für die Ziege weist wieder einmal mehr darauf hin, dass wir uns im westschwäbischen Dialektraum befinden, denn es ist hier keine *Goiß* wie im Zentral- und Ostschwäbischen, sondern eine *Goaß*, nur in Kaltbrunn und Schenkenzell eine *Gaiß*. Und Geißen *meckelen* oder *meckeren*. Wenn sie aufeinander losgehen oder miteinander kämpfen, so *stoßen* oder *boxen* sie, und die haarigen Zäpfchen am Hals sind *Zöttelein*.

Kommen wir zum *Schaf* (*Schååf*). Auch es kann *meckeren* oder *plärren*. Bringt es Junge zur Welt, so *lammt* oder *lämmlet* es, und die Kleinen sind *Lämmlein*. Sind sie draußen, so kommen die Schafe nachts in einen *Pferch*. Dieses Wort ist

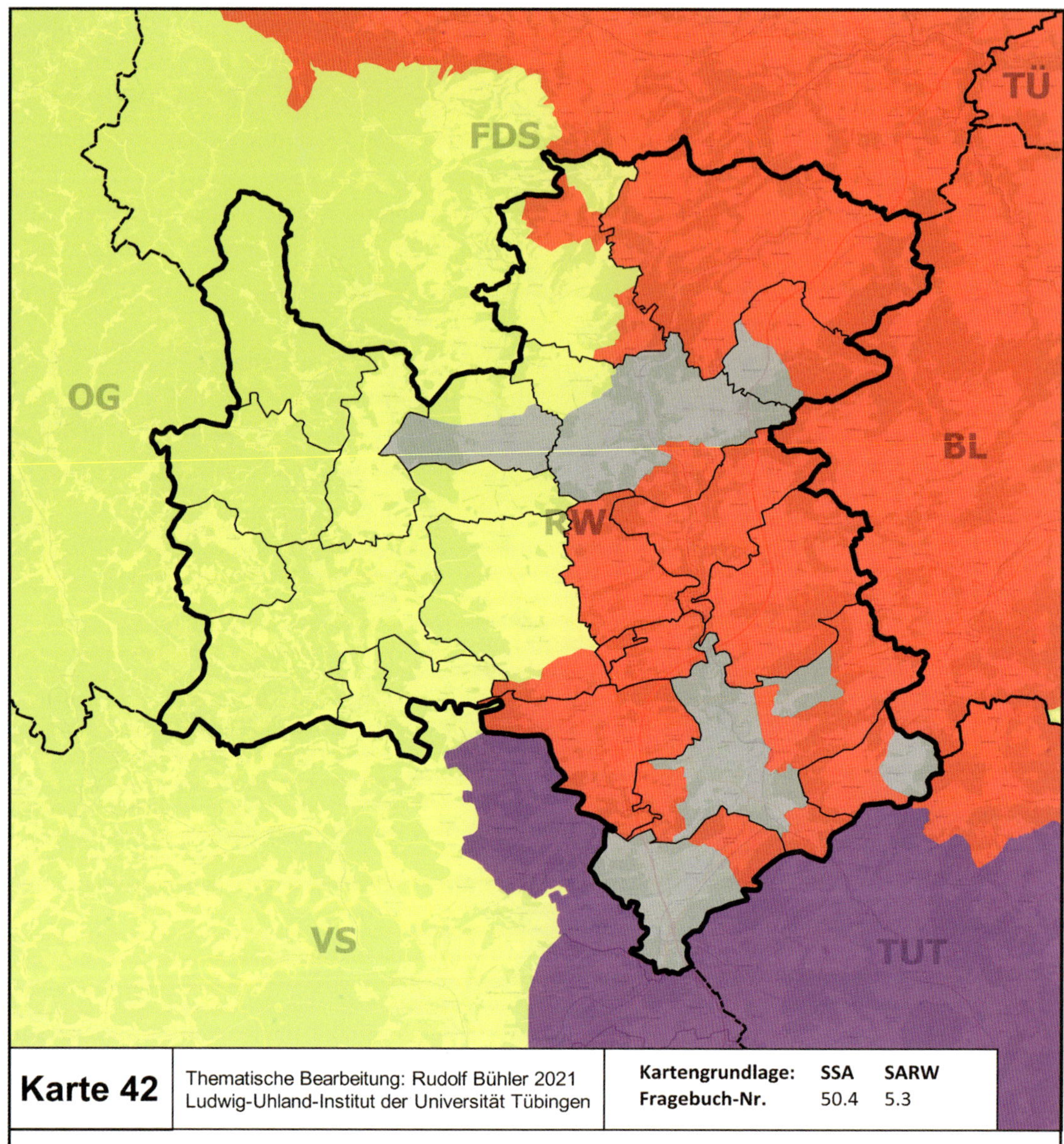

Karte 42	Thematische Bearbeitung: Rudolf Bühler 2021 Ludwig-Uhland-Institut der Universität Tübingen	**Kartengrundlage:** **Fragebuch-Nr.**	**SSA** 50.4	**SARW** 5.3

brünstig (vom Schwein)

Legende

- *bremig, brimig / brennig, sie brennt*
- *reißig*
- *farig*
- *Begriff nicht (mehr) bekannt*

schon früh aus dem Lateinischen zu uns gekommen und hatte ursprünglich die Grundbedeutung „Spalier", aber schon im Mittelalter kam es dann zur heutigen Bedeutung „Einfriedung". Ist ein Schaf entlaufen, so sagt man in unseren Dialekten, es sei *vertlaufen* (*vertloffä*). Und wenn man ihnen die Wolle nimmt, so tut man sie *schoren* (*schoorä*).

Wir kommen zum Schwein, zur *Sau* (*Sou*, in Mariazell *Suu*). Wenn die Schweine kommen sollen, dann ruft man „*Huts, Huts!*" oder „*Huts komm!*". Bekommt die Sau Nachwuchs, so sagt man, sie tut *werfen* oder *ferkeln*. Die Jungen sind dann die *Säulein*, im alten Dialekt *Säublein* (*Seible*) ausgesprochen. Wenn sie älter sind, nennt man sie *Läufer* (*Laifer*). Das verschnittene männliche Schwein ist ein *Barg* oder *Bärg*. Auch in den Nachbarkreisen ist dies die gängige Bezeichnung. Gedeihen sie gut, werden sie rasch fett, so sagt man, dass sie gut *geraten* (*gråådå*) oder *trüjen* (*triiä*). Das Verb *trüjen* ist im schwäbisch-alemannischen Sprachraum weit verbreitet und bedeutete bereits im Mittelalter „wachsen, gedeihen".

Das weibliche Zuchttier vor dem Werfen heißt in einem Streifen von Ulm über Reutlingen und Tübingen bis in unseren Landkreis *Nonne*. Es ist dies eindeutig eine Übertragung zum Wort *Nonne* „Klosterfrau", die auch bei der Benennung der Person stattfindet, die Schweine kastriert. Das ist nämlich dann der *Nonnenmacher*, den man auch als Familiennamen kennt. In unserem Landkreis findet man daneben auch noch die Bezeichnungen *Los* (*Loos, Laos*) und *Mohr*. Die zuletzt genannte Bezeichnung finden wir von hier nach Westen bis an den Rhein und nach Süden bis in die Schweiz.

Für „brünstig" gibt es in Baden-Württemberg bei der Sau die verschiedensten Bezeichnungen: Im Nordosten ist sie dann *rumsig*, im Nordwesten *eberig*, im Südosten *rasslig* oder *ransig*, im Südwesten *schweinig* und *häuig*. Und wie sagt man im Landkreis Rottweil? Laut **Karte 42** treffen wir hier auf zwei klar abzugrenzende Gebiete: In der Osthälfte heißt es *bremig, brimig*, oder man drückt es mit der Formulierung *sie brennt* aus, während man in der Westhälfte hierfür das Adjektiv *reißig* hat, das im Süden Baden-Württembergs die Hauptbezeichnung ist.

Das männliche Zuchttier ist der *Eber* (*Äaber*), der manchmal auch durch die falsche Trennung bei der Formulierung *ein Eber* das auslautende *-n* von *ein* noch angehängt bekommt, sodass es dann *Neber* heißt. Fressen tun sie aus dem (*Sau-*)*Trog*. Schweine *rauslen* oder *grunzen*, und wenn sie vor dem Schlachten schreien, so sagt man, dass sie *brüllen* oder *plärren*. Und dann landet das Schwein beim *Metzger*. Dies war im südwestdeutschen Sprachraum schon immer die Bezeichnung für diesen Berufszweig, was sich auch in den vielen, vielen Familiennamen *Metzger* bei uns widerspiegelt. Bezogen auf ganz Deutschland liegt der Schwerpunkt des Familiennamens *Metzger* in Baden-Württemberg. *Fleischmann* nannte man den Metzger zwischen Göttingen, Würzburg und Regensburg, *Fleischer* in ganz Norddeutschland und *Metzler* in Rheinland-Pfalz und im Saarland. Als man noch zu Hause geschlachtet hat, was für alle ein Festtag war, wurde das geschlachtete Schwein zuerst in heißem Wasser gebrüht. Dies geschah im *Brühzuber* (*Briäzuuwär, Briäzubber*). Das Wort *Zuber* ist offenbar als Gegenwort zu *Eimer* entstanden und hatte von Anfang an die Bedeutung „Gefäß mit zwei Handheben".

Der Mist ist auch bei uns einfach der *Mist*. Versieht man die Wiesen mit Stallmist, so tut man *Mist führen*. Das Abziehen des Mistes auf dem Feld heißt *herabziehen*. Für das Instrument hierzu gab es die Bezeichnungen *Karst* oder *Misthaken*. Verteilt man die Misthaufen auf dem Feld, so tut man *spreiten* (*schbroatä*).

Zahlreiche Bezeichnungen gibt es in Baden-Württemberg für die *Jauche* (**Karte 43**). Einige dieser Verbreitungsgebiete stoßen im Landkreis Rottweil zusammen, was das etwas unruhige Kar-

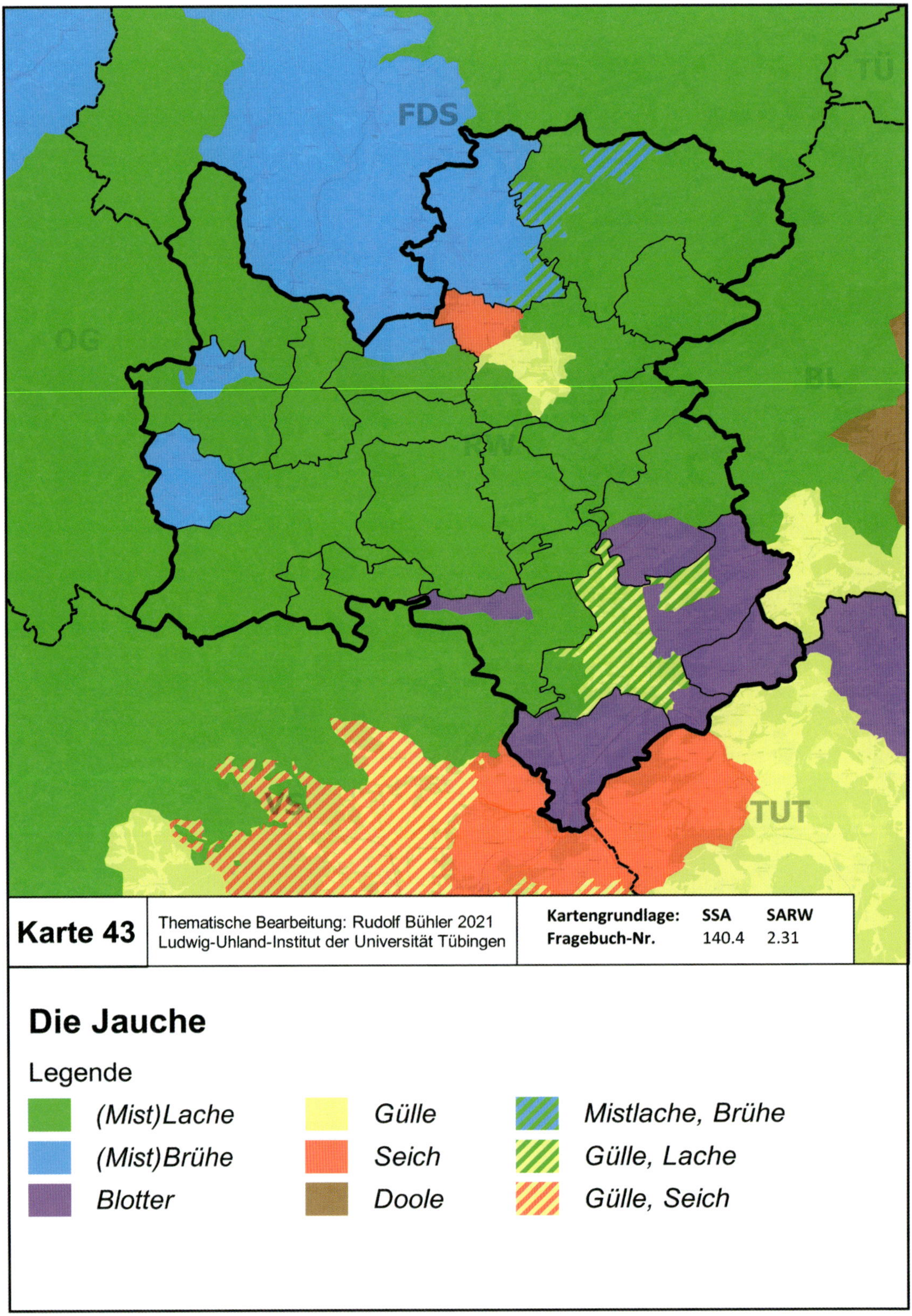

FDS
TÜ
OG
BL
RW
VS
TUT

Karte 43	Thematische Bearbeitung: Rudolf Bühler 2021 Ludwig-Uhland-Institut der Universität Tübingen	**Kartengrundlage:** **Fragebuch-Nr.**	**SSA** 140.4	**SARW** 2.31

Die Jauche

Legende

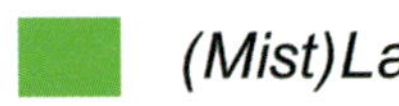

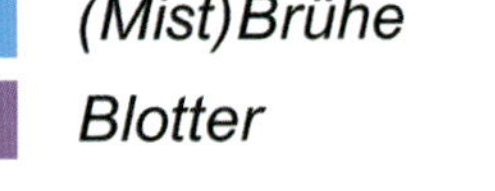

(Mist)Lache	*Gülle*	*Mistlache, Brühe*
(Mist)Brühe	*Seich*	*Gülle, Lache*
Blotter	*Doole*	*Gülle, Seich*

tenbild an den Rändern erklärt. Von Rottenburg über Rottweil und Freudenstadt bis zum Rhein reicht das *(Mist)Lache*-Gebiet, während *(Mist) Brühe* die Bezeichnung des Kinzigtals, des Murgtals und vor allem des Nordostens unseres Bundeslandes ist. Daneben gibt es einige mehr oder weniger kleinere Gebiete, wo man die Jauche *Seich* nennt. Das am Südostrand unseres Landkreises auftretende Wort *Blotter* findet man hingegen nur noch am Nordrand des Landkreises Tuttlingen. Überall dort, wo man die alten Bezeichnungen nicht mehr weiß, sagt man *Gülle*.

Henne, *Huhn*, *Hünkel*, *Häer* sind die vier Bezeichnungen, die man in Baden-Württemberg für das Huhn kennt. Die Bezeichnung *Hünkel* findet man nur zwischen Kurpfalz und Odenwald, *Häer* hat ein noch kleineres Verbreitungsgebiet, denn man sagt so fast nur im oberen Murgtal. Damit teilen die beiden Bezeichnungen *Hunne* und *Henne* im Grunde das ganze Bundesland auf: *Henne* ist vor allem die schwäbische Bezeichnung, die lediglich im Landkreis Rottweil noch über den Schwarzwaldkamm hinaus bis in die nördliche Ortenau reicht. Im fränkischen Norden sowie im alemannischen Südwesten sagt man *Huhn*. Die Grenze zwischen *Henne* und *Huhn* verläuft nicht weit südlich der Rottweiler Kreisgrenze zum Schwarzwald-Baar-Kreis.

Der Haushahn ist der *Guller*. Die kleinen Hühner sind *Bibelein* (*Bibelä*) oder *Hühnlein* (*Heeäle*). Der Hahn *kräht* (*graait*), das Huhn aber tut beim Brüten *glutsgen* oder *gluckeren*. Die *Bruthenne* (*Bruäthenn*) heißt bei uns auch nicht anders. Beim Futtersuchen *scharren* die Hühner. Für den *Kamm* (*Kamm, Kamme*), den *Schnabel* (*Schnaabäl, Schnaawäl, Schnabbäl*), die *Flügel* (*Fliigl, Fliggl*) und die *Feder* (*Fäädär, Fäadär, Fädder*) gibt es keine eigene Bezeichnung. Und nachts sitzen die Hühner auf der *Stange* oder dem *Stecken*.

Bei der Aussprache des Wortes *Gans* liegt der Landkreis Rottweil im Einflussbereich gleich mehrerer Gebiete (vgl. Karte 52): Im Norden dringt das große nordschwäbische *Gaas*-Gebiet herein, im Zusammenhang mit dem Balinger Raum steht das kleine *Goos*-Gebiet, *Gaos* ist eher südschwäbisch, aber auch noch im Alemannischen des Schwarzwaldes die alte Mundartlautung.

Bei der Lautung für den *Enterich* fällt der Nasal aus, was dann *Eetrich(t)* ergibt, und für den Täuberich haben die Freiburger Kollegen bei ihren Erhebungen für den „Südwestdeutschen Sprachatlas" vor 40 Jahren noch das Wort *Kutter* in den Lautungen *Koud* (Hauptgebiet) und *Kuud* (alemannische Südwestecke) notiert. Problemlos war damals auch das Wort *Imme* für eine Biene zu erheben, wobei überraschenderweise auch die Lautform *Biilä* „Bienlein" noch gesagt wurde. *Stechen* tun die Bienen mit dem *Stachel*. Das alte Wort *Angel* für den Stachel, das identisch ist mit der Fischerrute, ist in Baden-Württemberg nur in den alemannischen Mundarten vorhanden. Uns Menschen liefern die Bienen den *Honig*, wozu man in unserem Landkreis auch *Hung* oder *Hong* sagt.

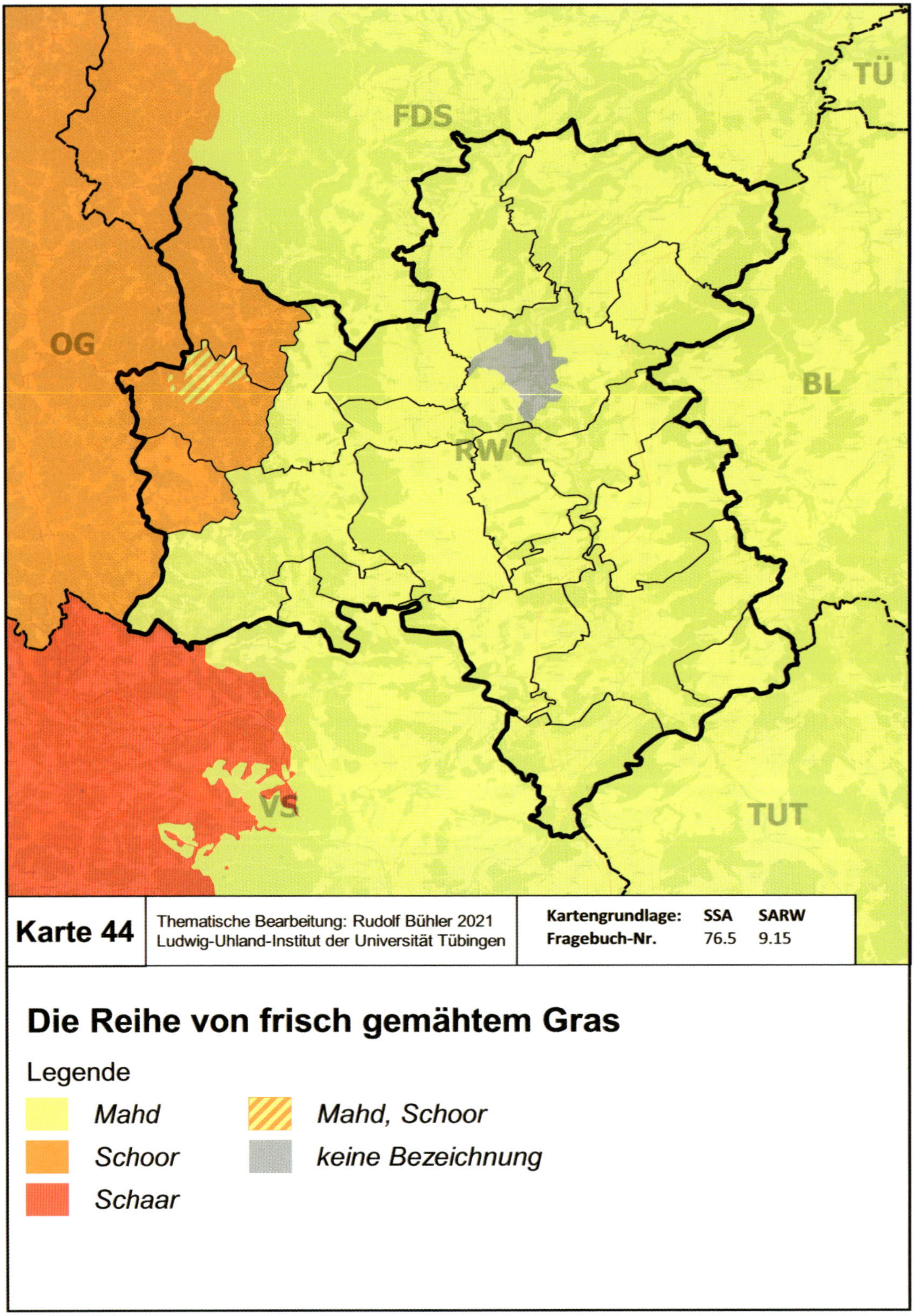

TÜ

FDS

OG

BL

RW

VS

TUT

Karte 44

Thematische Bearbeitung: Rudolf Bühler 2021
Ludwig-Uhland-Institut der Universität Tübingen

	SSA	SARW
Kartengrundlage:	**SSA**	**SARW**
Fragebuch-Nr.	76.5	9.15

Die Reihe von frisch gemähtem Gras

Legende

Mahd

Schoor

Schaar

Mahd, Schoor

keine Bezeichnung

8.2 Ackerbau, Heu- und Getreideernte

Wir kommen zur Heuernte. Der erste Schnitt ist das *Heu* (*Hai*). Beim Verb *heuen* fügt man im Landkreis Rottweil oft ein *-b-* ein, das zu *-w-* verändert werden kann, sodass man das Wort als *heuben* (*haibä, haiwä*) ausspricht. Entsprechend ist dann die Heuernte der *Heubet* (*Haibet, Haiwet*). Der zweite Schnitt ist das *Öhmd* (*Eemd*). Zugrunde liegt dem Wort das mittelhochdeutsche *âmat*, dessen Vorsilbe *â-* „fort, weg" bedeutete, während der zweite Teil des Wortes zu *Mahd* „Gemähtes" zu stellen ist. Ehe der zweite Schnitt aufkam, wurde das noch stehende Gras übrigens nur abgeweidet. Die Erntezeit für das Öhmd ist dann der *Öhmdet* (*Eemdet*). Manchmal konnte man noch einen dritten Schnitt machen, was dann *Nachöhmd* hieß.

Wenn das Gras nicht mehr frisch ist, so gibt es hierfür in Baden-Württemberg vor allem drei Bezeichnungen: Im Norden sagt man wie in der Standardsprache *welk*, in der Mitte *lummelig* und im Süden *lahm*. Die erstgenannte Bezeichnung hatte schon im Mittelalter diese Bedeutung, *lummelig* ist zwar im schwäbisch-alemannischen Sprachraum weit verbreitet, doch ohne mittelhochdeutsches Ausgangswort, und die Grundbedeutung von *lahm* war im Mittelalter „gliederschwach". Der Landkreis Rottweil liegt nun genau an der Grenze zwischen dem *lummelig*-Gebiet und dem *lahm*-Gebiet, was in diesem Fall zu vielen Doppelbelegen geführt hat, das heißt man konnte in vielen Orten sowohl *lahm* als auch *lummelig* sagen. Daneben gibt es allerdings mit *wulle* noch eine dritte Bezeichnung, die ebenfalls über den ganzen Landkreis verteilt zu belegen war. Dieses Wort gehört zum Substantiv *Wolle* und hat im Schwäbischen über die Bedeutung „was sich wie Wolle anfühlt" in manchen Gegenden auch die Bedeutung „überreif, ohne Saft" angenommen.

Eine Reihe frisch gemähtes Gras ist eine *Mahd* (**Karte 44**). So sagt man in Baden-Württemberg im ganzen fränkischen und schwäbischen Bereich, ausgenommen im Raum Heidenheim – Biberach – Bad Waldsee, wo *Matte* bodenständig ist. In Mittelbaden und am Oberrhein ist das Wort *Schor* (*Schoor*) geläufig, ein Wort, das vermutlich zum Verb *scheren* zu stellen ist. Dieses Gebiet ragt zwischen Kaltbrunn und Lauterbach gerade noch in unseren Landkreis hinein.

Das Auseinandernehmen des frisch gemähten Grases nennt man im Landkreis Rottweil *warben*, *worben* oder *spreiten*. Besonders interessant ist hier aber das Verb *zäschen*, das die Freiburger Sprachforscher vor 40 Jahren bei ihren Erhebungen zum „Südwestdeutschen Sprachatlas" am Südostrand noch vorgefunden haben und das bereits in althochdeutscher Zeit belegt ist. Es ist nach Hermann Fischers „Schwäbischem Wörterbuch" im Südwesten nur in einem kleinen Gebiet um Tuttlingen herum nachweisbar. Die Person, die mäht, heißt einfach *Mäder* (*Määder*, *Mädder*), und sie tut *mähen*, im Dialekt *mää-e*, noch älter *maajä*. Am Nachmittag des ersten Tages muss man das Heu dann *wenden*.

Eine Baden-Württemberg-Karte, auf der die Bezeichnungen für die großen Reihen Heu, die man am Abend macht, eingetragen sind, würde aussehen wie ein riesengroßer Flickenteppich, denn es gibt allein in der Südhälfte nicht weniger als 15 Wörter, um diesen Sachverhalt auszudrücken. Diese Vielschichtigkeit gilt aber nicht für unseren Landkreis, denn hier sagt man überall einheitlich *Ruder*. Die Haufen, die man bei drohendem Regenwetter macht, nennt man hier ebenfalls einheitlich *Schochen* oder *Schöchlein*.

Wie vieles war natürlich auch die Heuarbeit früher eine sehr mühselige Arbeit. Davon erzählen die interviewten Personen des Tübinger Arno-Ruoff-Archivs immer wieder, so auch im Jahr 1959 eine 1894 geborene Frau aus Göllsdorf:

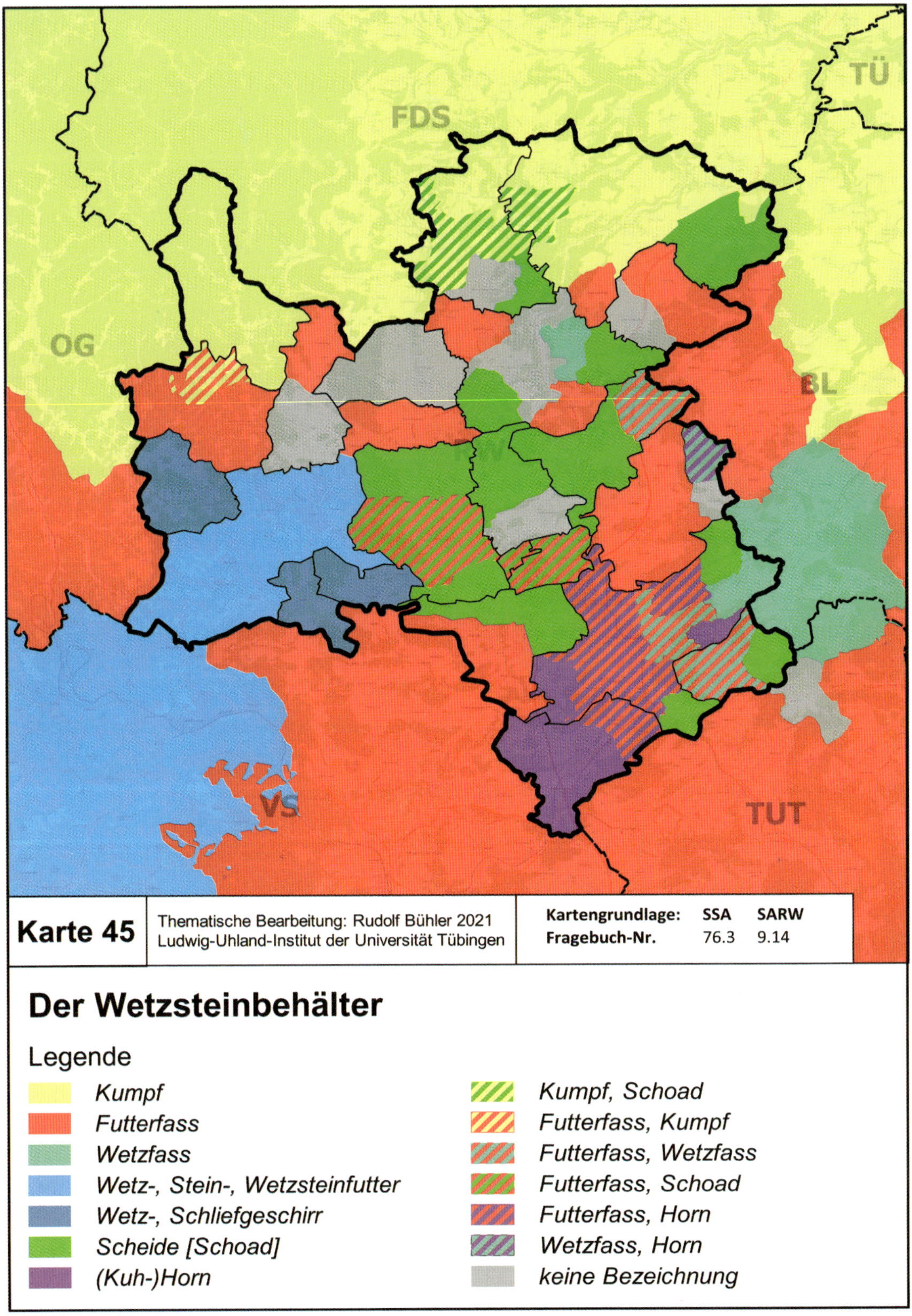

FDS TÜ OG BL RW VS TUT

Karte 45	Thematische Bearbeitung: Rudolf Bühler 2021 Ludwig-Uhland-Institut der Universität Tübingen	**Kartengrundlage:** **Fragebuch-Nr.**	**SSA** 76.3	**SARW** 9.14

Der Wetzsteinbehälter

Legende

Kumpf	*Kumpf, Schoad*
Futterfass	*Futterfass, Kumpf*
Wetzfass	*Futterfass, Wetzfass*
Wetz-, Stein-, Wetzsteinfutter	*Futterfass, Schoad*
Wetz-, Schliefgeschirr	*Futterfass, Horn*
Scheide [Schoad]	*Wetzfass, Horn*
(Kuh-)Horn	*keine Bezeichnung*

„Also, wenn man gemäht hat, und danach hat man gezäscht (= „Gras auseinanderwerfen"). *Und danach, wenn das Wetter recht gewesen ist, danach hat man es, danach hat man es können den ersten Tag schöcheln* (= „das Gras auf Haufen machen"). *Danach, den anderen Tag hat man es auseinandergetan, wo es trocken gewesen ist, vielleicht um neun, halb zehn herum. Und danach ist man heim ge kochen. Und danach hat man es gewendet. Und wenn es schönes Wetter gewesen ist, danach hat es vielmal, hat man wieder können heimtun. Und wenn das Wetter nichts gewesen ist, danach hat man es noch einmal auf Schochen getan und den anderen Tag wieder auseinander und hat man es heimgetan, hat man es können heimtun. Danach hat man das Vieh geholt, Fuhrwerk. Früher hat man alles mit dem, wir haben, das Meiste haben wir alles mit den Kühen heimgetan. Hat man es heimgetan und danach abgeladen."*

Die Sense ist die *Säges* (*Sääages, Sägges*). Den Sensenstiel nennt man bei uns *Worb*. Der mittlere oder der hintere Sensengriff ist der *Griff* oder *Wirbel*. Ist die Sense nicht mehr scharf, so muss man sie *dengeln* (*denglä*). Gedengelt wird mit dem *Dengel-* oder *Dangelhammer*. Der eiserne Keil, auf dem gedengelt wird, ist entsprechend der *Dengel-* oder *Dangelstock*. Das Ganze ist dann das *Dengel-* oder *Dangelgeschirr*.

Die Baden-Württemberg-Karte für die Bezeichnungen des Wetzsteinbehälters gibt ein relativ ruhiges Bild ab, denn fast überall sagt man *Kumpf*. Dieses Bild gilt aber nicht im Landkreis Rottweil (**Karte 45**), wo gleich mehrere kleinräumige Verbreitungsgebiete zusammenkommen, was dazu führt, dass man in vielen Ortschaften gleich mehrere Bezeichnungen für den Wetzsteinbehälter bereit hat. Auf unserer Karte ist dies an den schraffierten Gebieten zu erkennen. Von *Kumpf* abgesehen hat von den anderen Bezeichnungen lediglich *Futterfass* noch ein größeres Verbreitungsgebiet. Dieses wird in etwa durch die Städte Sulz am Neckar, Sigmaringen, Friedrichshafen, Lörrach, Freiburg, Villingen abgesteckt. *Steinfutter* oder *Wetzsteinfutter* sagt man hingegen gerade einmal in ein paar kleineren Schwarzwaldtälern rechts und links des Schwarzwaldkamms. Und dann gibt es noch die nur lokal vorkommenden Wörter *Horn* und *Scheide* (*Schoad*). Von *Kumpf* abgesehen sind alle Wörter „durchsichtig", das heißt man versteht, wie es zu ihnen kommt. Aber auch *Kumpf* stellt kein Problem dar, denn das Wort ist bereits im Mittelalter in unserer Bedeutung belegt.

Das Wort *Gabel* wird im Norden lang als *Gaabel*, im Süden hingegen kurz als *Gabbel* ausgesprochen. Hinzu kommt dann noch der Wandel von *-b-* zu *-w-*, was *Gaawel* beziehungsweise *Gawwel* ergibt. Interessant ist, dass bei den Erhebungen vor 40 Jahren im Landkreis Rottweil noch das Wort *Furgge* lebendig war. Dabei gab es über das Aussehen und die Verwendung des Geräts unterschiedliche Aussagen: mit gebogenen Zinken zum Kartoffelhacken, dreizinkige Heuladgabel mit langem Stiel, zweizinkige Gabel zum Garbenladen. Die zuletzt genannte Form der Gabel ist die ursprüngliche, denn das aus dem Lateinischen stammende Wort muss ursprünglich eine zweizinkige Gabel bezeichnet haben, was man an den *Furka*-Pässen in den Alpen erkennen kann. Auch sie haben wie alle Pässe das Aussehen einer zweizinkigen Gabel.

Die Heutrockengestelle sind *Heinzen*. Die Person, die beim Laden auf dem Wagen steht, ist der *Lader*, die Person, die mit der Heugabel das Heu auf den Wagen wirft, nennt man *Gabler* oder, wo man zur Gabel *Furgge* sagt, *Furgger*. Eine Schicht auf dem Heuwagen ist ein *Geleg* (*Gleeg, Glegg*) oder eine *Leget* (*Leeged*). Den *Wiesbaum*, bei uns auch *Bisbaum* (*Bissboom*) genannt, muss man dann noch mit der *Welle spannen*. Die Schlaufe beim Festmachen des Seiles ist eine *Schlauft*. Und am Ende tut man noch *abrechen* oder *abziehen*, der Ertrag ist dann die *Abrechete* oder *Abziehete*. Wenn

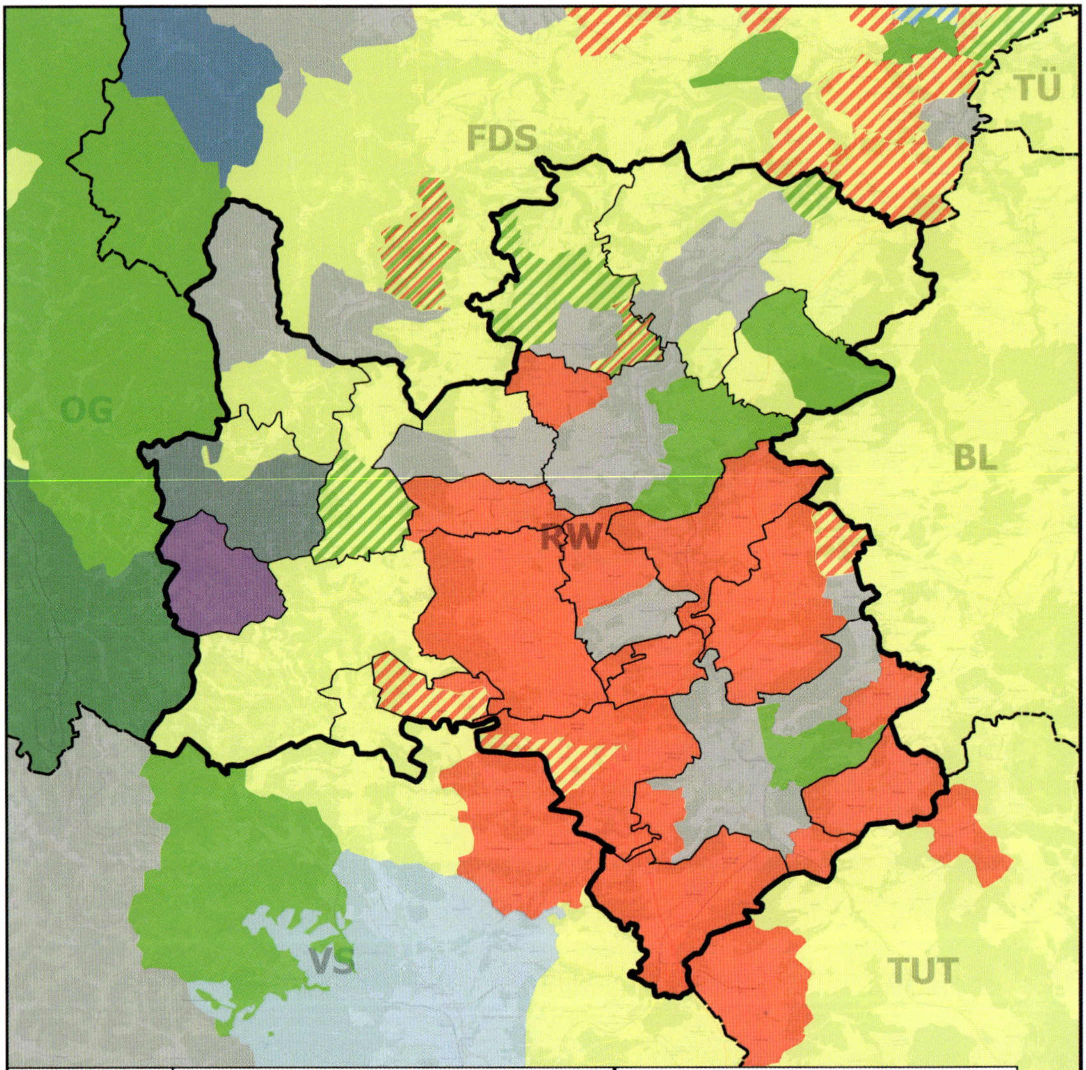

FDS
TÜ
OG
BL
RW
VS
TUT

Karte 46	Thematische Bearbeitung: Rudolf Bühler 2021 Ludwig-Uhland-Institut der Universität Tübingen	**Kartengrundlage:** **Fragebuch-Nr.**	**SSA** 94.5	**SARW** 10.6

Das Randstück des Ackers zum Wenden des Pfluges

man noch einen Armvoll Heu hat, so spricht man vom *Arfl* Heu, ist es nur eine Handvoll, so ergibt das eine *Hampfl* Heu. Ältere Gewährspersonen konnten sich bei den Aufnahmen für den „Südwestdeutschen Sprachatlas" in den 1970er-Jahren noch daran erinnern, dass arme Leute früher mit einem viereckigen *Grastuch* das Heu heimgetragen haben.

Auf dem Acker wird mit dem *Pflug* (*Pfluäg*) die Erde gewendet. Früher war auch das noch harte Handarbeit. Die Handhabe des Pflugs nannte man *Geitze* (*Goatze*). Der Pflugbaum, der *Grindel*, wird im Schwäbischen zum *Grendel*. Das Messer am unteren Ende des Streichbretts, womit man die Erde waagrecht vom Untergrund löst, ist das *Wegeisen* (*Wäägiss, Wäägiisä*). Wenn man den Acker mit dem Pflug wendet, so tut man *ackeren, zu Acker fahren* oder einfach *pflügen*. Das leichte, wenig tiefe Aufpflügen heißt *stürzen*. Wurde unaufgebrochenes Wiesenland das erste Mal aufgepflügt, so hat man es *umgebrochen* oder *geschlitzt*. Das neu aufgebrochene Land war dann der *Neubruch*.

Für das schon für das 9. Jahrhundert belegte Wort *Wasen* „Rasen", woraus sich auch der Cannstatter *Wasen* ableitet, wurden für den Landkreis Rottweil bei den Erhebungen zum „Südwestdeutschen Sprachatlas" verschiedene Bedeutungen angegeben: „Grasschicht", „Grasstück", „Acker mit Grasbüschel", „minderwertiges Feld". Eine solche Bedeutungsvielfalt zeigen Wörter besonders dann, wenn sie kurz vor dem Untergang stehen. Und häufig passiert es, wie in unserem Beispiel, dass sie eine negative Bedeutung annehmen. Zum Schluss bleiben Wörter wie *Wasen* dann nur noch als Flurname erhalten.

Wie nennt man das Randstück des Ackers, wo der Pflug gewendet wird? Die Antwort auf diese Frage gibt **Karte 46**. Die Hauptbezeichnung hierfür ist in ganz Baden-Württemberg das Wort *Anwand*, das bei uns meistens in der Lautform *Anwandel* (*Aawandl*) ausgesprochen wird. Vor allem in der Südwestecke unseres Bundeslandes kam es zu weiteren Bezeichnungen, so auch im Landkreis Rottweil. Hier ist *Trette* das Wort, das Rudolf Bühler bei seinen Erhebungen im Jahr 2020 am häufigsten gehört hat. Zunächst liegt die Vermutung nahe, dass dies einfach das Substantiv zum Verb *treten* ist. Doch so einfach ist es nicht, denn wenn man die in den 1970er-Jahren angegebenen Lautungen genauer anschaut, erkennt man, dass der *e*-Laut ursprünglich geschlossen war. Auch Rudolf Bühler hat diesen geschlossenen *e*-Laut noch oft gehört (in der Legende notiert mit dem Ausdruckstyp *Treppe*). Das Verb *treten* muss aber entsprechend seiner Herkunft aus dem mittelhochdeutschen Wort *trëten* mit einem offenen *e*-Laut gesprochen werden, also *träätä* oder *trättä*. Nun gibt es aber auch ein altes Verb *träppen*, das zu *trappen* zu stellen ist. Aus diesem Verb hat sich dann auch der Ausdruck *Trapprecht/Träpprecht* entwickelt, womit man das Recht bezeichnete, beim Pflügen das Vieh auf den Nachbaracker treten zu lassen. Somit scheint unser Wort *Trette* eine neuere Ableitung zu nicht mehr verstandenem *Träppe* zu sein. Bleiben noch die Bezeichnungen *Ort*, meistens als Neutrum *das Ort(rand)*, und die leicht zu verstehenden Wörter *Ausstreckete* und *Vorkehr*.

Die dicken Erdschollen sind bei uns einfach *Schollen* oder *Bollen*, wenn man sie einebnet, dann tut man sie *verklopfen* oder *verschlagen*. Feingemacht wird die Erde mit der *Egge* (*Eeg, Eggtä*), man tut dann *eggen* (*eegä, eggtä*). Ein altes Ackermaß war früher *Jauchert*, und man verstand darunter 31, 32 oder 33 Ar. Alte Ausdrücke für die Grenze eines Ackers waren *Ort* und *Lache* (gesprochen: *das Lååkä*). Wenn man früher ein Stück Land von Büschen und Sträuchern befreit hat, so hat man dieses Stück *gerodet*, *gereutet* oder *kultiviert*.

Außer am Nordost- und Nordrand von Baden-Württemberg sagt man überall in unserem

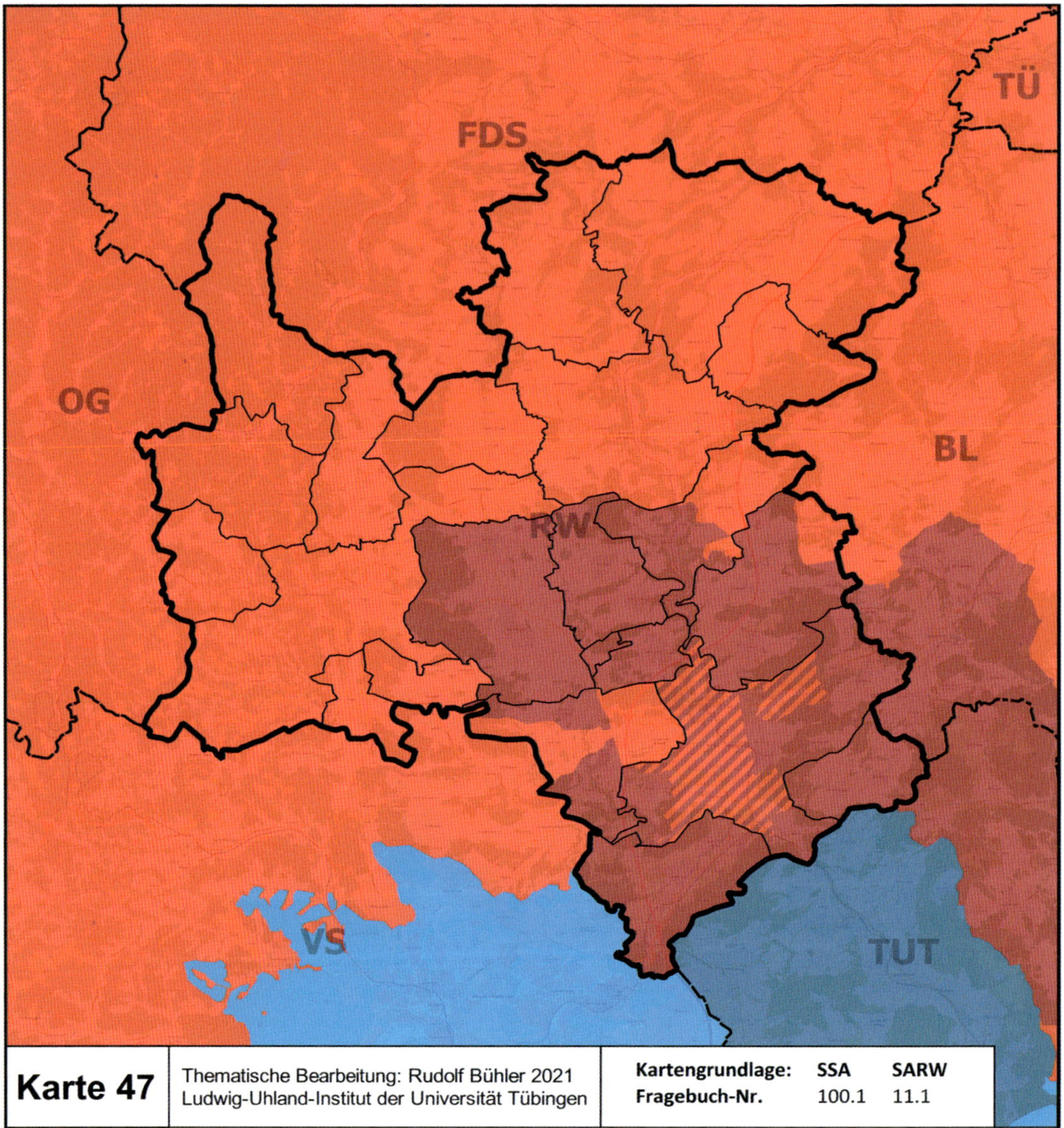

TÜ

FDS

OG

BL

RW

VS

TUT

Karte 47	Thematische Bearbeitung: Rudolf Bühler 2021 Ludwig-Uhland-Institut der Universität Tübingen	**Kartengrundlage:** **Fragebuch-Nr.**	**SSA** 100.1	**SARW** 11.1

Das Getreide

Legende

Fruucht

Fruut

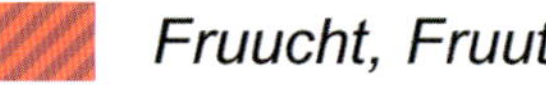
Fruucht, Fruut

Fruacht

Fruat

Bundesland zum Getreide *Frucht*. Dies gilt dann selbstverständlich auch für den Landkreis Rottweil, wobei hier allerdings eine lautliche Besonderheit festzuhalten ist, denn im Südosten fällt das *-ch-* weg, was *Fruut* ergibt (**Karte 47**). Üblich sind bei uns *Roggen*, *Weizen* (*Waidsä*, *Woadsä*, *Woasä*), *Gerste* und *Hafer* (*Haaber, Haawer, Habber, Hawwer*). Mais wird noch gar nicht so lange angebaut, und für ihn kennen ältere Personen manchmal auch noch die Bezeichnung *Welschkorn*. Der Name rührt daher, dass man ihn von den Romanen, den Welschen, übernommen hat. Für den *Dinkel* gibt es auch die ganz allgemeine Bezeichnung *Korn*.

Eine Sense mit einem Korngestell, einem Tuch, wurde bei uns nicht *Haberrechen* wie anderswo, sondern *Reff* genannt. Das Wort ist schon im Mittelalter in der Bedeutung „Stabgestell zum Tragen" belegt und hat auf seinem Weg durch die Jahrhunderte bis zu uns eine Bedeutungsveränderung erfahren. Wenn man das Getreide in Reihen gelegt hat, so sprach man von der *Samlete* oder von *Mahden*. Daraus hat man dann *Häuflein* gemacht. Das Zusammenschieben der Getreidereihen, was man ganz früher noch mit der *Sichel* machen musste, machte man dann mit der *Antraggabel*. Heute wird alles maschinell hereingeholt und zwar mit dem *Mähdrescher*. Dass es sich um etwas Neues handelt, sieht man allein schon daran, dass das Wort nicht in Anlehnung an *maajä* „mähen" als *Maaidrescher*, sondern als *Määdrescher* ausgesprochen wird.

Die Garben wurden früher dann mit *Garbenbändern* oder *Garbenseilen* gebunden. Es waren meist mit Stroh umwickelte Haselnusszweige. Das Ergebnis waren dann die *Garben*. Wenn sie zu Haufen aufgestellt wurden, nannte man diese *Häuslein* oder *Höcklein*. Was dann noch auf dem Acker übrigblieb, waren *Stoppeln*, die bei uns *Stupfeln* heißen. Kinder oder arme Leute haben früher dann oft noch Nachlese gehalten, was Ähren lesen oder nur ähren genannt wurde.

In den Interviews des Arno-Ruoff-Archivs des Tübinger Ludwig-Uhland-Instituts wird auch die Feldarbeit immer wieder thematisiert. So fasst die oben bei der Heuernte bereits zu Wort gekommene, 1894 geborene Frau aus Göllsdorf im Jahr 1959 diese mühevolle Arbeit mit folgenden Worten zusammen:

„Mit der Frucht? Da hat man sie geschnitten, und danach, wo es so halb trocken gewesen ist, da hat man es gehöckelt (= „aufgestellt"), *und danach hat man es in, in Garben gebunden, und danach hat man es auch aufgeladen und ist auf die Dresche. Oder, wenn man, oder hat es ins Haus hereingeschafft. Und danach im Winter hat man es allemal gedroschen, wenn wir Derweil* (= „Zeit") *gehabt haben oder im Herbst gleich. Wenn man Derweil gehabt hat, hat man gedroschen. Jetzt drischt man es ja gleich weg, seit man die Dreschmaschine hat. Jetzt drischt man es gleich weg."*

Auch das Dreschen mit dem *Flegel* (*Pfleegl, Pfleggl*) gehört längst der Vergangenheit an. Es war eine lange und nicht leichte Tätigkeit, denn man hat zu mehreren Personen und immer im gleichen Takt gedroschen. Nach dem Dreschen bleibt dann das *Stroh* (*Schtrao*) übrig. Eine Schicht Garben war eine *Lege* oder ein *Drasch*. Ein Strohbündel heißt im Landkreis Rottweil *Buschel*, ein Bündel Roggenstroh auch *Schaub*. Es wurde auch zum Dachdecken verwendet. Der nächste Vorgang war das Reinigen der Körner mit der Maschine, bei uns *putzen* genannt. Die Maschine war die *Putzmühle* (*Butzmiile, Butzmille*). Für das Getreidesieb gab es die Bezeichnung *Reiter*, das Sieben nannte man dann entsprechend *reiteren*. Das fertige Getreide kam auf die *Bühne* (*Beene*) und in die *Fruchtkammer* oder den *Fruchtkasten*.

Für den Transport hatte man früher verschiedene Wagen: den *Heuwagen* für das Heu, den *Mistwagen* für den Mist, den *Mistlachewagen* für die Jauche. Interessant ist hierbei das Wort *Benne*, das bei den Erhebungen zum „Südwestdeutschen

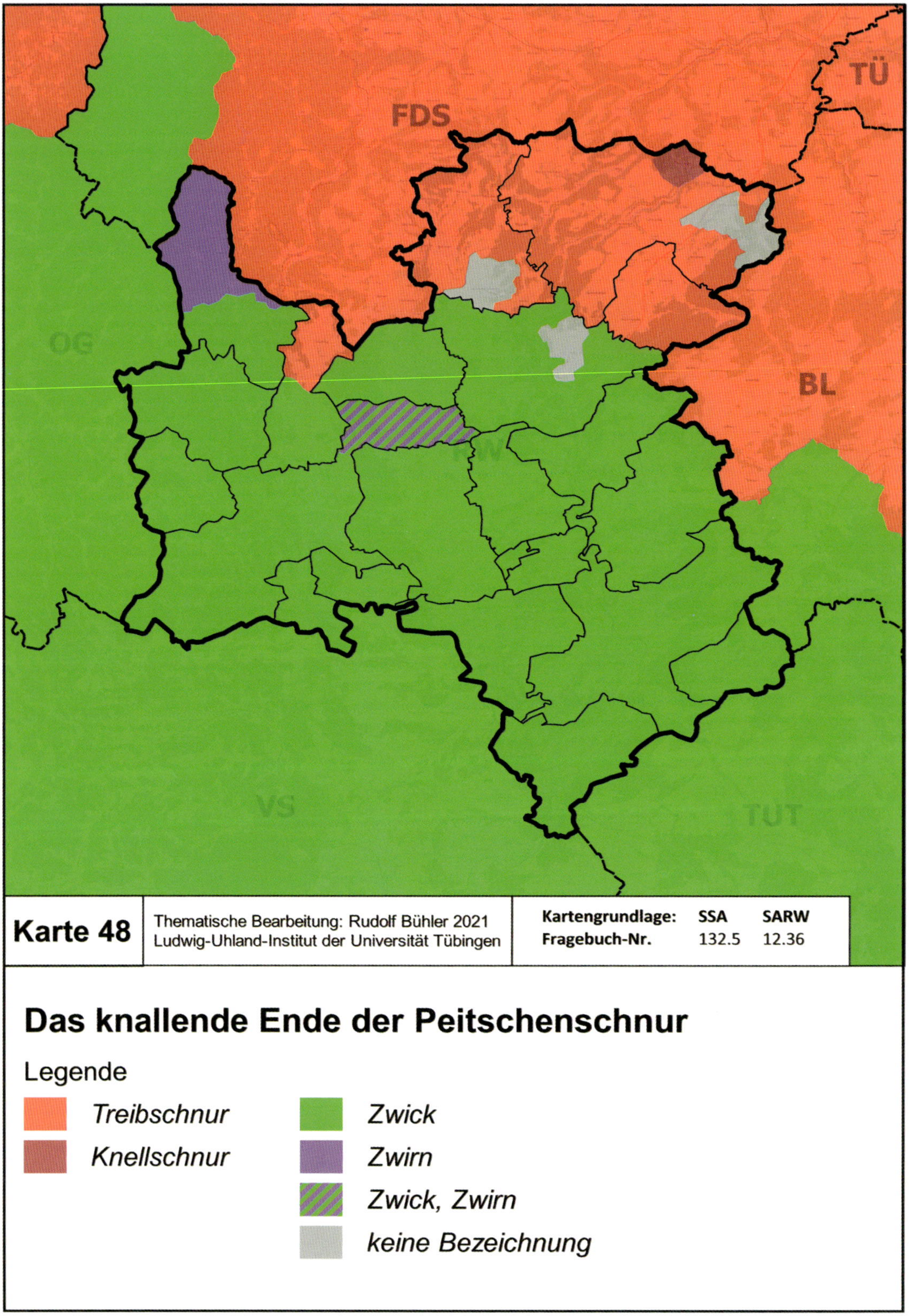

FDS

TÜ

OG

RW

BL

VS

TUT

Karte 48	Thematische Bearbeitung: Rudolf Bühler 2021 Ludwig-Uhland-Institut der Universität Tübingen	**Kartengrundlage:** **Fragebuch-Nr.**	**SSA** 132.5	**SARW** 12.36

Das knallende Ende der Peitschenschnur

Legende

Treibschnur

Knellschnur

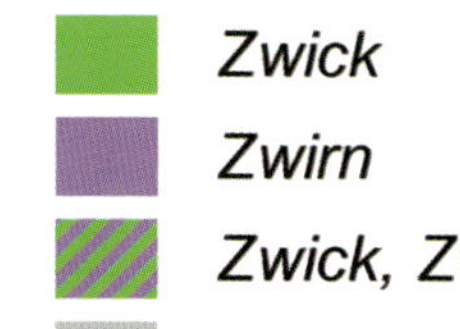

Zwick

Zwirn

Zwick, Zwirn

keine Bezeichnung

Sprachatlas" vor 40 Jahren noch im Bewusstsein der Bevölkerung war. Man verstand darunter einen Aufsatz auf den Wagen, um Kies oder Sand zu transportieren. Der Wagen hieß dann entsprechend dem Aufsatz auch *Bennenwagen*. Es gibt für das Wort *Benne* unendlich viele Bedeutungen, die letztendlich darauf hinauslaufen, dass *Benne* ursprünglich ein geflochtener Behälter, also einfach ein Korb gewesen sein muss. Da dieser Korb auf Schlitten sowie auf einrädrige Transportwagen gestellt wurde, kam es zur Bezeichnung *Bennenwagen* und damit zur Bedeutung „Wagen mit einem Korb, mit einer Kiste". In Baden-Württemberg fällt auf, dass das Wort nur in den westlichen und südlichen Landesteilen vorkam. Da das Wort *Benne* aus dem Keltischen stammt und von den Römern übernommen wurde, können wir darin wohl ein Reliktwort aus der römischen Besatzungszeit sehen, das sich in den genannten Gebieten 1500 Jahre lang gehalten hat. Unsere *Benne*-Gebiete bilden damit den Nordrand eines riesigen Verbreitungsgebietes des Wortes, das vom italienischen Aostatal bis nach Graubünden und Tirol reicht. Einrädrige Karren mit einer Kiste heißen oder hießen *Schubkarren*, *Schaltkarren* (in Rottweil sagt man *schalten* für „schieben") oder – da man damit den Mist aus dem Stall geholt hat – *Mistkarren*. Manche hatten auch einen speziellen Karren zum Grasholen, den sie entsprechend *Graskarren* nannten. Von all diesen Bezeichnungen ist heute nur noch *Schubkarren* übrig geblieben.

Als man noch mit Zugtieren fuhr, musste man diese immer wieder antreiben, wozu man die Peitsche nahm. Die Bezeichnungen für das Ende der Peitschenschnur zeigt **Karte 48**. Die Hauptbezeichnung im Landkreis Rottweil ist eindeutig *Zwick*. Damit bildet unser Raum die Nordgrenze des südwestlichen *Zwick*-Gebiets, das von Offenburg über Oberndorf und Tuttlingen bis Überlingen reicht. Nördlich und östlich dieser Linie sagt man in Baden-Württemberg von ein paar kleinräumigen Ausnahmen im Nordosten des Bundeslandes abgesehen *Treibschnur*. Der Beleg *Zwirn* in Kaltbrunn scheint neuer zu sein. Auch in den Nachbarregionen ist er in den alten Aufnahmen nirgends belegt. Wenn man mit der Peitsche knallt, dann *knellt*, *klöpft* (*klepft*), *schnellt* oder *geißelt* man bei uns. Früher waren Pferde als Zugtiere sehr wichtig. Später wurden sie durch motorisierte Fahrzeuge abgelöst. Für diese stehen in Baden-Württemberg drei Bezeichnungen zur Verfügung: *Traktor* (eher im Süden), *Bulldog* (eher in der Mitte) und *Schlepper* (eher im Norden). Bei *Schlepper* ist die Herkunft des Wortes klar, bei *Bulldog* war der *Lanz Bulldog* (ab 1921) eine Verkaufsbezeichnung der Firma Heinrich Lanz in Mannheim, die wegen der Ähnlichkeit des Motors mit einer *Bulldogge* zustande kam. Und *Traktor* kommt vom lateinischen Wort *trahere* „ziehen".

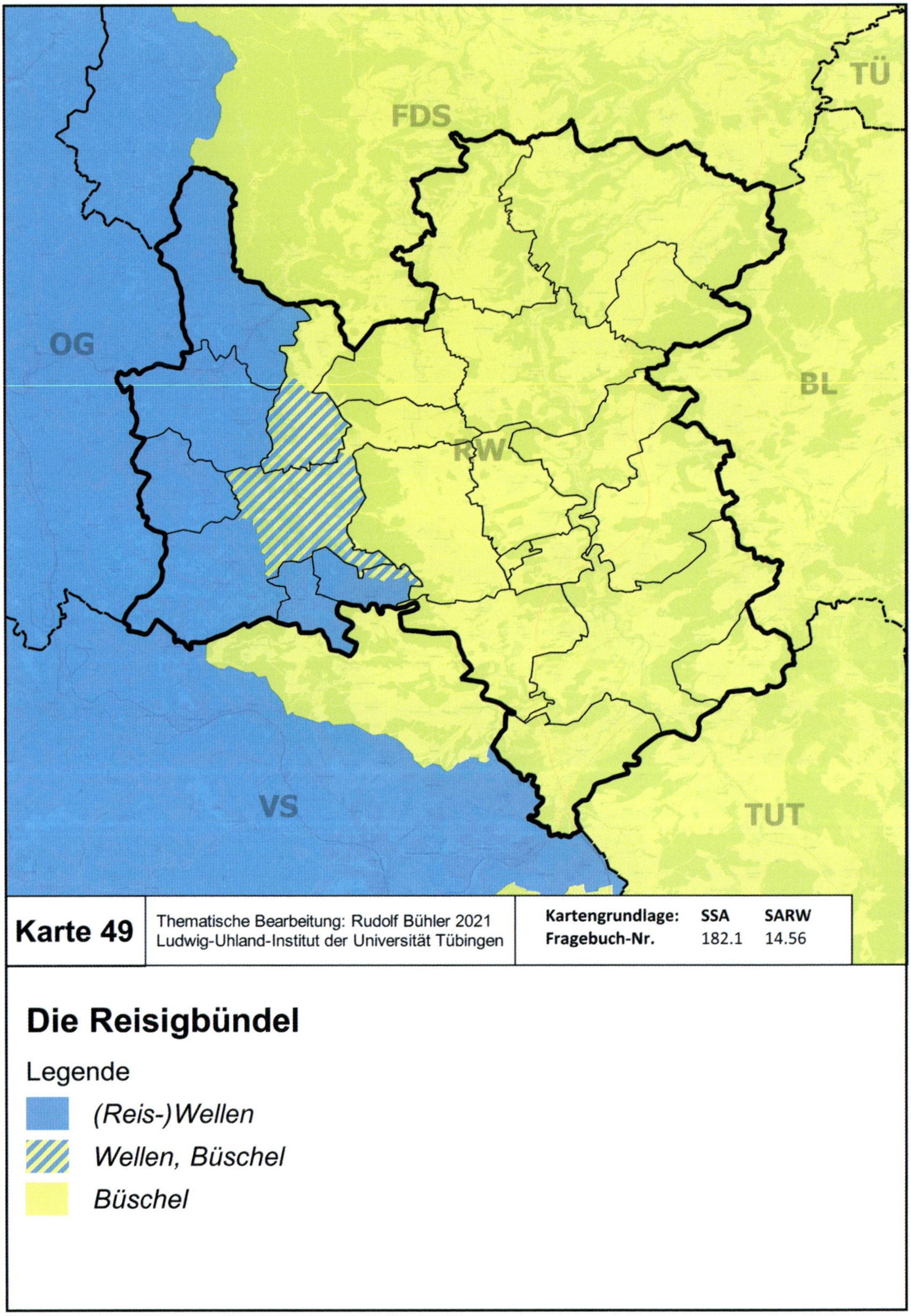

Karte 49	Thematische Bearbeitung: Rudolf Bühler 2021 Ludwig-Uhland-Institut der Universität Tübingen	**Kartengrundlage:** **Fragebuch-Nr.**	**SSA** 182.1	**SARW** 14.56

Die Reisigbündel

Legende

8.3 Wald- und Holzarbeit

Im Wald gibt es *Rottannen*, *Weißtannen*, seltener *Lärchen*. Dann haben wir noch die *Föhren* (*Foärä*) und *Birken*. Die *Tannennadeln* heißen *Tannåådlä*, die Tannenzapfen sind *Mockelein* – so sagt man von Rottweil bis Calw, selten *Dockelein*. Bei den Föhrenzapfen verwendet man dann die Wortzusammensetzung *Föhrenmockelein* (*Foärämockelä*). Ein *Baum* ist bei uns ein *Boom*, mehrere sind *Beem*. Die *Erle* kann auch als *Irlä* ausgesprochen werden, und für den *Wacholder* kann man – wie schon im Mittelalter – auch *Reckholder* sagen. *Eschen* heißen im Dialekt auch nicht anders, und bei der Eiche muss man bei der Aussprache an den für das Westschwäbische typische *oa*-Diphthong denken (*Oach*). Demgegenüber ist der *uä*-Diphthong in *Buche* (*Buäch*) im gesamten schwäbisch-alemannischen Sprachraum vorhanden.

Nach dem Fällen im Wald hat man die Bäume früher mit den Pferden zum Weg *schleifen* (gesprochen: *schloapfä*) müssen. Der eiserne Keil mit Ring zum Schleifen der Stämme war das *Lotteisen* (*Lotteisä*, *Lottiisä*). Dort, wo das Gelände steil genug war, hat man die Stämme in sogenannten *Riesen* zu Tal gehen lassen. Wenn man die Stämme abgerundet hat, so nannte man das *schnauzen*. Mit einem *Spannbengel* hat man dann zum Festdrehen den Strick oder die Kette für den Holztransport festgedreht. Die Ketten sind hier übrigens *Ketteme*. Das Festdrehen des Stricks oder der Kette nennt man dann *spannen* oder *brüchen* (*briichä, briiä*), ein Wort unbekannter Herkunft. Zum Auf- und Abladen der Stämme hatten die Waldarbeiter einen *Krampen/Krämpen*, manche kannten auch vor 40 Jahren noch das Wort *Zapín*. Dieses Wort haben italienische Waldarbeiter mit dem entsprechenden Instrument nach Vorarlberg gebracht, von wo aus sich dann Wort und Sache über Süddeutschland ausgebreitet haben.

Zahlreich sind in Baden-Württemberg die Bezeichnungen für das gekrümmte Haumesser zum Abhauen kleiner Baumäste und von Reisig: Die Hauptbezeichnung ist *Hape*, sie gilt ungefähr von Sigmaringen bis Wertheim, von Rastatt bis Waiblingen. Daneben gibt es noch: *Sä(ch)slein* (Breisgau, Mittelbaden, Westrand des Landkreises Rottweil), *Dechsel* (Landkreis Rottweil, Schwarzwald-Baar-Kreis, Tuttlingen), *Gertner* (Raum Ravensburg), *Naster* (Raum Sigmaringen), *Schnauber* (Raum Ulm) usw. Hier hängt die Vielzahl der Bezeichnungen damit zusammen, dass es in der Standardsprache kein Wort gibt, das zum Beispiel durch die Werbung in Konkurrenz zu diesen alten Dialektausdrücken treten könnte. Das Reisig nennt man hier einfach *Reis*, und Reisigbündel (**Karte 49**) heißen im Landkreis Rottweil fast überall *Büschel*, am Westrand zur Ortenau hin aber *(Reis-)Wellen*.

Eine zentrale Rolle spielt bei der Waldarbeit selbstverständlich auch die *Säge* (*Säāg[ä], Säag[ä]*). Die schwere Spaltaxt heißt *Schlagaxt, Schlegelaxt* oder einfach *Spaltaxt*. Das Handbeil zum Holzhacken ist das *Beil*. Den Axtstiel nennt man meistens *Helm*, seltener *Halm*. Es handelt sich hier um eine Übertragung des bekannten Wortes *Helm* in der Schifffahrt auf die Bezeichnung für die „Haube des Steuers" und von dort über den „Griff des Steuerruders" zur Bezeichnung eines „Stiels" wie beim Axtstiel.

Früher machte man auch hölzerne Wasserleitungen, die sogenannten *Teuchel*. An diese Sache konnten sich schon die Gewährsleute vor 40 Jahren bei den Aufnahmen zum „Südwestdeutschen Sprachatlas" kaum noch erinnern. Rudolf Bühler hat es daher bei seinen neueren Erhebungen gar nicht mehr abgefragt.

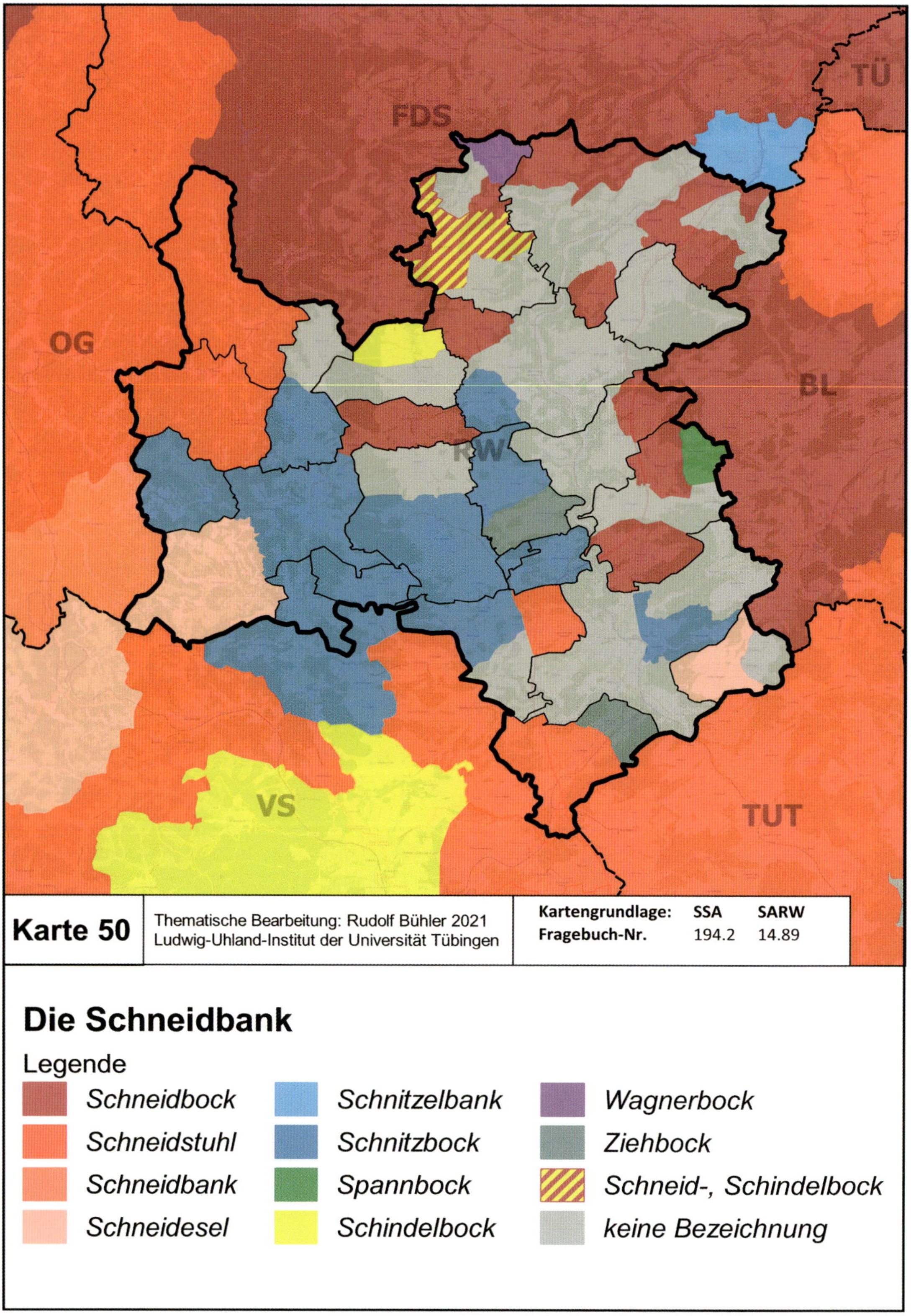

FDS

TÜ

OG

BL

RW

VS

TUT

Karte 50	Thematische Bearbeitung: Rudolf Bühler 2021 Ludwig-Uhland-Institut der Universität Tübingen	**Kartengrundlage:** **Fragebuch-Nr.**	**SSA** 194.2	**SARW** 14.89

Die Schneidbank

Legende

Schneidbock	*Schnitzelbank*	*Wagnerbock*
Schneidstuhl	*Schnitzbock*	*Ziehbock*
Schneidbank	*Spannbock*	*Schneid-, Schindelbock*
Schneidesel	*Schindelbock*	*keine Bezeichnung*

Karte 50 zeigt die Bezeichnungen für die Schneidbank zum Feststellen von Sprossen u. Ä., wobei man sich an diese, wie auf der Karte vermerkt, lediglich noch erinnern konnte, was auch der Grund für das flickenteppichartige Aussehen der Karte sein dürfte. In vielen Ortschaften war aber dieser Gegenstand nicht einmal mehr in der Erinnerung erhalten, was die grauen Flächen anzeigen. Die Hauptbezeichnungen sind Wortzusammensetzungen auf *Schneid-*, nämlich *Schneidbock*, *Schneidstuhl*, *Schneidbank* und *Schneidesel*. Zieht man die 40 Jahre alten Aufnahmen aus dem Freiburger „Südwestdeutschen Sprachatlas" hinzu, so scheint *Schneidbock* die ursprüngliche Bezeichnung gewesen zu sein, die auch im Nordschwarzwald gegolten hat. Demgegenüber ist *Schneidesel* eher die Bezeichnung des Südschwarzwaldes. Es treffen also im Landkreis Rottweil wieder einmal zwei größere Gebiete aufeinander. Die Bezeichnung *Schneidstuhl* ist in unserem ganzen Bundesland belegt und wird vor allem dort genannt, wo man die alte Bezeichnung nicht mehr weiß. Ein kleines geschlossenes Gebiet im Südteil unseres Landkreises und im Nordteil des Schwarzwald-Baar-Kreises bildet dann noch *Schnitzbock*. Dort kennt man auch noch das bei uns seltener belegte Wort *Schindelbock*.

Wir kehren zur Waldarbeit zurück. Für die im Wald gesägten Rundhölzer gibt es bei uns vor allem drei Bezeichnungen: In einem kleinen Streifen zwischen Rottweil und Balingen sagt man *Rusel*. In einem viel größeren Gebiet, das von Villingen bis Pforzheim und nach Osten bis nach Bayerisch-Schwaben reicht, heißen sie *Rugel*. Und dann finden wir am Westrand des Landkreises noch die *Rollen*. So sagt man in Mittel- und Südbaden, aber auch in Oberschwaben. Schließlich gibt es für die gesägten Rundhölzer bei uns noch vereinzelt den Ausdruck *Gerusel* (gesprochen: *Gruuslä*), was ein Substantiv zu einem in Fischers „Schwäbischem Wörterbuch" belegten Verb *geruseln* „rollen" (vgl. *Rusel*) sein muss.

Im Zusammenhang mit der Feldarbeit hatten wir schon einmal die Bezeichnungen für die Transportmittel für Mist, Jauche, Sand oder Gras vorgestellt. Von großer Bedeutung war natürlich auch der alte Leiterwagen, den wir uns jetzt etwas genauer anschauen werden. Die lange Stange, die beim großen Leiterwagen Hinter- und Vorderachse verbunden hat, war die *Langwiede* oder *Lengwiede*, den Balken, in dem die Wagenleitern ruhten, nannte man bei uns *Schemel* und die seitlichen Stützen am Wagen *Kipfen*. Der ein Dreieck bildende Balken, an dem die Deichsel vorne befestigt war, hieß *Hahle* (*Hååle*) oder *Hahlarm*, und zum Renkscheit, dem hinteren Verbindungsstück der Deichselarme, sagte man *Renkscheit*, *Rankscheit*, *Reischeit* (im alemannischen Teil als *Riischeit* ausgesprochen).

Beim Wort Achse wird in der alten Mundart übrigens oft das *-ch-* weggelassen, was *Aas*, Mehrzahl *Aasä* ergibt. Bei den Wörtern *Rad*, *Felge* und *Speiche* ist lediglich darauf hinzuweisen, dass das zuletzt genannte Wort die westschwäbische Aussprache mit *-oa-* erhält. Der Nagel, der verhindert, dass das Rad herausfällt, ist bei uns der *Lund*, schwäbisch als *Lond* ausgesprochen.

Die Bremsvorrichtung als Ganzes nannte man im Landkreis Rottweil wie nahezu in ganz Baden-Württemberg *Mick(e)*, eine Bezeichnung, die sich aus dem französischen Wort *mécanique* ableiten lässt. Und dann gibt es noch den *Leiterbaum* und die dazwischenstehenden *Schwingen*. Alle diese Dinge sind mitsamt ihren Bezeichnungen heute nur noch ganz wenigen Personen bekannt. Der alte Leiterwagen ist heute im Freilichtmuseum zu bewundern.

Die durch das Spalten gewonnenen Holzscheiter hat man daheim auf dem *Sägbock* zersägt und man erhält *Klötzlein* oder *Mockelein*. Der Abfall ist das *Sägmehl* (*Säägmääl*, *Sääagmääal*). Danach tut man *(ver)spalten*, das Ergebnis sind die jetzt für den Ofen passenden *Scheitle* oder *Spächle*. Zum Abschluss wird das Holz zu einem großen

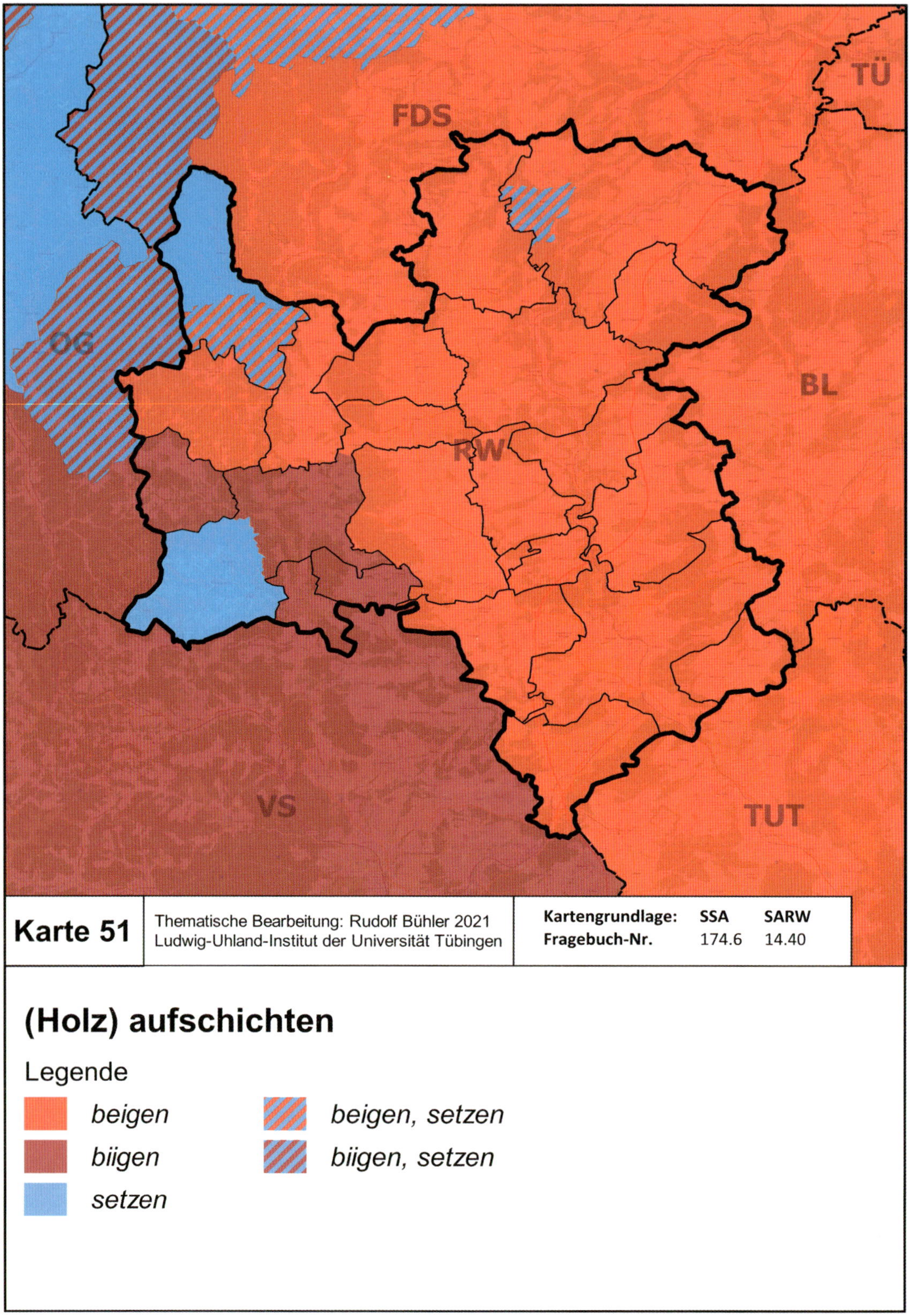

Karte 51	Thematische Bearbeitung: Rudolf Bühler 2021 Ludwig-Uhland-Institut der Universität Tübingen	**Kartengrundlage:** **Fragebuch-Nr.**	**SSA** 174.6	**SARW** 14.40

(Holz) aufschichten

Legende

beigen

biigen

setzen

beigen, setzen

biigen, setzen

Holzstoß aufgeschichtet. **Karte 51** zeigt, dass man diese Tätigkeit mit dem Wort *beigen* bezeichnet, wobei es im alemannischen Teil als *biigen* (*biigä*) ausgesprochen wird. Das Wort *beigen* ist für den schwäbisch-alemannischen Dialektraum von besonderer Bedeutung, weshalb wir seine Verbreitung noch etwas näher betrachten wollen. Schauen wir uns nämlich alle Belege genau an, die in den beiden Sprachatlanten unseres Bundeslandes verzeichnet sind – dem Freiburger „Südwestdeutschen Sprachatlas" und dem Tübinger „Sprachatlas von Nord Baden-Württemberg" – so fällt auf, dass das Wort in den fränkischen Dialekträumen nicht vorhanden ist. Damit haben wir es zumindest schon einmal in Baden-Württemberg mit einem schwäbisch-alemannischen Kennwort zu tun. Wenn wir dann noch die Landesgrenze überschreiten und bei unseren alemannischen Nachbarn im Westen, Süden und Osten nachschauen, so bestätigt sich sogar der Verdacht eines gesamtalemannischen Kennworts auf eindrucksvolle Weise. Die Verbreitung des Wortes *beigen* endet im Norden an der Grenze zum Fränkischen, im Osten an der Grenze zu den bairischen Mundarten jenseits des Lechs, im Südosten am Arlberg und im Südwesten an der Grenze zur französischsprachigen Schweiz. Während die bairischen Mundarten mit Wörtern wie *tengg* „links", *enk* „euch", *Ertag* „Dienstag", *Gewand* „Kleidung", *kämplen* „kämmen" usw. zahlreiche Kennwörter besitzen, mit deren Hilfe man eine Person sofort dem bairischen Sprachraum von Nürnberg bis Bozen zuordnen kann, sind solche Kennwörter für den schwäbisch-alemannischen Sprachraum bislang nicht bekannt. Nach der Fertigstellung der beiden oben genannten Sprachatlanten können wir heute festhalten, dass der alemannische Dialektraum mit dem Wort *beigen* ebenfalls ein solches Kennwort besitzt.

Für das Hereintragen in das Haus hatte man und hat vermutlich teilweise noch immer einen normalen Holzkorb mit zwei Ohren verwendet. Dieser hieß oder heißt in unserem Landkreis *Schiede*. Die Herkunft dieses Wortes ist bislang unbekannt. Zwar liegt es nahe, das Wort von einem im Schwäbischen ebenfalls belegten Wort *Schütte* „Kornspeicher" abzuleiten, das auch für das Mittelalter nachweisbar ist, doch widerspricht die im Landkreis Rottweil geltende mundartliche Lautung *Schiid*, in Mariazell *Schidd*, einer solchen Herleitung.

Schauen wir uns in diesem Zusammenhang noch ein paar weitere Körbe an. Für weitere Strecken oder auch für schwerere Gegenstände hatte man früher ein Rückentraggestell, das oft aus Weide geflochten war. Bei den Erhebungen vor 40 Jahren zum „Südwestdeutschen Sprachatlas" konnten sich noch manche Personen daran erinnern, dass die Hausierer, der Bäcker oder auch die Maurer solche Rückentraggestelle hatten, die man im Landkreis Rottweil *Krätzen* (gesprochen: *Grääzä*) nannte, ein Wort, das schon für das Mittelalter in der Bedeutung „Tragkorb" zu belegen ist. Und dann gab es noch *Kratten*. Das waren Körbe mit einem Bogen, die man auch beim Herabmachen der Kirschen verwendet hat. Diese hießen dann *Kriesenkratten*. Wie der alte Leiterwagen, so gehören auch diese alten Körbe mitsamt ihren Bezeichnungen inzwischen einer längst vergangenen Welt an.

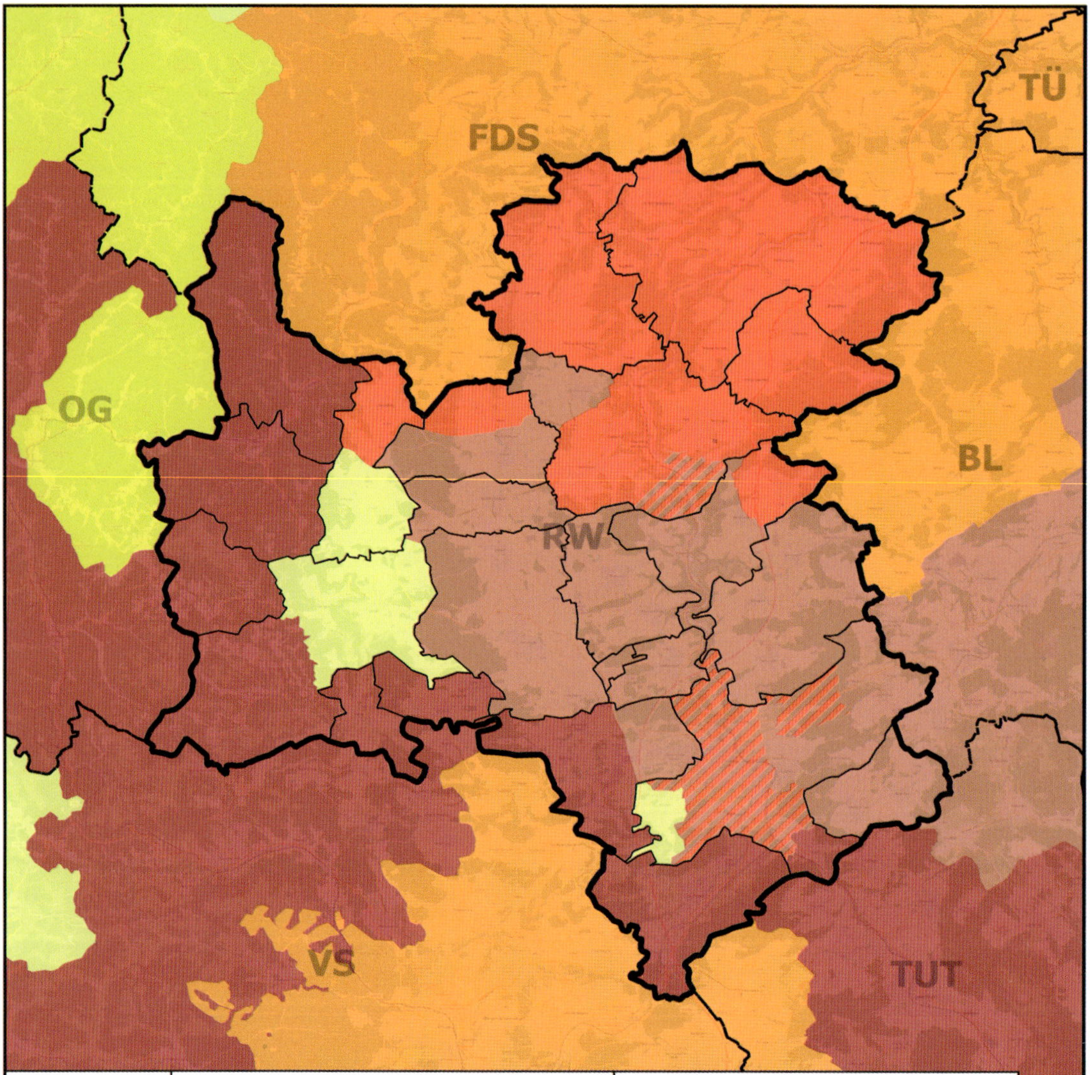

FDS
TÜ
OG
BL
RW
VS
TUT

Karte 52	Thematische Bearbeitung: Rudolf Bühler 2021 Ludwig-Uhland-Institut der Universität Tübingen	**Kartengrundlage:** **Fragebuch-Nr.**	**SSA** 58.6	**SARW** 6.19

Gans (mhd. a vor Nasal und Reibelaut)

Legende

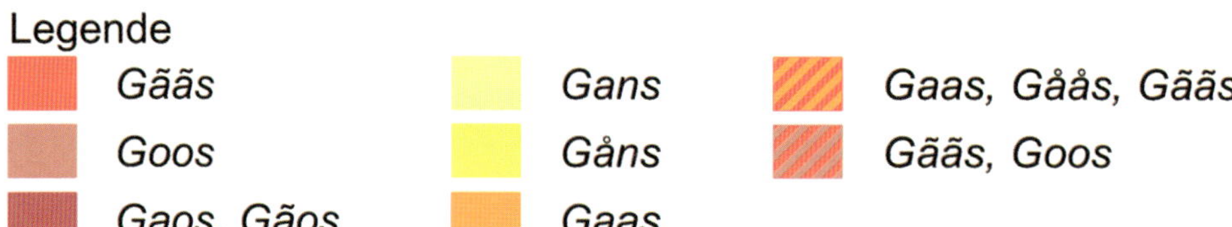

D Die lautlichen Verhältnisse im Landkreis Rottweil

Es ist in der Dialektforschung üblich, die Lautverhältnisse einer Region anhand der Entwicklung der einzelnen mittelhochdeutschen (mhd.) Laute zu beschreiben (Näheres hierzu siehe oben Kapitel A.3).

1 Die Vokale

Mhd. *a* erscheint im Landkreis Rottweil im Normalfall wie überall im Schwäbischen als einfacher *a*-Laut, so zum Beispiel in *schaffä* „schaffen", *kalt* „kalt", *Fass* „Fass" oder *Dach* „Dach". In den alemannischen und fränkischen Mundarten des Rheintals wird dieser *a*-Laut verdumpft gesprochen, wie ein offenes *o*. Besonders erwähnenswert ist – wie oben schon gesagt – die Unterlassung der Dehnung in offener Silbe in Wörtern wie *Schnabbel* „Schnabel", *Gabbel* „Gabel" oder *Waggä* „Wagen". Gerade dadurch hebt sich der südliche Rottweiler Raum von den nördlichen Mundarten ab. Wird der mhd. *a*-Laut gedehnt, so ändert sich nichts an der Qualität des Vokals, es bleibt beim einfachen *a*-Laut, der lediglich vor Nasal nasaliert werden kann, so etwa in *Hääd* „Hand". Nicht immer gehen die Rottweiler Mundarten bei der Dehnung von Einsilbern einheitlich vor. So hat Rudolf Bühler die Dehnung *Schtaal* „Stall" vor allem in der Südwestecke des Landkreises belegen können, so in einem Streifen von Bösingen über Dunningen und Flözlingen bis Deißlingen sowie zwischen Deißlingen und Wellendingen.

Einen Sonderfall bilden die mundartlichen Entwicklungen beim Wort „Gans" (**Karte 52**). Unsere Karte zeigt folgende Verteilung:

(1) Im Normalfall wird – wie auch in den benachbarten schwäbischen Mundarten – der Nasal weggelassen. In den Ortschaften auf der Karte, wo dies nicht belegt ist, muss es sich um Neuerungen handeln. So wurde in Aichhalden bei den Aufnahmen zum „Südwestdeutschen Sprachatlas" noch *Gaos* gesagt, während Rudolf Bühler 40 Jahre später hier nur noch *Gans* notieren konnte.

(2) Im Norden des Landkreises herrscht die Lautung *Gääs* vor.

(3) In der Mitte sagt man *Goos*, wie dies auch im Zollernalbkreis und im Landkreis Tuttlingen der Fall ist.

(4) Am West- und am Südrand herrscht dagegen die Lautung mit einem Diphthong vor: *Gaos*, *Gäos*. Auch hier setzt sich diese Lautung in den Nachbarregionen fort.

(5) Die schraffierten Gebiete weisen schließlich darauf hin, dass bei den erwähnten Lautungen einiges in Bewegung ist. In manchen Ortschaften sagte eine Gewährsperson *Gaas*, eine andere *Goos*.

Einige Wörter erscheinen in der Mundart mit einem *e*-Laut, wo man eigentlich einen *a*-Laut erwartet. So heißt es im Landkreis Rottweil immer *Epfel* „Apfel", auch in der Einzahl! Einen *e*-Laut hat auch immer *wäschä* „waschen", das Partizip dazu lautet übrigens überall *gwäscht*. Das ist im Schwäbischen – ausgenommen im Ostschwäbischen, wo man wie im Standarddeutschen *Apfel* sagt – überall so. Anders liegt der Fall beim Wort „Arbeit". Es wird vor allem im Ostteil, manchmal auch noch am Nordrand des Landkreises mit einem offenen *e*-Laut gesprochen (*Ärbet*), ansonsten sagt man *Arbet*. Zweigeteilt ist der Landkreis bei

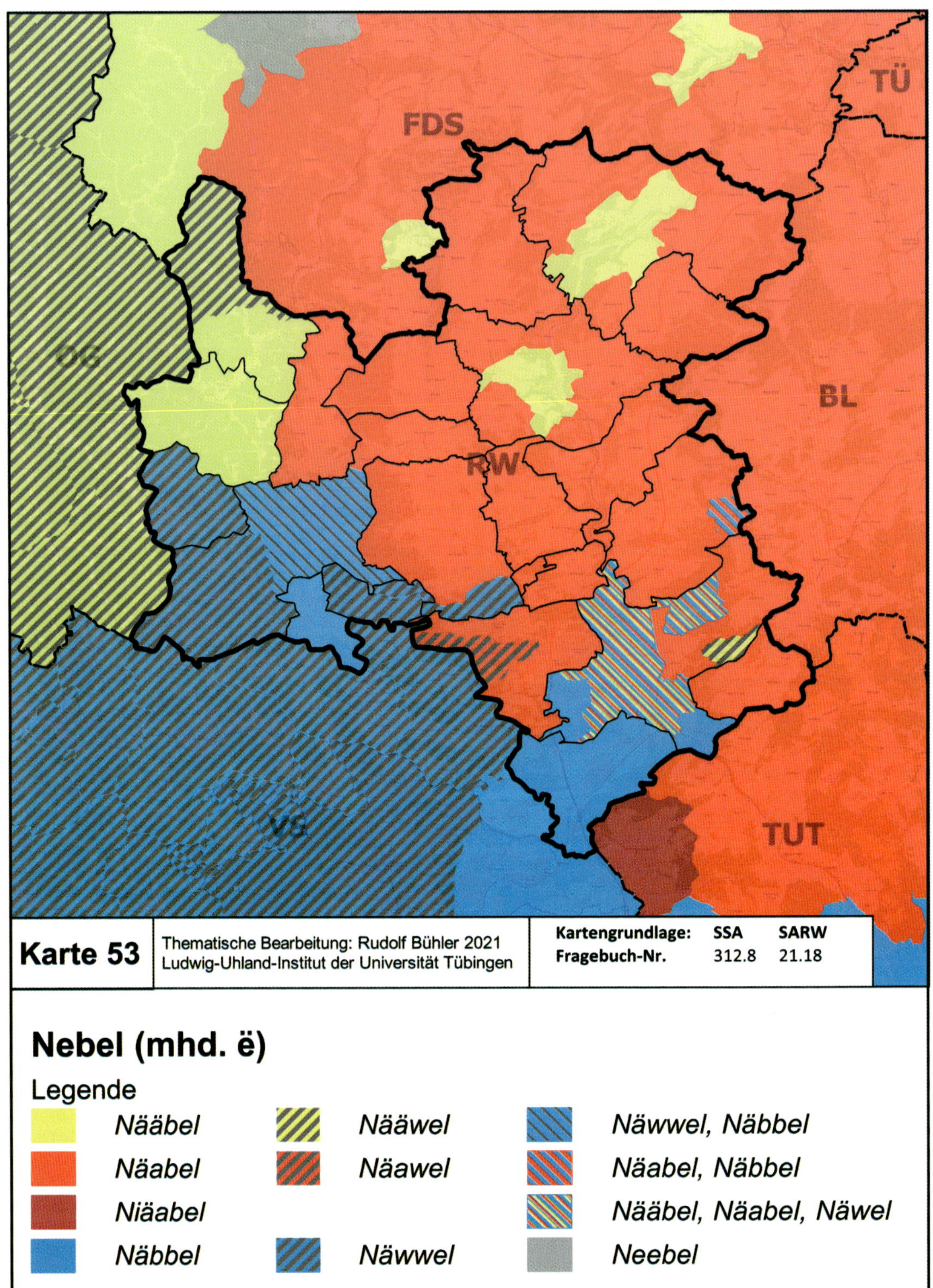
TÜ
FDS
OG
BL
RW
VS
TUT
Karte 53
Thematische Bearbeitung: Rudolf Bühler 2021
Ludwig-Uhland-Institut der Universität Tübingen
Kartengrundlage: SSA SARW
Fragebuch-Nr. 312.8 21.18
Nebel (mhd. ë)
Legende
Nääbel
Nääbel
Niäabel
Näbbel
Nääwel
Näawel
Näwwel
Näwwel, Näbbel
Näabel, Näbbel
Nääbel, Näabel, Näwel
Neebel

der mundartlichen Entsprechung des Wortes „Brett“: In der gesamten Osthälfte sagt man in der Grundmundart *Britt*, nur am Westrand, von Kaltbrunn über Aichhalden bis Mariazell, hingegen *Brätt* oder *Brett*. Mitten durch den Landkreis geht hier eine Lautgrenze, die in den Nachbarregionen fortgesetzt wird.

Der lange *a*-Laut, den man im Mittelalter als *â* niederschrieb, hat sich im Landkreis Rottweil ganz einheitlich zu einem langen, offenen *o*-Laut entwickelt, den wir mit dem Zeichen *-åå-* wiedergeben. Wir finden diesen Laut in Wörtern wie *Schååf* „Schaf“, *Schtrååß* „Straße“, *schlååfä* „schlafen“, *brååtä* „braten“, *fråågä* „fragen“ usw. Die alemannischen und fränkischen Mundarten im Rheintal sprechen diese Wörter hingegen geschlossen als *Schoof*, *Schtrooß*, *schloofä*, *brootä* und *froogä* aus. Ganz im Osten des schwäbischen Sprachraums gibt es dann noch alte Diphthongformen wie *Schaof*, *Schtraoß*, *schlaofä*, *braotä* und *fraogä*. Diese werden allerdings heute aufgegeben und durch den offenen *o*-Laut wie im Raum Rottweil ersetzt, sodass der gesamte schwäbische Sprachraum dann bei der Fortsetzung von **mhd. *â*** einheitlich ist.

Recht kompliziert sind die mundartlichen Realisierungen des **mhd. *ë***. Sind die Verhältnisse bei Wörtern wie „melken“ (*mälgä*) oder „Speck“ (*Schpäg*) noch einheitlich einfach, so sieht es bei „Nebel“ schon ganz anders aus (**Karte 53**). Zunächst muss hier wieder festgehalten werden, dass am Südrand des Landkreises, von Lauterbach bis Deißlingen, der Vokal kurz auszusprechen ist (*Näbbel*, *Näwwel*), während wir in der Mitte und im Norden einen langen Vokal vorliegen haben. Dieser wird dann im Hauptgebiet zu einem Diphthong gedehnt: *Näabel*. Die Grenze zwischen *Nääbel* und *Näabel* bilden die Gemeinden Schenkenzell und Schiltach, wo man *Nääbel* sagt, und Rötenberg und Aichhalden, wo es in der Grundmundart *Näabel* heißt. In allen Fällen ist bisweilen auch noch eine Veränderung des inlautenden Konsonanten *-b-* zu einem *-w-* zu hören, was zu *Näwwel* beziehungsweise *Nääwel/Näawel* führt. In größeren Gemeinden und Städten wie Sulz, Oberndorf oder Schiltach ist die Entwicklung zum Diphthong und zum inlautenden *w*-Laut offenbar wieder rückgängig gemacht worden, und wir erhalten die Lautung *Nääbel*. Sehr unruhig ist die Situation im Raum Rottweil, wo Rudolf Bühler bei seinen Erhebungen Lautungen mit und ohne Kurzvokal, mit und ohne Veränderung von *-b-* zu *-w-* notiert hat. Auf der Karte ist dieser Raum durch die schraffierten Flächen hervorgehoben worden. Betrachtet man den gesamten schwäbischen Sprachraum, so bilden unsere Diphthongierungen zu *Näabel/Näawel* den Westrand eines großen Gebietes, das von hier bis nach Bayerisch-Schwaben reicht. Ähnlich wie beim Wort „Nebel“ sind die lautlichen Verhältnisse auch beim Wort „Feder“: am Westrand wieder die einfache *ä*-Lautung in *Fääder*, im Hauptgebiet *Fäader* und am Südrand wieder die Lautung mit kurzem Vokal als *Fädder*.

Kompliziert sind die Lautverhältnisse beim Wort „Knecht“: Am Ostrand finden wir wie schon beim Wort „Nebel“ den einfachen offenen *e*-Laut (*Knäächt*) und in der Nordhälfte die Diphthongierung zu *Knäacht*. Hinzu kommt aber dieses Mal auch noch der *ch*-Ausfall östlich von Schramberg und südlich von Oberndorf, was dann die Lautung *Knäat* ergibt. Da es aber heute auf den Höfen keine Knechte mehr gibt, werden die alten Lautungen zu Gunsten des standardsprachlichen *Knächt/Knecht* aufgegeben. Einen Konsonantenausfall kennt auch das Wort „Fenster“. Dieses Mal betrifft es den Nasal, der dazu führt, dass das Wort im Hauptgebiet als *Feaschter*, am Westrand als *Fenschter/Fänschter* ausgesprochen wird.

Es gab im Mittelalter auch einen langen *e*-Laut, der als *ê* niedergeschrieben wurde. Er ist nur in wenigen Wörtern vorhanden, die aber

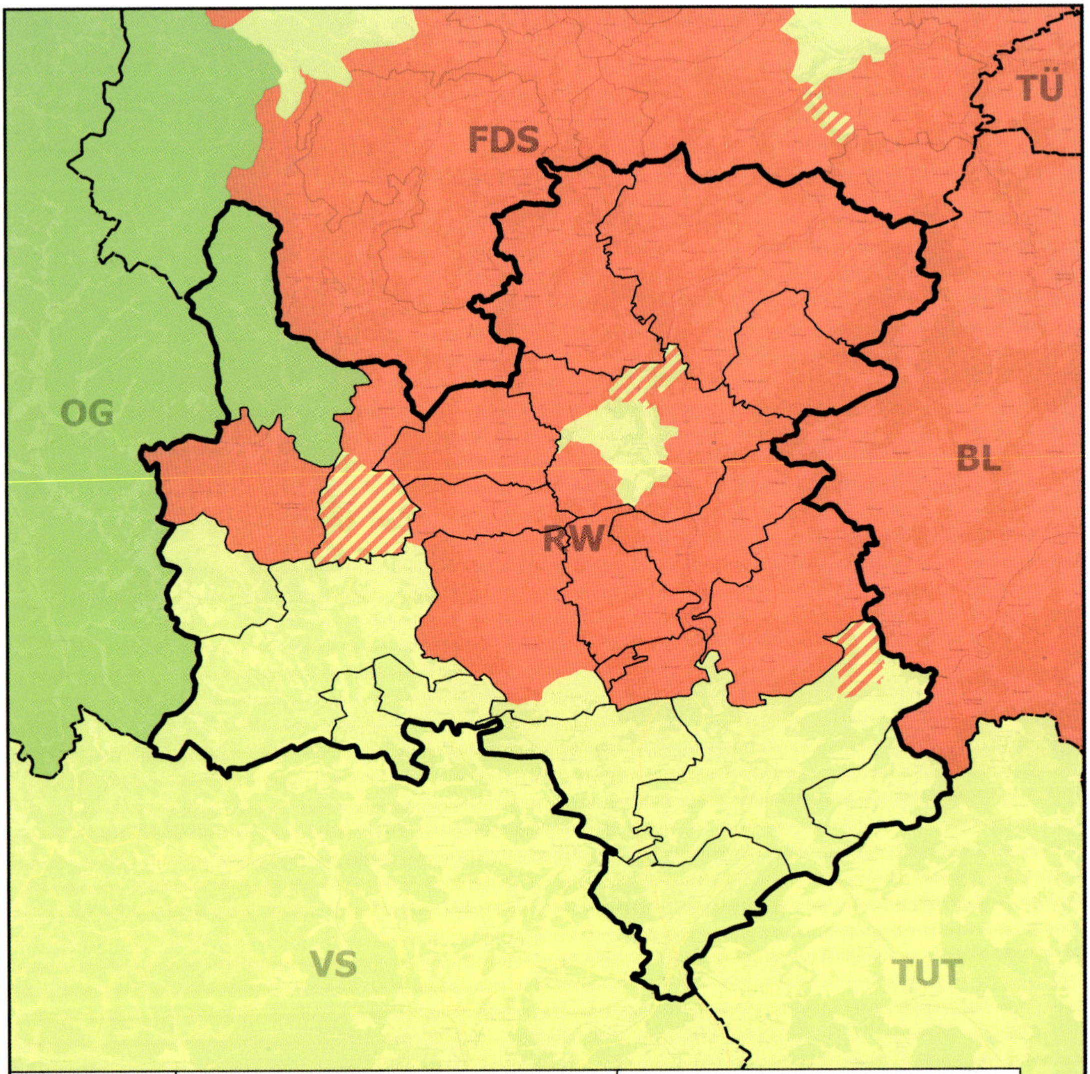

FDS TÜ OG BL RW VS TUT

Karte 54	Thematische Bearbeitung: Rudolf Bühler 2021 Ludwig-Uhland-Institut der Universität Tübingen	**Kartengrundlage:** **Fragebuch-Nr.**	**SSA** 318.4	**SARW** 21.32

Schnee (mhd. ê)

Legende

Schnai  *Schnai, Schnee*

 *Schnee*

 *Schnää*

im Sprachalltag eine wichtige Rolle spielen, so zum Beispiel im Wort „Schnee" (**Karte 54**). Die mundartlichen Entsprechungen für **mhd. *ê*** in diesem Wort ergeben eine Dreiteilung innerhalb des Landkreises: Im äußersten Nordwesten, in den Orten Schenkenzell und Kaltbrunn, spricht man das Wort wie im benachbarten Schwarzwald mit einem offenen *e*-Laut aus und sagt *Schnää*. Der Süden des Landkreises spricht hingegen vom *Schnee*, der Norden vom *Schnai*. Die Grenze zwischen diesen beiden Lautungen verläuft zwischen Aichhalden und Schramberg, Dunningen und Mariazell, Villingendorf und Zimmern, Dietingen und Göllsdorf. Mit der Lautung *Schnai* geht der nördliche Teil des Landkreises gemeinsam mit dem West- und Zentralschwäbischen, während der südliche Teil mit der Lautung *Schnee* zum Südwestschwäbischen gehört.

Der mittelhochdeutsche *i*-Laut gehört im Landkreis Rottweil zu den unauffälligeren Lautungen. Er wird im Gegensatz zum Ostschwäbischen in einsilbigen Wörtern nicht gedehnt und erscheint als einfacher *i*-Laut in *Tisch* oder *Fisch*, wohingegen man im Ostschwäbischen vom *Tiisch* und *Fiisch* oder gar *Fuusch* spricht. Besonders erwähnenswert ist im Landkreis Rottweil aber die Entwicklung des **mhd. *i*** vor Nasal, so etwa im Wort „binden": Typisch für das ganze schwäbische Sprachgebiet ist hier die Entwicklung zu einem *e*-Laut, also zu *bendä*. Allerdings hat der Westen und Süden diese Entwicklung wieder einmal mehr nicht mitgemacht. Dort heißt es *bindä*. Die Grenze zwischen beiden Lautungen verläuft ungefähr südlich einer Linie Rötenberg – Seedorf – Beffendorf – Altoberndorf – Harthausen – Irslingen – Dietingen – Zepfenhan. Die gleiche Grenzlinie ergibt sich auch beim Gegensatz *fendä* – *findä* „finden" oder beim Gegensatz *Kend* – *Kind* „Kind". Die Entwicklung des *i*-Lautes vor Nasal geht übrigens parallel zu der Entwicklung des *u*-Lautes vor Nasal. Daher verläuft der Gegensatz zwischen *bondä* – *bundä* „gebunden" und *gfondä* – *gfundä* „gefunden" genau auf der gleichen Linie wie der Gegensatz *bendä* – *bindä*. Auch bei den Wörtern „gesund", „Hund" oder „Schrunden" stehen sich die *o*- und die *u*-Lautung gegenüber: *gsond* – *gsund, Hond* – *Hund, Schrondä* – *Schrundä*.

Auch beim Wort „Wirt" gibt es einen Nord-Süd-Gegensatz, dessen Grenzlinie sich ziemlich mit der Linie *bindä* – *bendä* deckt: Im Norden sagt man *Wiirt*, im Süden *Wirt*. Als Sonderentwicklung tritt dann am Nordrand des Landkreises auch noch der Ausfall des *r* auf, was dann *Wiit* ergibt. Diese Lautung konnte Rudolf Bühler bei seinen Erhebungen im Jahr 2020 zum Beispiel in Fischingen und Glatt hören.

Die beim Wort „Fenster" beschriebenen Verhältnisse finden wir ziemlich ähnlich bei den mundartlichen Realisierungen des Wortes „finster" wieder. Im Norden hört man bis auf eine Linie von Waldmössingen über Beffendorf, Altoberndorf, Harthausen und Rotenzimmern die Lautung *faeschter*, südlich dieser Linie die Lautungen *fiischter* oder *feeschter*. Am Westrand ist das Wort allerdings weniger gebräuchlich. Hier sagt man *duuschter* (siehe auch Karte 27).

Kompliziert sind die Verhältnisse im Landkreis auch bei der Aussprache des Wortes „Dienstag": Hier erstaunt zunächst die alemannische Lautung *Ziischtig* am Südwestrand (Tennenbronn, Hardt, Mariazell). Im Hauptgebiet sagt man *Zaischtig/Zeischtig*, zwischen Lauterbach und Kaltbrunn *Dinschtig*, in Sulz *Daischtig*, wobei vielerorts die alte Lautung *Zaischtig/Zeischtig* zu Gunsten von *Dinschtig* aufgegeben wird (siehe auch Karte 29).

Die Entwicklung des alten langen *i*-Lautes, der im Mittelhochdeutschen als *î* niedergeschrieben wurde, ist für die Einteilung der baden-württembergischen Mundarten fundamental: Im Schwäbischen ist nämlich aus **mhd. *î*** der Diphthong *-ei-* entstanden, dessen erster Bestandteil ein *-e-* (!) ist, während man in den alemannischen Mundar-

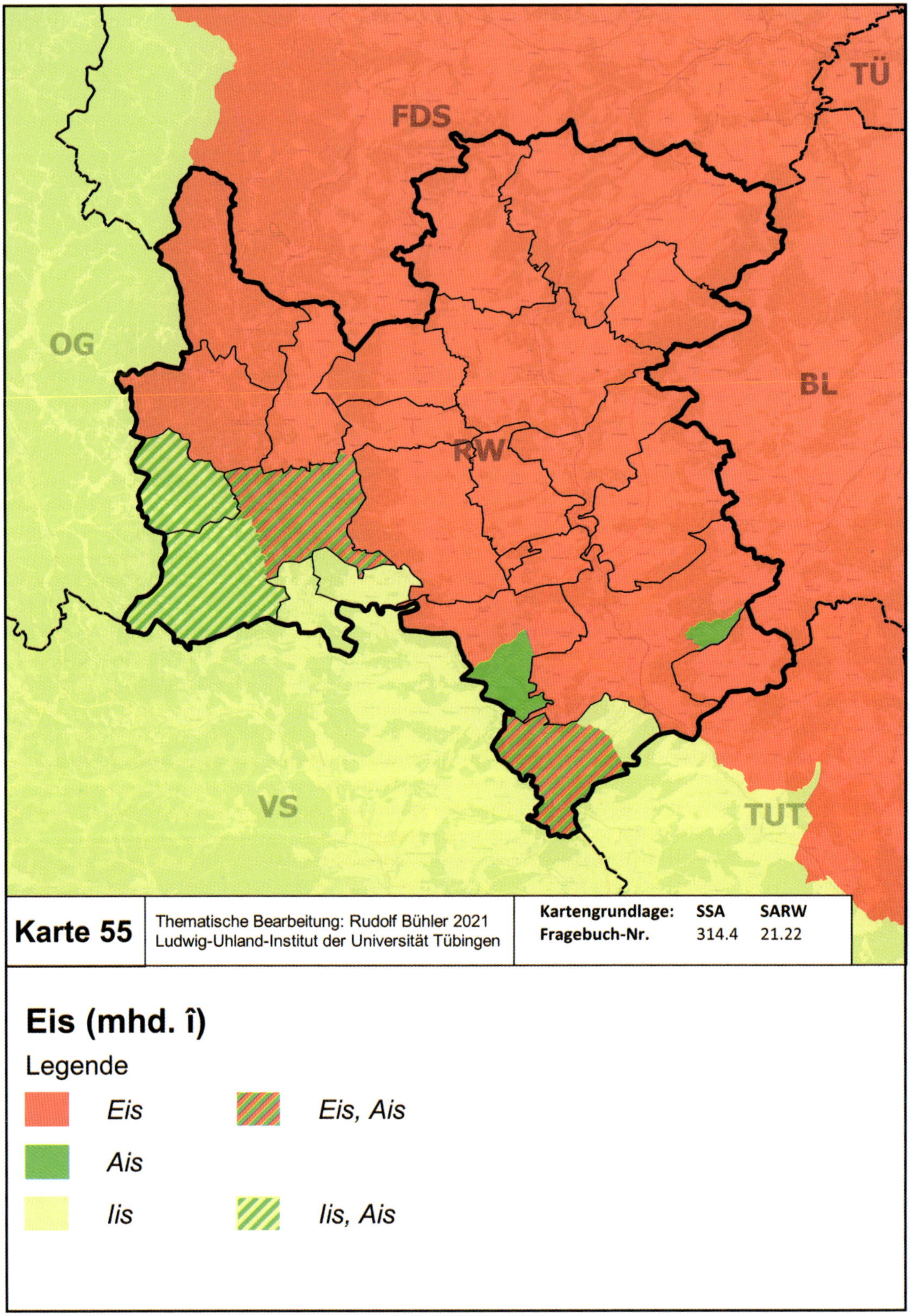

Karte 55	Thematische Bearbeitung: Rudolf Bühler 2021 Ludwig-Uhland-Institut der Universität Tübingen	**Kartengrundlage:** **Fragebuch-Nr.**	**SSA** 314.4	**SARW** 21.22

Eis (mhd. î)

Legende

 *Eis*  *Eis, Ais*

 *Ais*

ten beim alten Monophthong geblieben ist. Auch im Fränkischen hat man diphthongiert, jedoch – wie in der Standardsprache – zu einem *ai*-Laut. Daher stehen sich folgende Lautungen gegenüber: schwäbisch *Eis* „Eis", alemannisch *Iis*, fränkisch *Ais*. Und da es zahlreiche Wörter mit diesem mittelhochdeutschen *-î-* gibt, ist dieser Lautwandel sehr oft zu hören: *schneidä – schniidä – schnaidä* „schneiden", *bleibä – bliibä – blaibä* „bleiben" usw. Die Grenze zwischen dem schwäbischen und dem alemannischen Sprachraum verläuft wieder durch den Landkreis Rottweil, denn der Raum zwischen Lauterbach, Schramberg, Locherhof und Tennenbronn gehört schon zum Alemannischen (**Karte 55**). Vergleicht man die Aufnahmen zum „Südwestdeutschen Sprachatlas" aus den Jahren 1975–1983 allerdings mit den 40 Jahre später durchgeführten Aufnahmen von Rudolf Bühler, so muss man festhalten, dass in diesem Raum die Diphthong-Lautung immer mehr den alten alemannischen Monophthong ersetzt.

Der alte kurze *u*-Laut (**mhd. *u***) zeigt im Normalfall keine besondere Entwicklung, und die Entwicklung vor Nasal wurde bereits im Zusammenhang mit dem *i*-Laut (*gsond – gsund* „gesund") besprochen. Demgegenüber müssen wir die Entwicklung des alten langen *u*-Lautes, der im Mittelalter als *-û-* notiert wurde, wieder genauer anschauen. Im Grunde handelt es sich beim alten langen *u*-Laut um die parallele Entwicklung zum alten langen *i*-Laut. Wo aus mhd. *î* die Diphthonge *-ei-* und *-ai-* entstanden, dort entwickelten sich aus **mhd. *û*** die Diphthonge *ou* und *au*. Es heißt also im Schwäbischen *Hous* – der erste Bestandteil des Diphthongs ist ein *o* (!), im Fränkischen *Haus*, im Alemannischen *Huus*. Und auch hier gibt es zahlreiche Wörter mit dieser Entwicklung: *Mous – Muus – Maus* „Maus", *Lous – Luus – Laus* „Laus", *soufä – suufä – saufä* „saufen" usw.

Der alte *ü*-Laut wurde überall im Schwäbischen zu einem *i*-Laut entrundet. Man sagt daher *Fichs* „Füchse", *Schlissel* „Schlüssel", *Schissel* „Schüssel" usw. Interessant ist bei **mhd. *ü*** im Raum Rottweil dann wieder die mundartliche Lautung des Wortes „fünf", da – wie so oft – sowohl ein Nord-Süd- als auch ein West-Ost-Gegensatz festzustellen ist: In der Nordhälfte sagt man *faif*, in der Südhälfte *feef* oder *fiif*, am Westrand *finf*. Die Grenze bilden wieder einmal mehr die Ortschaften Lehengericht, Schiltach, Rötenberg, Waldmössingen, Beffendorf, Altoberndorf und Bochingen, wo überall noch der nördliche Diphthong *faif* zu hören ist, südlich dieser Linie gilt die alemannische Lautung *fiif/feef*. Grenzorte der westlichen Lautung *finf* gegenüber *faif* und *feef/fiif* sind Kaltbrunn, Schenkenzell, Aichhalden, Schramberg und Locherhof. Eine Ausnahme bildet Schiltach, wo noch der Diphthong *faif* notiert werden konnte.

Es gab im Mittelalter noch einen weiteren *ü*-Laut, der mit den Zeichen *-iu-* notiert wurde. Er tritt vor allem als Umlaut in der Pluralbildung auf, so zum Beispiel bei mhd. *hiuser* „Häuser" zu mhd. *hûs* „Haus". Dieser Laut entwickelte sich in unseren Mundarten parallel zum alten langen *i*-Laut (mhd. *î*), dessen Entwicklung wir oben beim Wort *Eis* schon beschrieben haben: Im Schwäbischen heißt es also *Heiser*, im Alemannischen *Hiiser*, im Fränkischen *Haiser*. Wie schon bei mhd. *î* („Eis") und mhd. *û* („Haus") so hat auch bei **mhd. *iu*** die kleine Südwestecke zwischen Lauterbach und Locherhof und Tennenbronn den alemannischen Monophthong (*Hiiser*), alle anderen Mundarten im Landkreis den schwäbischen Diphthong (*Heiser*).

Neben dem Umlaut *iu* gab es früher noch ein anderes *iu*, ein sogenanntes **ahd. *iu***, das in Wörtern wie „Zeug", „Feuer", „Knie" vorkommt. Das Wort „Zeug" tritt nahezu im gesamten Landkreis in der Lautung *Zeig* auf. Lediglich zwischen Lauterbach und Mariazell wurde die Monophthong-Lautung *Ziig* notiert, doch wird auch dort der

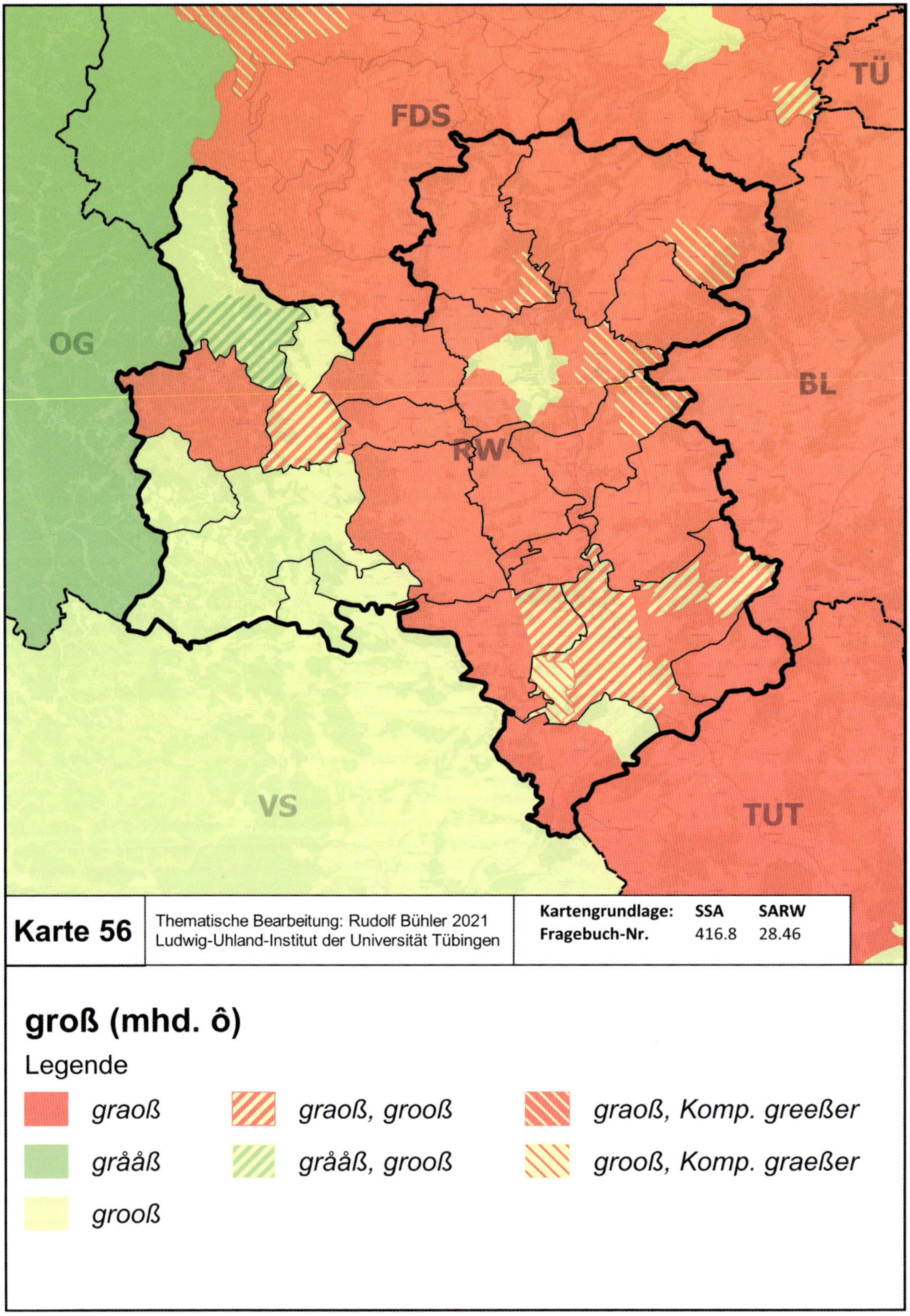

FDS
TÜ
OG
BL
RW
VS
TUT

Karte 56	Thematische Bearbeitung: Rudolf Bühler 2021 Ludwig-Uhland-Institut der Universität Tübingen	Kartengrundlage: Fragebuch-Nr.	SSA 416.8	SARW 28.46

groß (mhd. ô)

Legende

graoß | *graoß, grooß* | *graoß, Komp. greeßer*

gråååß | *gråååß, grooß* | *grooß, Komp. graeßer*

grooß

alte Monophthong durch die neuere Lautung *Zaig* ersetzt. Das Wort „Knie" erscheint heute in der Regel wie in der Standardsprache als *Knii*. Die alte Lautform *Kneib* war zum Zeitpunkt der Aufnahmen von Rudolf Bühler im Jahr 2020 nur noch selten nachweisbar. Im Verb *kneibä* „knien" konnte die alte Lautform aber noch öfters erfasst werden. Recht einheitlich verfahren die Mundarten des Landkreises auch beim Wort „Feuer", das überall in der Monophthong-Lautung *Fiir* belegt ist. Im Zollernalbkreis spricht man in der Westhälfte vom *Fuur*, ansonsten ist *Fuir* eigentlich die typisch schwäbische Lautung.

Die mundartlichen Realisierungen von **mhd. *o*** haben im Landkreis Rottweil überall die Vokalqualität *-o-*. Die Veränderung zu einem offenen *o*-Laut tritt erst südlich des Landkreises auf. Interessant ist hier aber wieder das Verhalten der einzelnen Mundarten bei offener Silbe: Wörter wie *Vogel* oder *Hobel* werden in der Nordhälfte mit einem langen *o*-Laut, in der Südhälfte, dem Südwestschwäbischen, mit einem kurzen *o*-Laut gesprochen. Der genaue Verlauf dieser wichtigen Lautgrenze wurde bereits weiter oben (Kapitel B) beschrieben.

Wichtig für die Einteilung der Mundarten ist dann wieder die Entwicklung des langen alten *o*-Lautes (**mhd. *ô***). Auch hier gibt es eine Parallele bei einem anderen Laut, nämlich zu mhd. *ê*. Diese Entwicklung wurde ebenfalls oben schon beschrieben, allerdings verläuft die Grenzlinie zwischen Monophthong und Diphthong etwas anders (**Karte 56**). Letztendlich liegt aber wieder eine Dreiteilung vor: Im äußersten Nordwesten wird der *o*-Laut offen gesprochen, was wir mit dem Zeichen *-å-* (Beispiel: *grååß* „groß") wiedergeben. Im alemannischen Teil des Landkreises, also zwischen Lauterbach, Schramberg, Locherhof und Tennenbronn, sagt man *grooß*, im ganzen übrigen Gebiet *graoß*. Alle drei Lautungen setzen sich in der Nachbarschaft fort: Die Lautung *grååß* ist typisch für den ganzen mittleren Schwarzwald, *graoß* ist die Kennlautung für das West- und Zentralschwäbische und *grooß* kennzeichnet innerhalb des Schwäbischen das Südschwäbische. Vergleicht man wieder die Aufnahmen des „Südwestdeutschen Sprachatlas" mit den 40 Jahre später durchgeführten Aufnahmen von Rudolf Bühler, so kann man auch hier wieder feststellen, dass die schwäbischen Diphthonge in der jüngeren Generation abgelegt werden.

Auch beim Wort „Bohne" (mhd. *bône*) sind die alten Lautungen fast schon überall verschwunden. Diesen Sprachwandel kann man sehr schön am Beispiel der Belege in Aichhalden nachvollziehen: Beim Interview im Jahr 1984 für den „Südwestdeutschen Sprachatlas" wurden von der Gewährsperson folgende Angaben gemacht: „Die Lautung *Baonä* ist alt, heute sagt man *Boo*". Und 2020 sind beide Lautungen verschwunden und durch *Boonä* ersetzt worden. Dass die alte Lautung gerade beim Wort „Bohne" sehr schnell durch das auch standardsprachliche *Boonä* ersetzt wurde, verwundert nicht, denn es handelt sich hier um ein Handelswort, das uns im Alltag häufig in der standardsprachlichen Lautung begegnet. Am häufigsten konnte Rudolf Bühler die alte Lautung *Baonä* bei seinen Aufnahmen noch in der Südwestecke um Lauterbach, Tennenbronn, Mariazell und Flözlingen hören, während die Lautung *Boo* noch vereinzelt über das ganze Gebiet verteilt belegt werden konnte (siehe auch Karte 34).

Eine Besonderheit stellt bei mhd. *ô* die mundartliche Lautung des Wortes „Stroh" dar, da hier der Diphthong *Schtrao* im ganzen Landkreis gilt. Lediglich in Kaltbrunn sowie in den größeren Städten und Gemeinden ist dieser Diphthong auch in der Grundmundart zum Zeitpunkt der Dialektaufnahmen von Rudolf Bühler nicht mehr zu erfassen gewesen. Dort sagt man wie in der Standardsprache *Schtroo*.

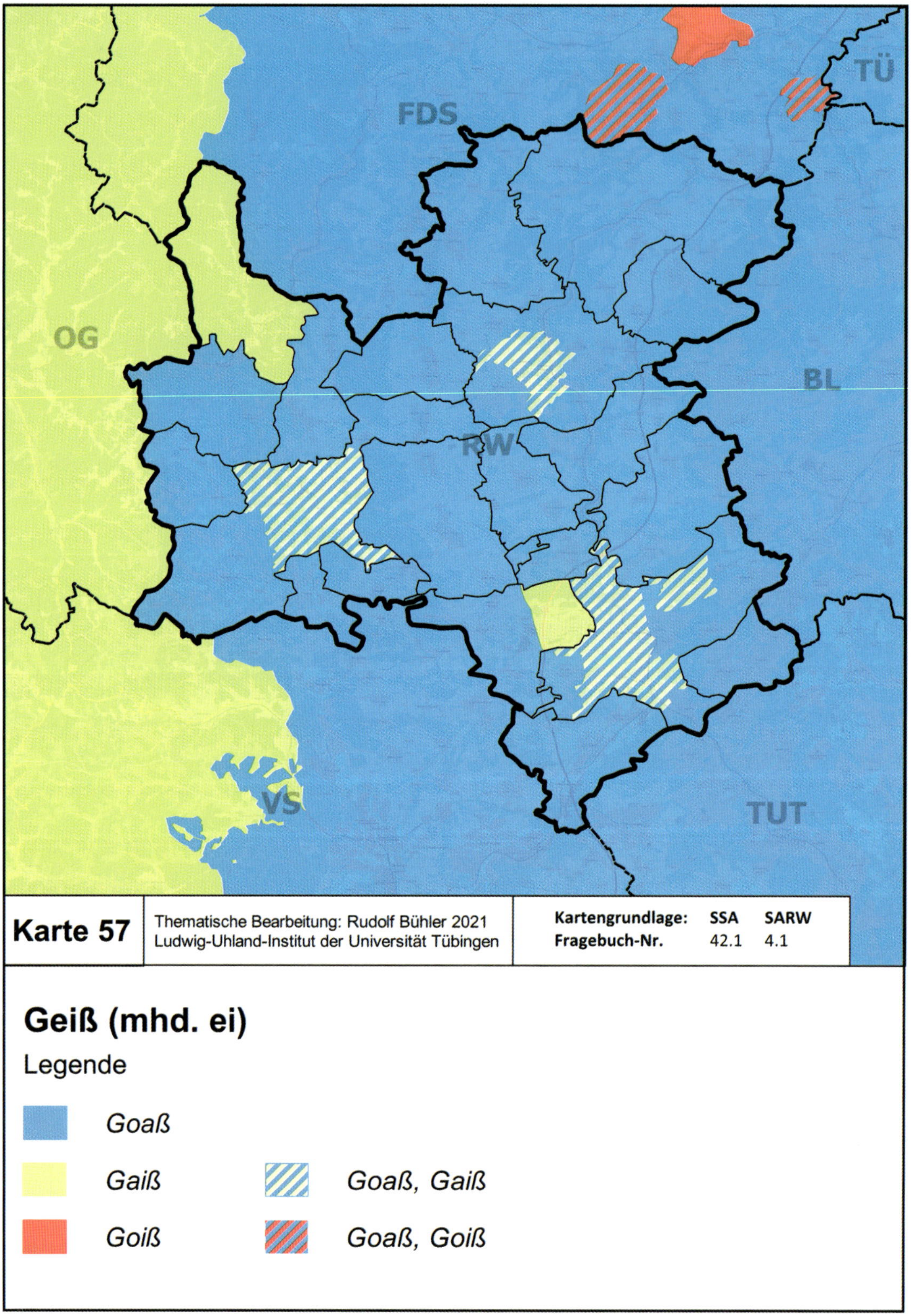

FDS
TÜ
OG
BL
RW
VS
TUT

Karte 57	Thematische Bearbeitung: Rudolf Bühler 2021 Ludwig-Uhland-Institut der Universität Tübingen	**Kartengrundlage:** **Fragebuch-Nr.**	**SSA** 42.1	**SARW** 4.1

Geiß (mhd. ei)

Legende

 *Goaß*

Gaiß — *Goaß, Gaiß*

Goiß — *Goaß, Goiß*

Wie der mittelhochdeutsche *ü*-Laut, so wurde auch der **mhd. *ö***-Laut entrundet, und zwar zu einem einfachen geschlossenen *e*-Laut. Die Mehrzahl von „Vogel" wäre dann also im Norden *Veegel*, im Süden mit der schon bekannten Vokalkürze *Veggel*. Der zweite mittelhochdeutsche *ö*-Laut ist der Umlaut von mhd. *ô*, in mittelalterlichen Texten als *œ* notiert, und die räumliche Verteilung entspricht genau derjenigen, die wir soeben beim Beispielwort „groß" kennengelernt haben. Wenn wir zu „groß" das passende Wort mit Umlaut, nämlich „größer", nehmen, so ergibt sich folgendes Bild: Im äußersten Nordwesten haben wir wieder einen offenen Laut, nämlich *grääßer*, im alemannischen Teil im Westen einen geschlossenen Laut (*greeßer*) und im Hauptgebiet einen Diphthong, der dieses Mal *graißer* lautet. Und wieder setzen sich alle drei Lautungen in den Nachbargebieten fort. Und wie schon bei „groß", so ist auch hier die Tendenz bei der jüngeren Generation zu beobachten, dass die schwäbische Diphthong-Lautung *graißer* immer mehr zu Gunsten des einfachen Monophthongs *greeßer* abgelegt wird. Vor Nasal, im Wort „schön", das ebenfalls von einem **mhd. *œ*** abzuleiten ist, ist der Rückzug des Diphthongs fast schon abgeschlossen. Hier wurde meistens angegeben, dass nur die Oma noch von einer *schainä Kirch* gesprochen habe.

Wir kommen zu den alten Diphthongen und beginnen bei **mhd. *ei***. Die mundartliche Realisierung dieses Lautes ist für die Einteilung des gesamten schwäbischen Raumes grundlegend: Im Ost- und Zentralschwäbischen sagt man *Goiß* „Geiß", im Westschwäbischen *Goaß*. Der Landkreis Rottweil liegt dementsprechend im Westschwäbischen – mit einer Ausnahme: Kaltbrunn und Schenkenzell schließen sich mit der Lautung *Gaiß* wieder einmal mehr dem mittleren Schwarzwald an (**Karte 57**). Auch der alemannische Teil unseres Landkreises im Raum Schramberg – Tennenbronn hat den westschwäbischen Diphthong wie auch die weiter südlich benachbarten alemannischen Mundarten. Auf Grund dieser eigentlich westschwäbischen Lautung wird der alemannische Raum von Schramberg über Donaueschingen bis zum Bodensee von den anderen alemannischen Gebieten abgetrennt und Bodensee-Alemannisch genannt. Im Oberrhein-Alemannischen sagt man – wie in Schenkenzell und Kaltbrunn – *Gaiß*.

Die lautliche Entwicklung bei mhd. *ei* ist für die Dialekteinteilung deswegen so wichtig, weil dieser Laut in vielen Wörtern vorkommt und daher das Lautbild eines Dialekts stark prägt. Wer nämlich *Goaß* sagt, sagt auch *broat* „breit", *Oa* „Ei", *hoaß* „heiß", *Loaterä* „Leiter", *Soapfä* oder *Soafä* „Seife", *Woazä* „Weizen" usw. Auch vor Nasal gilt der Diphthong: *Schtoa*, manchmal auch *Schtua* „Stein" (die Mehrzahl sind *Schtoaner*), *alloa* „allein", manchmal auch *allua*.

Der alte mittelhochdeutsche Diphthong *ou* zeigt in seiner Entwicklung für den Rottweiler Raum keine Besonderheiten. So wird „Auge" einfach als *Aog*, „glauben" als *glaobä* ausgesprochen. Eine Sonderentwicklung von **mhd. *ou*** tritt lediglich wieder vor Nasal ein. Man sagt nämlich im gesamten Landkreis *Boom* „Baum". Die Mehrzahl sind dann die *Beem*, womit wir beim Umlaut **mhd. *öu*** angelangt wären. Er wird, sofern er nicht vor Nasal steht, als *-ai-* ausgesprochen: *Aigle* „Äuglein", *Fraid* „Freude", *Hai* „Heu".

Für unsere Mundarten von geringerer Bedeutung ist die Weiterentwicklung von **mhd. *ie***, da dieser Diphthong im gesamten schwäbisch-alemannischen Raum bewahrt geblieben ist. Wir finden diesen zum Beispiel in Wörtern wie *fliagä* „fliegen", *friarä* „frieren", *schiabä* „schieben", *siadä* „sieden", *schliaßä* „schließen", *schiaßä* „schießen", *verliarä* „verlieren" usw.

Wir beenden die Beschreibung der Lautgrammatik des Landkreises Rottweil mit der Betrachtung der mundartlichen Realisierungen von **mhd. *uo*** und mhd. üe. Der zuerst genann-

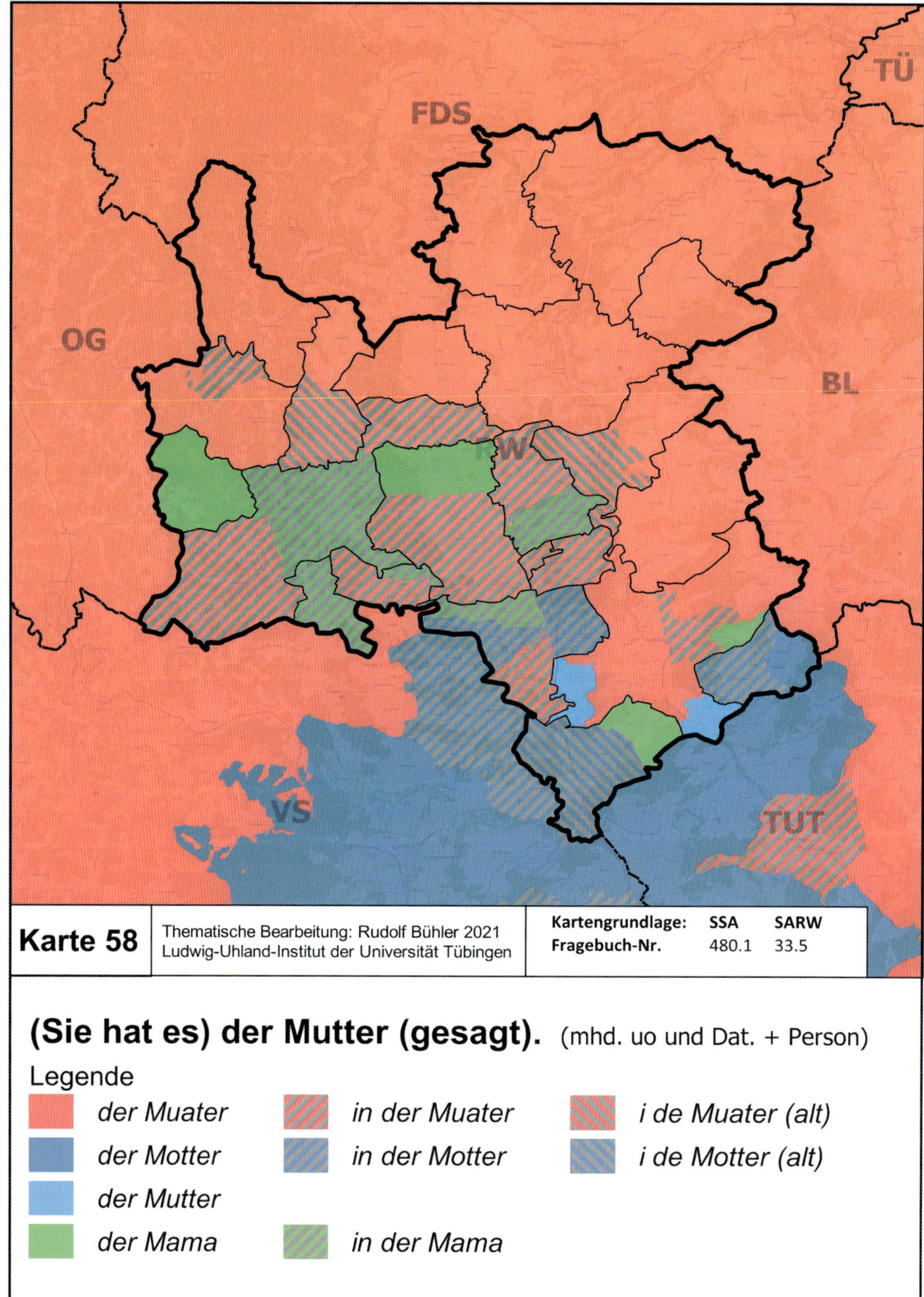
TÜ
FDS
OG
BL
RW
VS
TUT
Karte 58
Thematische Bearbeitung: Rudolf Bühler 2021
Ludwig-Uhland-Institut der Universität Tübingen
Kartengrundlage: SSA SARW
Fragebuch-Nr. 480.1 33.5
(Sie hat es) der Mutter (gesagt). (mhd. uo und Dat. + Person)
Legende
der Muater
in der Muater
i de Muater (alt)
der Motter
in der Motter
i de Motter (alt)
der Mutter
der Mama
in der Mama

te Diphthong steckt zum Beispiel in Wörtern wie „Bube“, „genug“, „Kuh“, „Pflug“, „Tuch“, „Kuchen“ usw., also in sehr vielen Wörtern. Sie werden im gesamten schwäbischen Raum mit dem Diphthong *-ua-* ausgesprochen, also *Bua*, *gnuag* usw. Einen Sonderfall stellt die Lautung des Wortes „Mutter“ dar (**Karte 58**). Unsere Karte zeigt, dass auch hier die Lautung mit Diphthong, nämlich *Muater*, der Normalfall ist, doch gibt es mit *Motter* eine Konkurrenz-Lautung, die im Südosten weit verbreitet ist. Gleichzeitig macht die Karte auf einen Sprachwandel aufmerksam: Zunächst wird die alte Lautung mit Diphthong (*Muater*) durch die Lautung mit Monophthong ersetzt (*Mutter*). In einem nächsten Schritt wird dann das alte Wort abgelehnt und es kommt mit *Mama* zu einer neueren Bezeichnung, die mit *Mami* eine Lautvariante hat, die auf unserer Karte (noch) nicht dokumentiert ist. Aber auch dies ist noch nicht die Endstufe der Entwicklung: In einigen Familien geht man heutzutage sogar noch einen Schritt weiter, und die Eltern werden von den Kindern bei ihren Vornamen genannt. Im Wortschatz-Kapitel „Der Mensch“ sind noch weitere Bezeichnungen aufgeführt, die – wie *Muater* – in den letzten Jahren untergegangen sind. Gerade in diesem Bereich hat sich in den beiden letzten Generationen sehr viel verändert, und wie man sehen wird, ist dieser Prozess auch heute noch nicht zum Stillstand gekommen.

Der Umlaut von mhd. *uo*, **mhd. *üe***, wird – wie wir es schon bei mhd. *ü* und mhd. *ö* gesehen haben – wieder entrundet und erscheint in allen Mundarten des Landkreises als *-ia-*, so zum Beispiel in Wörtern wie „Füße“, „Gemüse“, „Kühe“, „hüten“, „Pflüge“ usw., die als *Fiaß*, *Gmias*, *Kia*, *hiatä* und *Pfliag* auszusprechen sind.

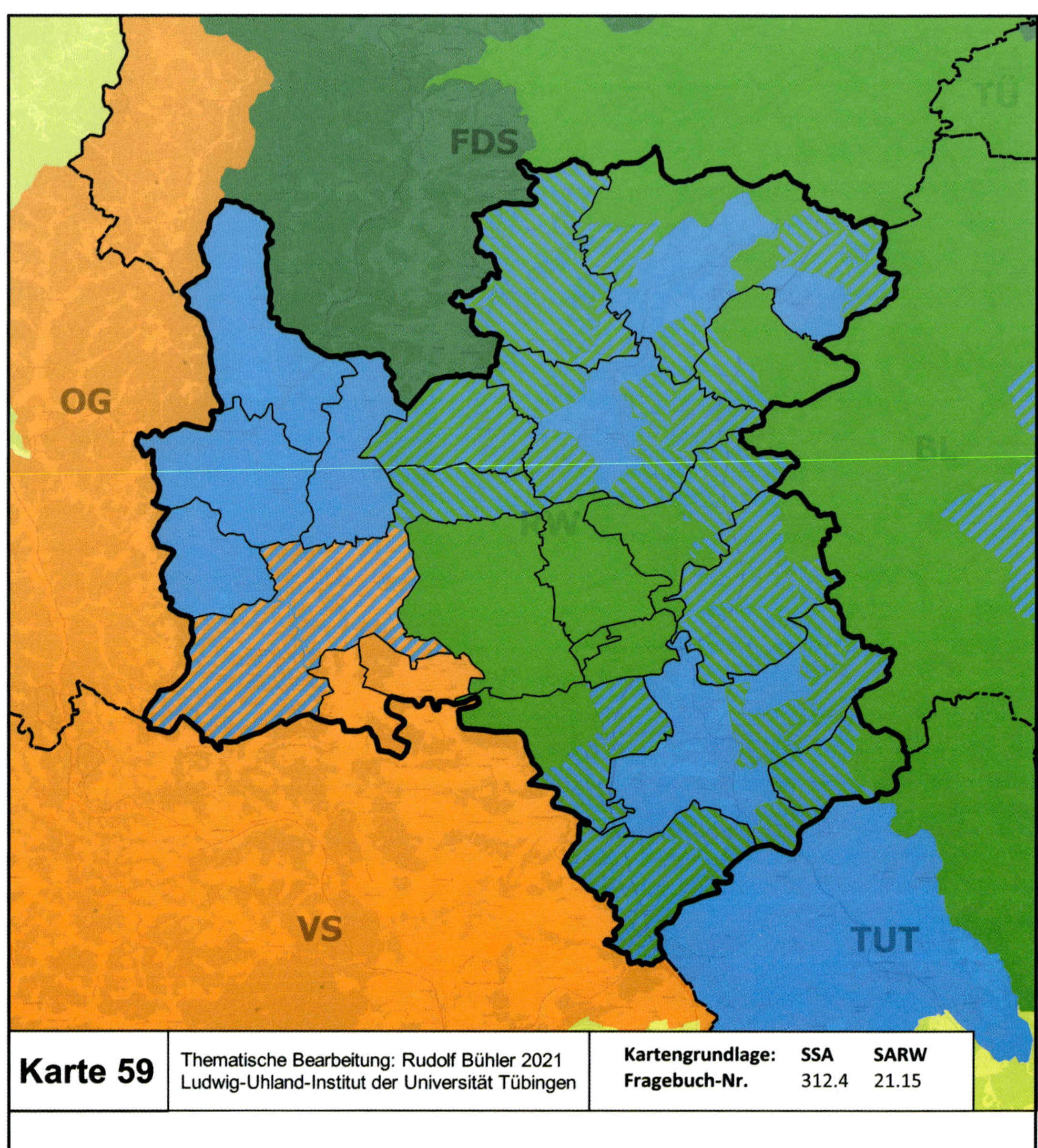

Karte 59 | Thematische Bearbeitung: Rudolf Bühler 2021
Ludwig-Uhland-Institut der Universität Tübingen

	SSA	SARW
Kartengrundlage:		
Fragebuch-Nr.	312.4	21.15

(Der Himmel ist) blau.

Legende

- *blåå*
- *blååb*
- *blao*
- *blou*
- *blau*
- *(Der Himmel ist) blao; blååb nur bei Gegenständen: blååber Toni, Kittel usw.*
- *blao, blååb (alt)*
- *blou, blao*

2 Die Konsonanten

Die wichtigste Lauterscheinung im Konsonantismus wurde weiter oben, im Kapitel B.1, beschrieben. Es ist der Unterschied zwischen den **Lenis- und den Fortis-Konsonanten**, und die Grenzlinie zwischen beiden verläuft genau durch den Landkreis Rottweil, manchmal südlich einer ungefähren Linie Aichhalden – Epfendorf, manchmal noch weiter südlicher. Hier reagieren die verschiedenen Konsonanten unterschiedlich. Wichtig aber ist, dass das Phänomen der Fortiskonsonanten überhaupt hier vorhanden ist, da es einerseits die nördlichen Nachbarmundarten nicht haben und andererseits diese Fortiskonsonanten einer Mundart einen ganz besonderen Charakter verleihen, den man als Außenstehender sofort wahrnimmt. Um den Unterschied zwischen beiden Konsonantentypen zu hören, empfiehlt es sich, die Fortiskonsonanten wie einen Doppelkonsonanten zu sprechen und in der Mitte eine kleine Pause zu machen, also *reit-tä* „reiten". Mit Leniskonsonant ausgesprochen würde man *reidä* sagen. Und dieser Gegensatz wiederholt sich dann hundertfach, also auch bei *Sup-pä – Subä* „Suppe", *Lef-fel – Lefel* „Löffel", *Was-ser – Waser* „Wasser", *bak-kä – bagä* „backen" usw.

Ebenfalls in einen großen Sprachraum eingebettet ist der **Wandel von *-b-* zu *-w-*,** wenn dieser Konsonant zwischen zwei Vokalen steht. Es handelt sich hierbei eigentlich um ein typisch fränkisches Merkmal, das aber noch weit in den alemannisch-schwäbischen Sprachraum rechts und links des Schwarzwaldkammes nach Süden vorgedrungen ist. Im Landkreis Rottweil werden hiervon vor allem der West- und Südwestrand erfasst. So heißt es dann zwischen Mariazell, Schramberg, Schiltach und westlich davon *Näwwel* beziehungsweise *Nääwel* statt *Nääbel/Näabel/Näbbel* „Nebel" wie sonst im Landkreis. Und ebenso wird dort der *Schnaabel/Schnabbel* „Schnabel" zum *Schnaawel/Schnawwel*. Der Wandel von *-b-* zu *-w-* in der besagten Stellung gehört zu den zahlenmäßig besonders großen Lautveränderungen, da dieser Fall in sehr vielen Wörtern eintritt, so zum Beispiel in „Abend", „Eber", „Gabel", „glauben", „Graben", „hobeln", „Kübel", „Leber", „Reben", „reiben" usw.

Eine Besonderheit im Konsonantismus konnte Rudolf Bühler bei den mundartlichen Realsierungen des Wortes „**blau**" festhalten (**Karte 59**). Die Karte zeigt, dass – den gesamten Westrand ausgenommen – unser Wort im übrigen Landkreis ursprünglich mit einem auslautenden *-b* ausgesprochen wurde, das sich wohl aus den flektierten Formen wie in der Formulierung *ein blauer Kittel* herleiten lässt. Dort wurde das Wort in dieser Form schon in mittelhochdeutscher Zeit mit einem *-w-* ausgesprochen, der sich nun als *-b* im Auslaut erhalten hat. Die schraffierten Flächen auf der Karte weisen gleichzeitig auf das Verschwinden dieses auslautenden *-b* hin, wobei dieser Vorgang in zwei Stufen abläuft: Zunächst wird die Lautung mit *-b* semantisch eingeschränkt („nur bei Gegenständen"), dann wird sie nur noch erinnert, aber nicht mehr gesprochen, bevor sie schließlich zunächst in den Städten (Rottweil, Oberndorf, Sulz), dann auch auf dem Land ganz verschwindet.

Erwähnenswert ist beim Konsonantismus auch die ***pf*-Lautung** in *Soapfä* „Seife", die auf einen alten germanischen Doppelkonsonanten *-pp-* zurückzuführen ist. Außer im Raum Schiltach – Kaltbrunn und in den größeren Städten konnte Rudolf Bühler die alte *pf*-Lautung bei seinen Aufnahmen im Jahr 2020 noch überall notieren. Ähnlich ist die Raumverteilung bei der ***s*-Lautung** in *Woasä/Woas-sä* „Weizen", wo die Lautung mit *-z-* (*Woazä, Waizä*) nur in den Städten und am Westrand zu hören war.

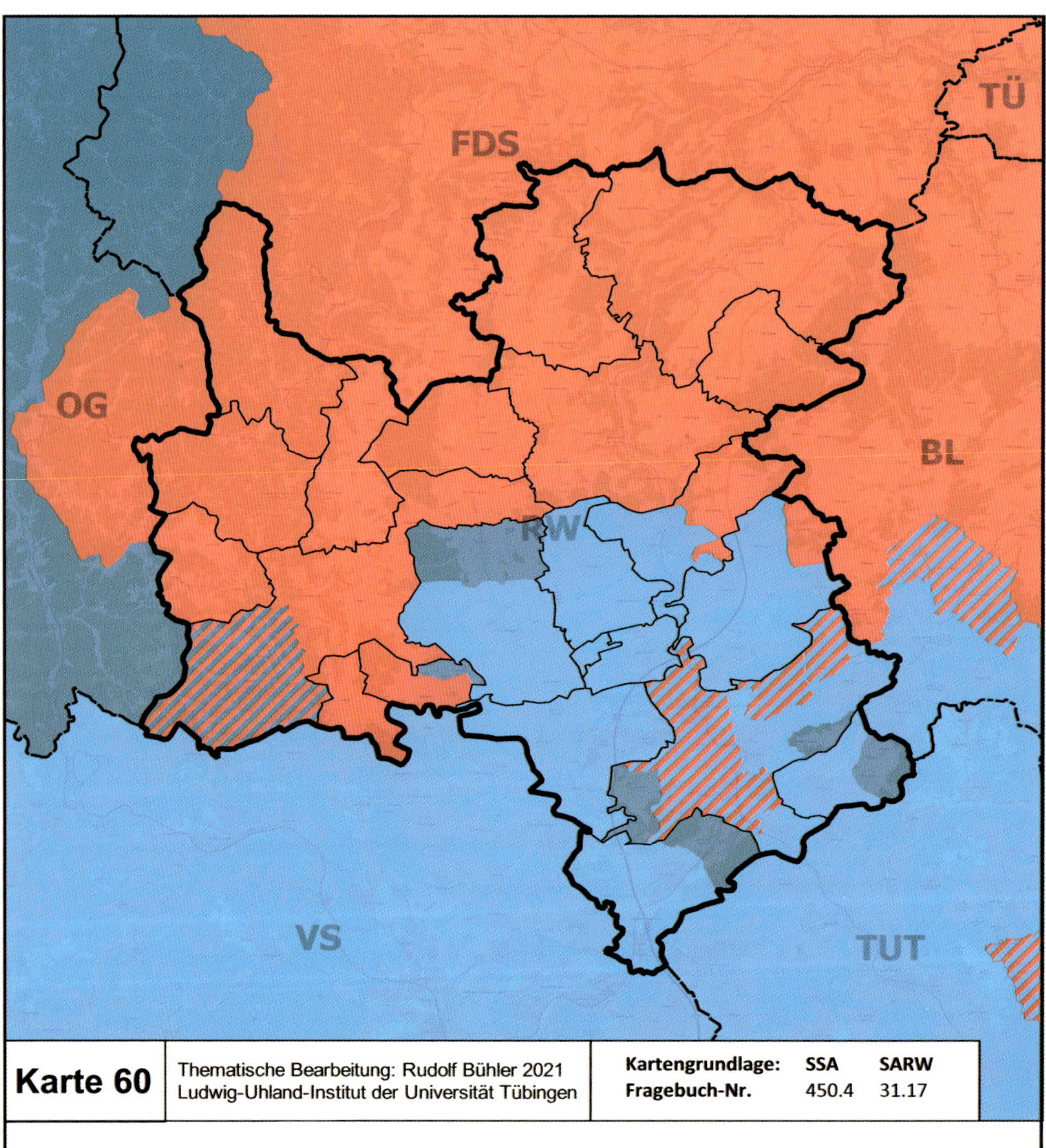

haben: du hast

Legende

- *håsch(d)*
- *häsch(d)*
- *hesch(d)*
- *håsch, häsch*
- *håsch, hesch*

E Die grammatikalischen Verhältnisse und Kleinwörter

1 Die grammatikalischen Verhältnisse

Um einen Einblick in die grammatikalischen Verhältnisse im Landkreis Rottweil zu bekommen, schauen wir uns ein paar wichtige Verben an. Wir beginnen mit dem Verb „**haben**", dessen Infinitiv überall im Landkreis *hao* lautet. Einheitlich ist bei uns auch die Partizipbildung *ghet* „gehabt". Die Infinitiv-Form begegnet uns bei der 1. Person Singular wieder: *i hao/håo* „ich habe". Allerdings deckt diese Form jetzt nicht mehr den ganzen Landkreis ab, sondern sie erhält mit *i ha(a)n/hån* eine Konkurrenzform, die vor allem in der Südhälfte älteres *i hao/håo* verdrängt. Die *han*-Form gilt dann auch im südlich benachbarten Schwarzwald-Baar-Kreis. Bei den Formen zur 2. Person Singular („du hast") ist der Landkreis einmal mehr zweigeteilt (**Karte 60**): Im Norden und im Westen sagt man *håsch(d)*, im Südosten *häsch(d)/hesch(d)*. Die Grenze zwischen der südlichen und der nördlichen Form verläuft zwischen Böhringen, Epfendorf, Bösingen und Seedorf auf der Südseite und Trichtingen, Altoberndorf, Oberndorf, Beffendorf und Waldmössingen auf der Nordseite. Die West-Ost-Grenze verläuft dann zwischen Schramberg, Mariazell und Locherhof auf der einen und Dunningen und Lackendorf auf der anderen Seite. Eine ähnliche Raumverteilung erhalten wir bei der 3. Person Singular („er hat") mit der nordwestlichen Form *håd* und der südöstlichen Form *häd*.

Im Satz „wir haben Durst" finden wir in der Westhälfte und im Norden die Formen *hen(d)/hän(d)*, im übrigen Gebiet die Formen *hon(d)/hån(d)*. Vergleicht man die Belege von 2020 mit denjenigen von 1980, die bei den Erhebungen zum „Südwestdeutschen Sprachatlas" gesammelt wurden, so kann man erkennen, dass in und um Rottweil herum die alten Formen *hon(d)/hån(d)* inzwischen immer mehr durch die neueren Formen *hen(d)/hän(d)* ersetzt werden. Der im Landkreis Rottweil alte Gegensatz zwischen den westlichen Formen *hen(d)/hän(d)* und den eigentlich östlichen Formen *hon(d)/hån(d)* setzt sich dann im Schwarzwald-Baar-Kreis fort. Die nördlichen *hen(d)/hän(d)*-Formen finden ihre Fortsetzung im Landkreis Freudenstadt, die östlichen Formen auch noch im benachbarten Zollernalbkreis und im Landkreis Tuttlingen. Im Raum Tübingen – Reutlingen wird bei den Pluralformen im Indikativ der Konjunktiv eingesetzt. Entsprechend lautet die Pluralform dann (*mir*) *hääbä*. Diese besondere Pluralform könnte einst bis an den Nordrand des Landkreises Rottweil gängig gewesen sein, denn Rudolf Bühler hat sie bei seinen Erhebungen in Fischingen noch gehört.

Auch das Verb „**werden**" wird häufig gebraucht. Um die Vielfalt der hier vorkommenden Formen zu erläutern, nehmen wir die 3. Person Singular Präsens. In der Grundmundart lautete diese Form (*er, sie, es*) *wurd* „(er, sie, es) wird", wobei dann in der Regel auch noch das *-r-* weggelassen wurde: (*er, sie, es*) *wud*. Die Belege, die Rudolf Bühler bei seinen Erhebungen im Jahr 2020 notieren konnte, zeigen nun folgende Entwicklung: In einer ersten Stufe wird der *r*-Ausfall rückgängig gemacht, und wir erhalten *wurd*. In einer zweiten Stufe wird die *u*-Lautung zu Gunsten der auch standardsprachlichen *i*-Lautung aufgegeben, und man sagt (*er, sie, es*) *wird*. Ganz aus der Reihe fällt allerdings wieder

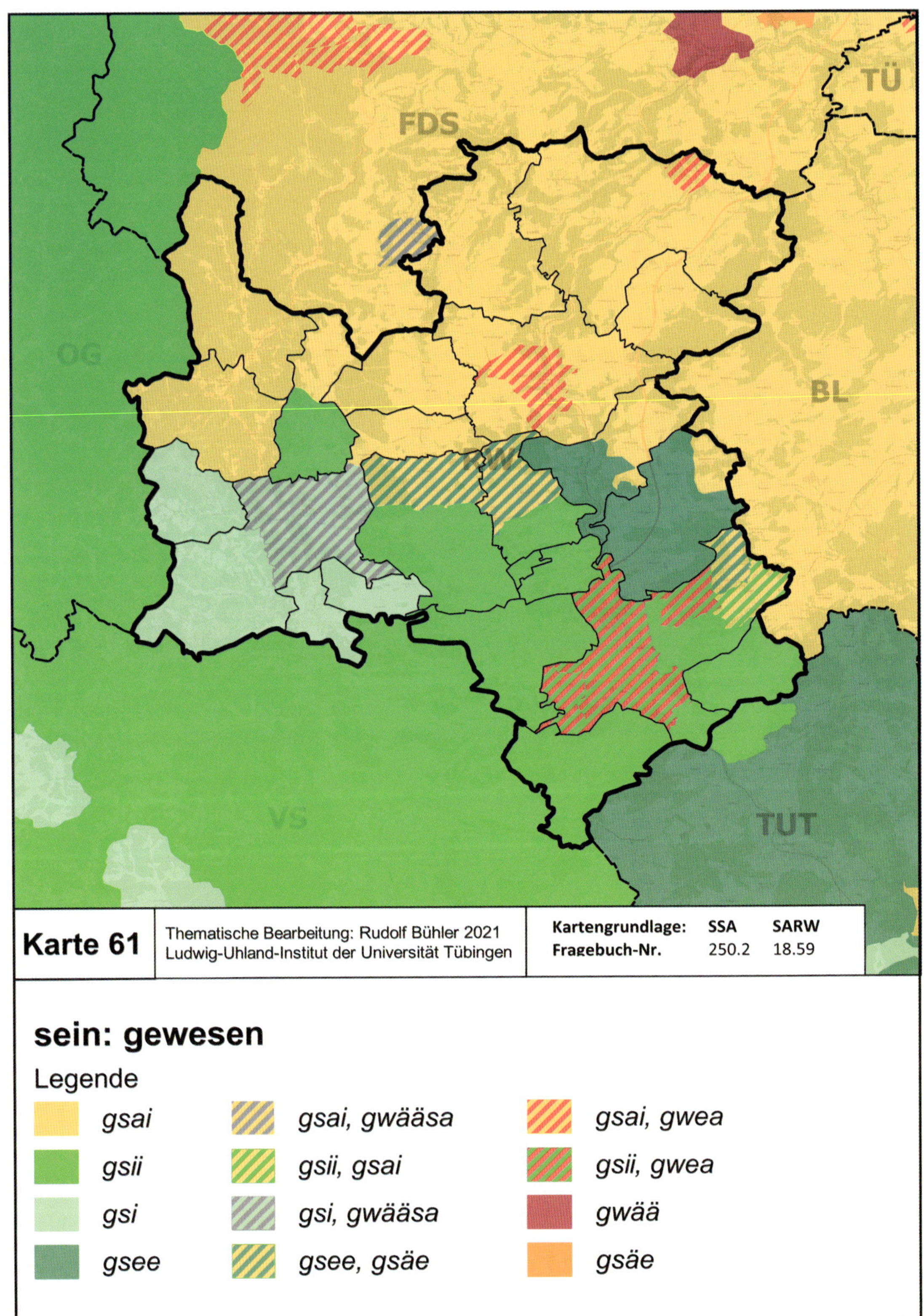
FDS
TÜ
OG
BL
RW
VS
TUT
Karte 61
Thematische Bearbeitung: Rudolf Bühler 2021
Ludwig-Uhland-Institut der Universität Tübingen
Kartengrundlage: SSA SARW
Fragebuch-Nr. 250.2 18.59
sein: gewesen
Legende
gsai
gsii
gsi
gsee
gsai, gwääsa
gsii, gsai
gsi, gwääsa
gsee, gsäe
gsai, gwea
gsii, gwea
gwää
gsäe

einmal Kaltbrunn im äußersten Nordwesten, wo mit *(er, sie, es) wärd* eine ganz andere Lautform gilt. Auch bei der 1. Person Singular („ich werde") hebt sich Kaltbrunn mit der Lautung *wor* vom restlichen Landkreis ab, wo man vor allem *wur*, häufig aber auch *wir* und *wer/wär* sagt. Klarer ist das Bild dann bei den Pluralformen. Sie lauten im Hauptgebiet *were(d)/wäre(d)* oder *weere(d)/wääre(d)*. Nur im Norden heißt es *weean(d)/wääan(d)/ween(d)* (ab einer ungefähren Linie Dornhan – Trichtingen). Wie schon beim Verb „haben" wurde in Fischingen in diesem Fall wieder die Konjunktivform in der 1. Person Plural verwendet: *(mir) wäärä*.

Genauso häufig wie die Verben „haben" und „werden" begegnet uns im Sprachalltag das Verb „**sein**". Die Infinitivform spaltet den Landkreis Rottweil in zwei klare Hälften auf: Im Norden sagt man *sai/sae*, im Süden *sii/see*. Entsprechend lautet dann auch das Partizip hier *gsai/gsae*, dort *gsii/gsee* (**Karte 61**). Die Karte zeigt sehr schön, wie die nördliche Wortform *gsai* mit dem benachbarten Landkreis Freudenstadt und dem Zollernalbkreis korrespondiert, während die südliche Form *gsii* mit dem Schwarzwald-Baar-Kreis und dem Landkreis Tuttlingen zusammenhängt. Auffallend bei der alemannischen Form *gsii* ist die kurze Aussprache des auslautenden *-i* (*gsi*) im Raum Lauterbach, Tennenbronn, Schramberg, Hardt, Mariazell und Locherhof. Die vielen Schraffierungen machen aber auch deutlich, dass hier einiges in Bewegung ist. Man darf vor allem gespannt sein, wie stark sich das nordschwäbische *gwea* gegenüber den „alteingesessenen" Formen *gsai* und *gsii* durchsetzen wird. Bei den Aufnahmen zum „Südwestdeutschen Sprachatlas" vor 40 Jahren wurde diese Form lediglich in Rottweil notiert. Rudolf Bühler konnte sie nun auch schon in anderen Ortschaften hören. Hier zeigt sich, dass die Entwicklung der Dialekte nicht immer in Richtung Standardsprache geht, sondern dass auch eine regionale Form mit höherem Prestige wie das nordschwäbische *gwea/gwää* aus dem Raum Stuttgart – Tübingen – Reutlingen – Göppingen – Ulm andere Dialekte beeinflussen kann.

Bei der 1. Person Singular („ich bin") sagte man im Nordwesten noch *i bae*. Diese Wortform findet man dann auch im nördlich benachbarten Landkreis Freudenstadt wieder. Schenkenzell, Rötenberg, Waldmössingen, Hochmössingen, Dornhan, Hopfau, Glatt und Fischingen sind die südlichsten Ortschaften, in denen man *i bai* sagt. Im Südwesten (Lauterbach, Tennenbronn, Schramberg, Mariazell, Locherhof) sagt man *i bin*, wobei diese Form eine Gemeinsamkeit auf dialektaler Ebene wieder mit der westlichen und südlichen Nachbarschaft darstellt, während die Rottweiler *bin*-Formen zweifellos aus der Standardsprache in den Dialekt eingedrungen sind. Denn die dortige dialektale Form lautet *i bii*, eine lautliche Variante zur nördlicheren *bee*-Form. Die Grenze zwischen beiden verläuft südlich von Seedorf, Beffendorf, Oberndorf, Epfendorf, Dietingen und Gößlingen. Die 2. Person Singular lautet dann wieder überall im Landkreis einheitlich *du bisch*, die 3. Person Singular *er, sie, es isch(t)*. Die drei Pluralformen sind – wie das im schwäbisch-alemannischen Sprachraum normalerweise üblich ist – alle gleich und lauten *sen(d)* oder *sin(d)*.

Wir kommen zum Verb „**geben**" und schauen uns die 3. Person Singular („es gibt") näher an. Im gesamten Ostteil heißt es *geit*, wobei neueres und standardsprachliches *gibt* in dieses geschlossene Gebiet eindringt. Der Westteil hebt sich wie so oft wieder mit einer eigenen Wortform ab, denn in Schenkenzell, Schiltach, Lehengericht, Schramberg und bis nach Hardt, Mariazell und Locherhof sagt man *git/giit*. Aber auch dort setzt sich die neue Form *gibt* immer mehr durch. Bei den Erhebungen vor 40 Jahren tauchte sie noch nicht auf. Auch hier sieht man, wie sehr sich heute die Dialekte im Bereich der Grammatik an der Standardsprache orientieren.

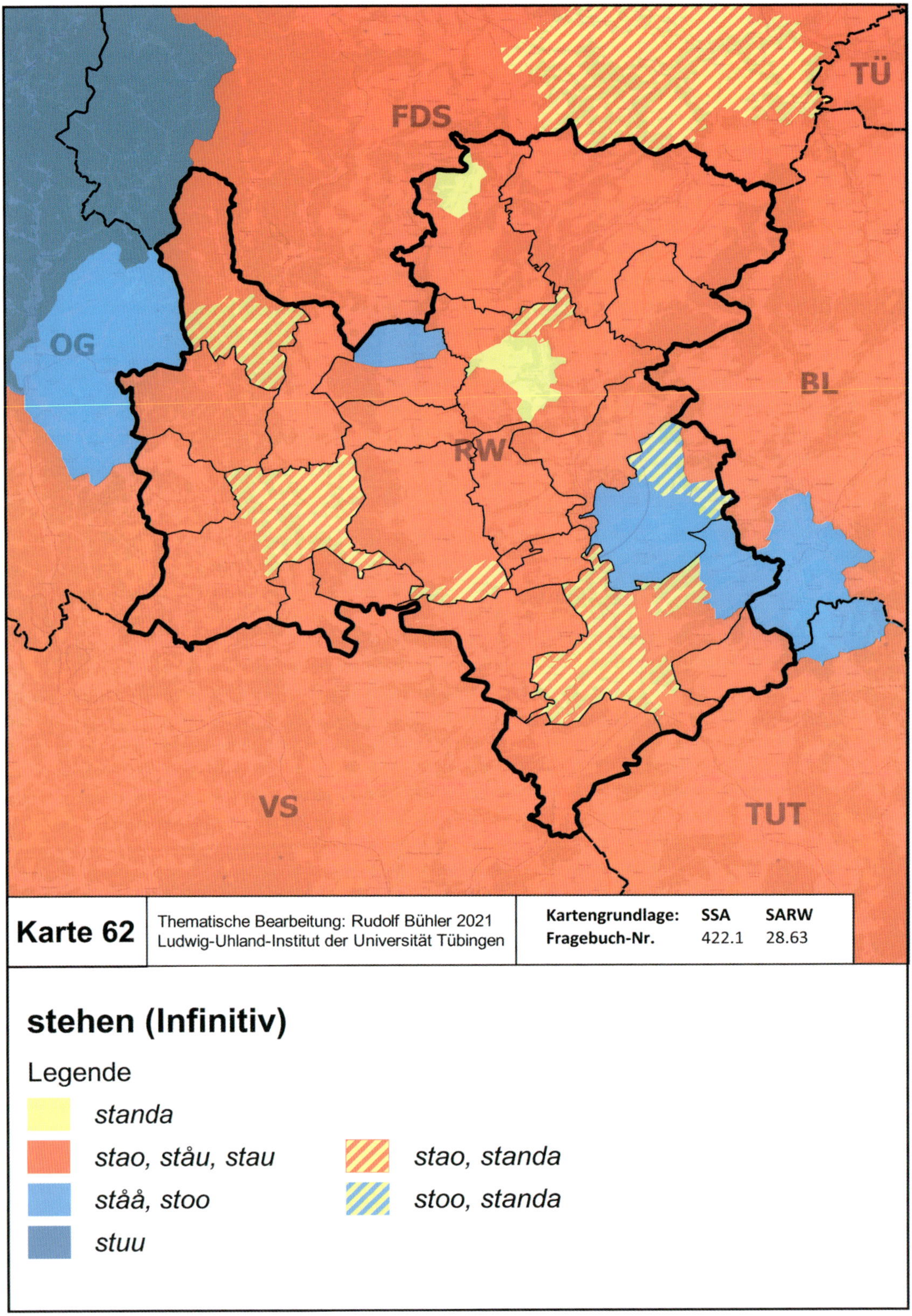

FDS
TÜ
OG
BL
RW
VS
TUT

Karte 62	Thematische Bearbeitung: Rudolf Bühler 2021 Ludwig-Uhland-Institut der Universität Tübingen	**Kartengrundlage:** **Fragebuch-Nr.**	**SSA** 422.1	**SARW** 28.63

stehen (Infinitiv)

Legende

standa

stao, ståu, stau

ståå, stoo

stuu

 *stao, standa*

 *stoo, standa*

Zu den Wörtern, die wir ständig verwenden, gehört auch das Verb „**gehen**". Der Infinitiv lautet im Normalfall *gau/gåo*. Lediglich am Südostrand weicht ein kleines Gebiet davon ab. Hierbei handelt es sich um die Ortschaften Böhringen, Gößlingen, Irslingen und Neukirch, wo der Infinitiv *goo/gåå* lautet. Interessant ist, dass in größeren Gemeinden und Städten wie Schramberg, Oberndorf und Rottweil neuerdings eine Infinitivform eindringt, die eindeutig aus dem Großraum Stuttgart stammt: *(I muss jetzt) gangä*. Zu erwarten ist, dass diese Neuerung sich immer mehr durchsetzen und die alten Formen verdrängen wird. Diese Beobachtung konnten wir schon in anderen Gegenden machen. Die Herkunft dieser neueren Infinitivformen ist leicht zu finden: Es ist eine Übertragung aus dem Partizip, das im Schwäbischen weit verbreitet *gangä* heißt.

Die 1. Person Singular von „gehen" lautet überall *(i) gang* „(ich) gehe", die 2. Person Singular *(du) gååsch(t)* „(du) gehst", die 3. Person Singular *(er, sie, es) gååt* „(er, sie, es) geht". Gegenüber dieser Einheitlichkeit bei den Singularformen sieht es bei den Pluralformen ganz anders aus: Im ganzen Norden und im Westen liegen hier offene oder geschlossene *e*-Lautungen vor: *(mir) ge(a)n(d)/gän(d)* „(wir) gehen". Im Hauptgebiet gilt hingegen eine offene oder geschlossene *o*-Lautung: *(mir) gån(d)/gon(d)*. Und auch hier taucht – ähnlich wie beim Infinitiv – in jüngster Zeit in Städten wie Oberndorf oder Rottweil eine Form auf, die zum Zeitpunkt der Aufnahmen zum „Südwestdeutschen Sprachatlas" im Landkreis Rottweil noch nirgends belegt war: *gangä(d)*. Da es im Schwäbischen einen Einheitsplural gibt (siehe Karte 63), entsprechen die Lautungen der 2. und 3. Person Plural der 1. Person Plural.

Bei den Formen des Verbs „**stehen**" können wir viele Parallelen zum Verb „gehen" erkennen: Der Infinitiv (**Karte 62**) lautet *stao/ståu/stau*, wobei das kleine Gebiet am Südostrand mit den Ortschaften Böhringen, Gößlingen, Irslingen und Neukirch mit der eigenen Lautung *ståå/stoo* wieder davon abweicht. Und wie schon beim Verb „gehen" dringt auch hier mit der aus dem Partizip abzuleitenden Form *standä* eine neuere Form aus dem Stuttgarter Raum vor, die in den Städten Oberndorf, Schramberg und Rottweil bereits Fuß gefasst hat und von dort in die nähere Umgebung ausstrahlt. Und wiederum war diese neuere Form vor 40 Jahren bei den Aufnahmen zum „Südwestdeutschen Sprachatlas" im Landkreis Rottweil noch unbekannt.

Einheitlich im ganzen Landkreis sind wieder die Singularformen: *(i) stand* „(ich) stehe", *(du) stååsch(t)* „(du) stehst", *(er, sie, es) stååt* „(er, sie, es) steht". Und auch beim Plural gehen die Entwicklungen der beiden Verben „gehen" und „stehen" parallel: Im ganzen Norden und im Westen liegen wieder offene oder geschlossene *e*-Lautungen vor: *(mir) ste(a)n(d)/schtän(d)* „(wir) stehen". Im Hauptgebiet gilt hingegen eine offene oder geschlossene *o*-Lautung: *(mir) stån(d)/ston(d)*. Und auch hier taucht – wieder wie beim Infinitiv – in Städten wie Oberndorf oder Rottweil die neue Form *standä(d)* auf. Die drei genannten Lautformen gelten dann ebenso wieder für die 2. und 3. Person Plural.

Das kleine Sondergebiet am Südostrand mit den Ortschaften Böhringen, Gößlingen, Irslingen und Neukirch, das wir bei den Verben „stehen" und „gehen" soeben kennengelernt haben, tritt auch beim Infinitiv des Verbs „**lassen**" wieder auf. Dieser lautet dort *loo*, während das Hauptgebiet *lau/låo* sagt. Entsprechend wird das Partizip in den beiden Gebieten unterschiedlich gebildet: hier *glau/glåo*, dort *gloo*. Und wie schon bei den Verben „gehen" und „stehen" erscheint in den Städten Schramberg und Rottweil mit *lassä/glassä* abermals eine Neuerung, welche die alten Formen verdrängt und in diesem Fall aus der Standardsprache stammt.

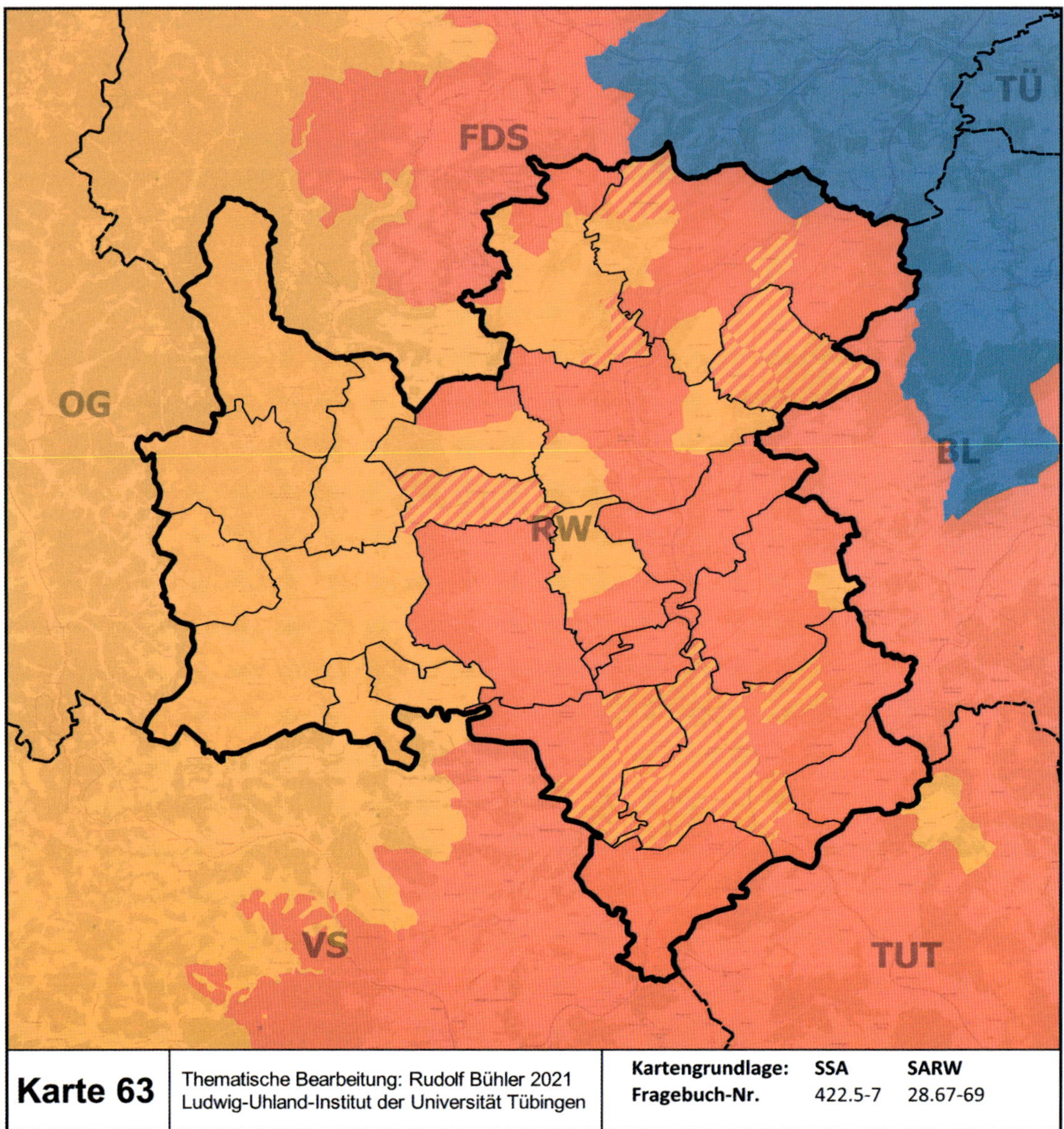

Karte 63	Thematische Bearbeitung: Rudolf Bühler 2021 Ludwig-Uhland-Institut der Universität Tübingen	**Kartengrundlage:** **Fragebuch-Nr.**	**SSA** 422.5-7	**SARW** 28.67-69

stehen: Endungen der Pluralformen

Legende

Einheitsplural: -et, -et, -et

Einheitsplural: -e, -e, -e

Endung Gp.-abhängig oder wechselt

Zweiersystem: -e, -et, -et (Konj. in 1. Pl.)

Bevor wir die Verben verlassen, müssen wir noch kurz auf den **alemannisch-schwäbischen Einheitsplural** eingehen. In beiden Sprachräumen gibt es für die 1., 2. und 3. Person Plural eine gemeinsame Form. Allerdings unterscheiden sich hier der schwäbische und der alemannische Raum. Während im schwäbischen Raum die Verben auf *-et* enden, schließen die alemannischen Mundarten die Pluralformen mit *-e* ab. Und wieder einmal spaltet sich im Landkreis Rottweil der Westen von Kaltbrunn bis Tennenbronn einschließlich Aichhalden und Schramberg mit der alemannischen Endung vom Hauptgebiet ab, wo die schwäbische Endung auf *-et* gilt (**Karte 63**).

Wir werfen noch einen Blick auf die **Pronomen**. Im Fragebuch enthalten war der Satz „Die Katze gehört uns". Die Lautungen für „uns" ergeben wieder einmal mehr eine Zweiteilung des Landkreises in eine Nordhälfte mit *eis/äis* und eine Südhälfte mit Monophthong-Lautung *iis/ees*. Daneben wurde am Westrand auch noch einfaches *uns* notiert. Die 2. Person Plural wurde mit dem Satz „Der Hund gehört euch" abgefragt. Hier konnte durch die Interviews folgende Raumaufteilung herausgefunden werden: (1) Im Hauptgebiet sagt man wie im benachbarten Landkreis Freudenstadt *äib* „euch". (2) Im Westen wurde in Kaltbrunn, Schramberg und Mariazell das ausfallende *-b* weggelassen, was die Lautform *äi* ergab. (3) Im gesamten Landkreis werden die beiden Formen *äib* und *äi* zunehmend durch *äich* verdrängt. (4) Lediglich in Lauterbach und Tennenbronn sagt man *aich*.

Beim Possessivpronomen in einem Satz wie „das sind unsere Häuser" wiederholt sich in etwa das Bild, das wir gerade bei „uns" bekommen haben: In der Nordhälfte des Landkreises sagt man *ais(e)re, ais(e)ne*, im Süden *iis(e)re/iis(e)ne*. Am Westrand sagt man *uns(e)re*, und da diese Lautform auch die standarddeutsche ist, verdrängt sie im ganzen Gebiet die älteren Formen. In der Südhälfte gibt es zur *i*-Lautung noch Varianten mit *e*-Lautung: *ees(e)re*, *ees(e)ne*, und am Nordrand, in Fischingen und Glatt, wurde mit *aos(e)re* auch noch eine Diphthong-Lautung notiert, eine Lautform, die auch im benachbarten Landkreis Freudenstadt zu finden ist.

Schauen wir uns noch kurz die Antworten bei der 2. Person Plural an. Im Satz „Das ist euer Haus" wurden für das Possessivpronomen „euer" folgende Antworten gegeben: (1) In der Südwestecke im Raum Schramberg – Tennenbronn *aier*. (2) Im Westen (ohne Südwestecke) *äier*. (3) Im gesamten übrigen Gebiet *äiber*. Diese Lautung mit *-b-* ist aber im Schwinden begriffen und wird durch *äier* ersetzt.

2 Satzbau

Bei den Interviews zu diesem Sprachatlas hatten wir im Fragebuch auch den Satz „Sie hat es der Mutter gesagt" (Karte 58) eingebaut. Eigentlich ging es hierbei um die Lautung des Wortes „Mutter", doch hat sich dann auch gezeigt, dass dieser Satz im Landkreis Rottweil unterschiedlich gebildet wird. In der ganzen Nordhälfte und am Ostrand hat Rudolf Bühler hierbei überall den Satz in der Form *Sie hat es der Mutter gesagt* erhalten, während er im übrigen Gebiet *Sie hat es <u>in</u> der Mutter gesagt* notierte. Geht man alle Angaben, die die Gewährspersonen bei den Interviews gemacht haben, durch, so zeigt sich deutlich, dass die zweite Formulierung die ältere ist und in wenigen Jahren verschwunden sein wird. Oft wurde bereits angegeben, dass man *<u>in</u> der Mutter* früher gesagt habe, aber diese Formulierung im Ort heute nicht mehr zu hören sei.

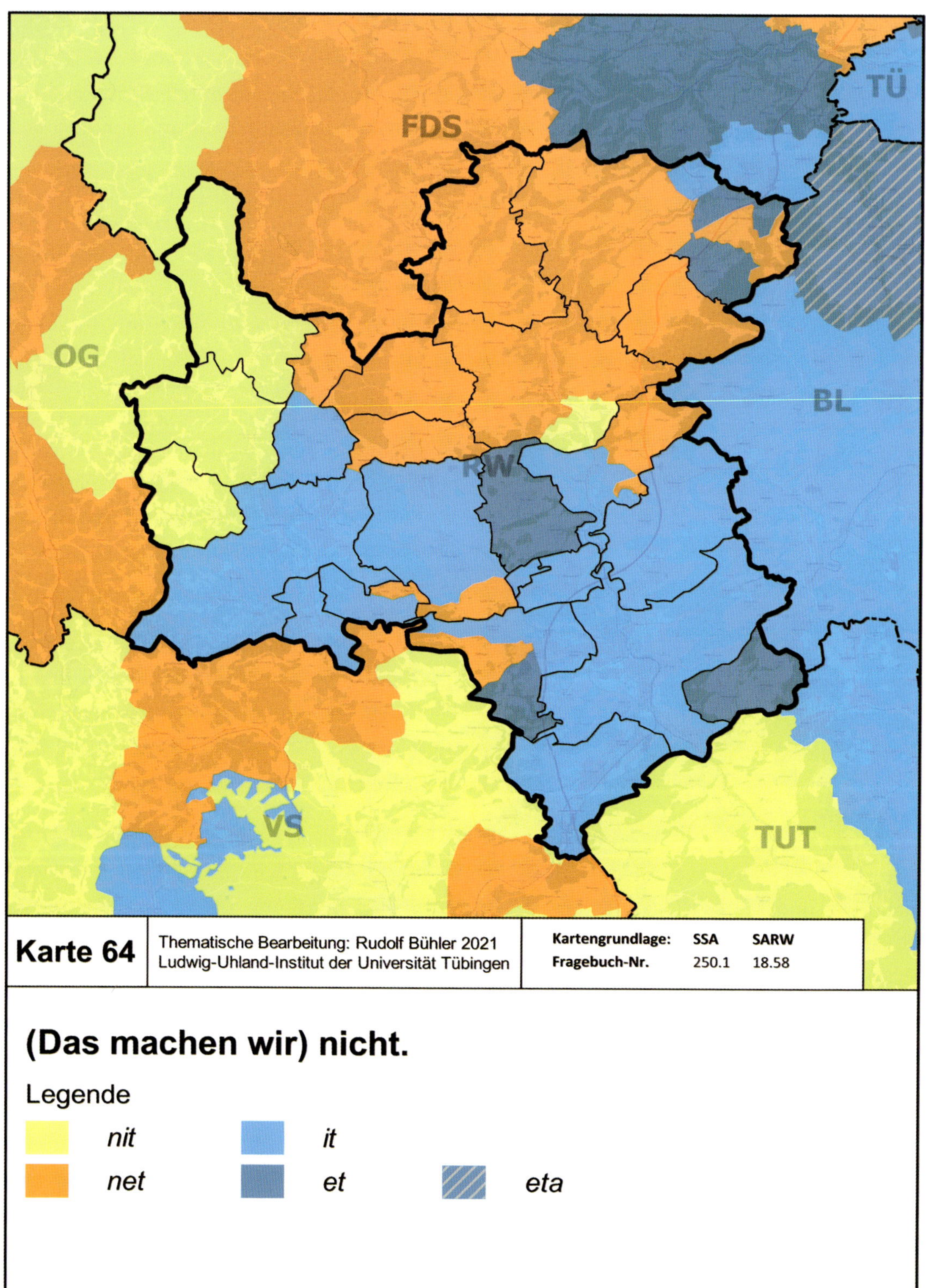

Karte 64 Thematische Bearbeitung: Rudolf Bühler 2021
Ludwig-Uhland-Institut der Universität Tübingen

Kartengrundlage:	SSA	SARW
Fragebuch-Nr.	250.1	18.58

(Das machen wir) nicht.

Legende

3 Kleinwörter

Nicht nur Verben wie „haben" oder „sein" tauchen in der täglichen Rede häufig auf, sondern auch Kleinwörter wie „nicht" oder „nichts". Daher haben wir auch einige Beispiele aus dieser Gruppe in das Fragebuch aufgenommen. Und es zeigte sich, dass wir auch bei diesen Wörtern im Landkreis Rottweil große Unterschiede feststellen konnten.

In althochdeutscher Zeit gab es mit *niowiht*, *niwiht* und ***nicht*** für die Verneinung drei Varianten, von denen die Letztgenannte bis heute erhalten blieb. Die erstgenannte Form gibt die Ursprungsform *ni io wiht* noch relativ gut wieder, welche man mit „nicht je etwas" übersetzen könnte. Das Wort *wiht* in diesem Ausdruck ist unser heutiges Wort *Wicht*, das auch im Verb *wichteln* „kleine Geschenke per Los austauschen" enthalten ist. In Baden-Württemberg erscheint die Verneinung *nicht* im ganzen Norden und Westen als *nit(e)/net(e)*, im südlichen Markgräflerland in der Variante *nüt*. Im Südosten sagt man *it(e)/et(e)*. Das anlautende *n-* ist hier durch falsche Worttrennung verloren gegangen. Die Formen mit auslautendem *-e* werden verwendet, wenn die Verneinung betont wird, etwa im Satz *Wir haben das nicht*. Der Landkreis Rottweil liegt nun genau an der Grenze zwischen den beiden Hauptformen *nit(e)/net(e)* und *it(e)/et(e)* (**Karte 64**).

Unser Wort ***nichts*** geht auf die mittelhochdeutsche Ausdrucksweise *nichtes nicht* zurück, was praktisch eine doppelte Verneinung ist. Später wurde der zweite Verneinungsteil weggelassen. Der Ausgangspunkt für die Formen *nint/nünt* ist vermutlich eine Form *niuwent* (zu mhd. *niuwet*). Bei den Formen *nints/nunts, nonts* zwischen Balingen, Rottweil und Freudenstadt sowie *nits, niats/neits, nuits* in den Räumen Balingen, Sigmaringen und Ravensburg ist wie bei *nichts* am auslautenden *-s* noch die alte Genitivform zu erkennen. Die Grenzlinie zwischen dem *nint-* und dem *nints*-Gebiet verläuft mitten durch den Landkreis Rottweil: Im Norden sagt man *nints*, im Süden *nint*.

Zu den Kleinwörtern stellen wir auch die **Richtungsadverbien**. Hier wird in der Mundart in der Regel bei der Wortwahl darauf geachtet, wo die sprechende und wo die angesprochene Person steht. In einem Satz wie „Komm herein!" ist die sprechende Person im Raum, die angesprochene Person außerhalb. Im Satz „Ich gehe hinein" ist die sprechende Person draußen und die angesprochene Person im Raum. Entsprechend lauten dann die beiden Adverbien zum Beispiel in Oberndorf *rae* und *nae*, in Lauterbach *rii* und *nii*. Wenn wir uns das Kartenbild bei „herein" näher anschauen, dann ergibt sich folgende räumliche Verteilung: Von Schiltach bis Oberndorf und nördlich dieser Linie sagt man *rae*, südlich davon (ab Lauterbach – Aichhalden – Bösingen) *rii*. In diesem Gebiet gibt es dann am Ostrand mit *ree* noch eine lautliche Variante. Dasselbe Bild wiederholt sich beim Adverb „hinein": im Norden *nae*, im Süden *nii*, am Ostrand *nee*. Sowohl bei „herein" als auch bei „hinein" sind die Lautungen mit Monophthong (*rii/ree, nii/nee*) auf dem Rückzug. Sie werden heute immer mehr durch die Diphthong-Lautungen (*rae, nae*) ersetzt. Zur Gruppe der Kleinwörter gehören schließlich noch die Wörter „**niemand**" und „**nirgends**". Sie lauten in der Mundart im ganzen Landkreis gleich: *nieme(r)t* „niemand" (aus *ni* + *man*) und *niene, niene(r)ts* „nirgends" (zu althochdeutsch *ni io in ëru* „nicht je auf der Erde").

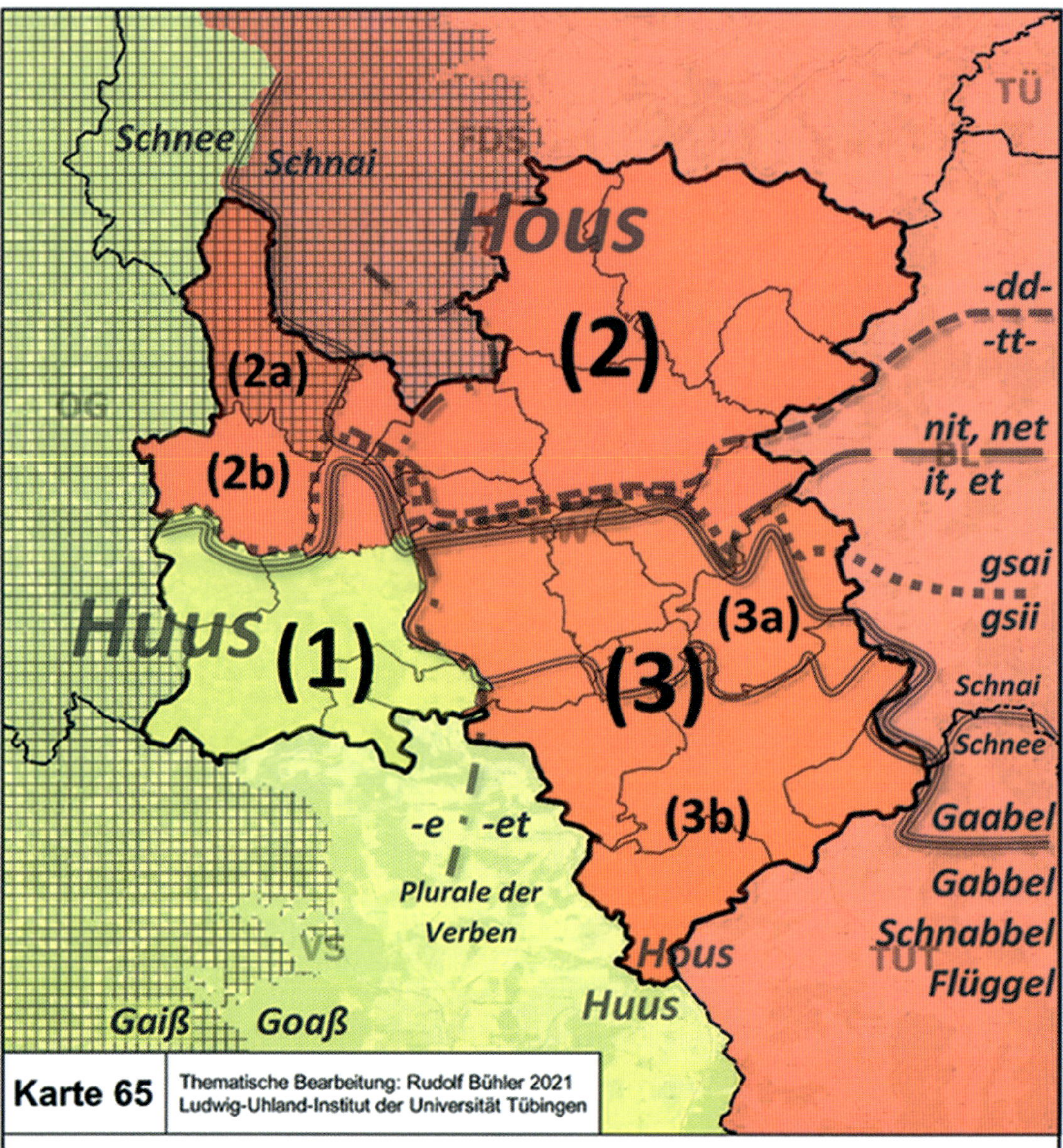

Die sprachliche Gliederung des Landkreises Rottweil

Legende

- *Hous*
- *Huus*
- *Gaiß*

(1) Der Südwestteil (= Alemannisch)

(2) Die Nordhälfte (= Westschwäbisch)

(a) Sonderfall: Der Nordwestrand

(b) Sonderfall: Der Westrand

(3) Die Südhälfte (= Südwestschwäbisch)

(a) Der Ostrand

(b) Der Südteil

F Zusammenfassung: Die sprachliche Gliederung des Landkreises Rottweil

(1) Der Südwestteil (= Alemannisch)

Durch den Monophthong *Huus*, der auch bei anderen Wörtern gilt, die ein mhd. *û* fortsetzen, trennen sich die Orte Lauterbach, Schramberg, Tennenbronn, Hardt, Mariazell und Locherhof vom übrigen Landkreis ab und schließen sich dem alemannischen Teil unseres Bundeslandes an (siehe auch Karte 55). Da hier gleichzeitig mhd. *ei* (Beispiel: „Geiß", Karte 57) in der typisch westschwäbischen Lautung *-oa-* (*Goaß*) wiedergegeben wird, gehört unser alemannischer Teil zum Bodensee-Alemannischen.

(2) Die Nordhälfte (= Westschwäbisch)

Kennzeichen des westschwäbischen Teils sind die Diphthonge in Wörtern wie „Haus", „Eis" (Karte 55) oder „Häuser" (*Hous, Eis, Heiser*), die *oa*-Lautung z. B. in *Goaß* „Geiß" (Karte 57), die Dehnung in offener Silbe (*Nääbel, Näabel;* Karte 53), die Verneinung mit dem Wort *net* (Karte 64) und dass hier keine Fortiskonsonanten gesprochen werden (Karte 9).

(a) Sonderfall: Der Nordwestrand (= Übergang zum Alemannischen)

Kaltbrunn und Schenkenzell gehen sprachlich gesehen immer wieder eigene Wege. Deutlich wird dies bei den nur hier auftretenden Lautungen *Gaiß* „Geiß" (Karte 57) und *grååß* „groß" (Karte 56), durch die sich die beiden Ortsteile den westlichen und nördlichen Nachbarn anschließen.

(b) Sonderfall: Der Westrand (= Übergang zum Alemannischen)

Die Orte Lehengericht, Schiltach und Aichhalden bilden den Plural der Verben nach alemannischem Modell, also mit auslautendem *-e* (Karte 63).

(3) Die Südhälfte (= Südwestschwäbisch)

Typisch für die Südhälfte des Landkreises ist all das, was für den Nordteil untypisch ist. Hierzu gehört, dass im Süden die Dehnung in offener Silbe nicht eingetreten ist (*Näbbel;* Karte 53), dass hier Fortiskonsonanten gesprochen werden (Beispiel: *gsof-fä* „gesoffen", *es-se* „essen"; Karte 9) und dass hier die Verneinung mit dem Wort *it/et* (Karte 64) gebildet wird.

(a) Der Ostrand

Durch die Verbformen *loo/gloo* „lassen/gelassen", *goo* „gehen" und *stoo* „stehen" (Karte 62) gegenüber sonst üblichem *lao/glao*, *gao* und *stao* hebt sich ein kleiner Raum am Ostrand vom übrigen Rottweiler Gebiet ab. Zu diesem kleinen Raum gehören die Orte Böhringen, Irslingen, Gößlingen und Neukirch.

(b) Der Südteil

Die geschlossene *e*-Lautung in *Schnee* „Schnee" (Karte 54) ist im Gegensatz zur nördlichen Lautung *Schnai* für den Südteil der Südhälfte charakteristisch. Dieser Südteil beginnt mit den Orten Lackendorf, Zimmern o. R., Rottweil, Göllsdorf und Zepfenhan.

G Ausgewählte Interviewpassagen

Begleitend zu den Interviews für den „Kleinen Sprachatlas des Landkreises Rottweil" wurden die Sprecherinnen und Sprecher in einem freien Gespräch jeweils gebeten, Erlebnisse aus ihrer Jugend, Anekdoten aus ihrem Ort, zu besonderen Ereignissen aus der Umgebung oder von ihrer persönlichen Einstellung zum Dialekt zu berichten. So entstand quasi „nebenher" eine Sammlung von Erzählungen aus allen Orten und Ortsteilen des Landkreises, ein Querschnitt nicht nur durch die Alltagsgeschichte(n) der Menschen aus unserem administrativen Gefüge, sondern auch ein lebendiger Umriss ihrer Mundarten. Diese Schilderungen bergen einen für die Kulturwissenschaft wertvollen Schatz der Alltagskultur, der für eine Gesamtschau der Dialekte im Landkreis eine ansprechende Ergänzung darstellt.

Die nachfolgenden Ausschnitte von Aufnahmen aus jedem der sprachlichen Gliederungsgebiete stellen eine Auswahl dar, die einen beispielhaften Einblick in die Vielfältigkeit der Sprachlandschaft unseres Landkreises jenseits der Atlaskarten erlauben.

01 Hardt

EX: Hat ma früher schon mehr selber für sich a'baut eig'ntlich?

Gm1: Ha ja, ma isch ja Sälbschtv'rsorger **gsi**, då håt's koan Aldi gäa. Also bis nach-m Kriag sim-mer eing'lich Sälbschtv'rsoger **gsi**. Wenn also von de Junge drei **g'hiiret** hen, nå håt jeder a Stuck Fäld 'kriagt, dass-r håt kenna a **Suu** halta, dass-r wieder metzga håt kenna, oder a Kuah. Also **mii** Großvadder håt no a Kuah härgäa, dass-r an Aazug **koufa** håt kenna. Sonscht håt-r ja koa Gäld g'het. Also, då håsch scho a Rindvieh **'bruucht**, wenn der a weng ebbis laeschta håsch welle. Oder a **Hoochzit** oder ebbis weng macha, wo weng Gäld 'koscht't håt, ha, säll håsch mit-e-re **Suu** nit g'macht.

Und ich hab bloß noch d'Ferkel g'wisst. Säll war no Suu-Markt in **Rottwiil** dusse. Am Morge um achte håt där 'pfiffe, un nå sin d'Kischte ufgange und nå håsch kenne Soue 'russuche, wa-då håsch welle. I sälber bin na, bin - zeh Jåhr lang ha i **miini** Soue in Rottwiil uf-m Suu-Markt g'holt.

Also i woaß zum Beischpiel Schramberg un Hornberg. Hornberg war badisch, Schramberg isch wirttebergisch **gsi**. Un wenn von Schramberg an **Buur** håt welle in Hornberg a Stuck Vieh **v'rkoufe**, nå isch er iber de Fohrebihl num un håt missa Zoll 'zahle, v'rzolla. Nå isch er in Hornberg gsi, håt welle dia Kuah **v'rkouf**e, håt sie ab'r it **v'rkouft** 'bråcht. Håt er se wieder misse mit hoam nehme, nå håt er se wieder misse v'rzolla. Nå isch er nachher wieder dahoam **gsi**, håt se zwaemål v'rzollt g'het, håt se ab'r äw'l no g'het. So isch des g'loffe.

Der Sprecher aus Hardt lässt sich durch verschiedene sprachliche Merkmale dem alemannischen Südwestteil des Landkreises Rottweil zuordnen (vgl. Karte 65, Gebiet 1). Wie Karte 3 zur Gliederung der Dialekte Baden-Württembergs zeigt, geht die Grenze zwischen den schwäbischen und den alemannischen Mundarten durch unser Kreisgebiet. Ein Kriterium, mit dem sich das Schwäbische vom Alemannischen trennen lässt, ist die Aussprache alter Langvokale wie mhd. *î* und mhd. *û* (vgl. Karte 55). Sie werden im Schwäbischen mit einem Doppellaut ausgesprochen wie in *Eis* oder *Hous*. Im Alemannischen hat sich der alte Laut erhalten. Es heißt also hier *Iis* und *Huus*, ebenso wie in dieser Erzählung aus Hardt

Rottwiil, mii, miini, g'hiiret, Hoochzit sowie *Buur, Suu, bruucht* für *Rottweil, mein, meine, geheiratet, Hochzeit, Bauer, Sau, braucht.*

Nicht zu unterscheiden ist das mhd. *û* in *Haus* im heutigen Schriftdeutschen vom mhd. *ou* in Wörtern wie *blau, Frau* oder *kaufen*. Hardt gehört zu dem Gebiet, in dessen Mundarten sich mhd. *ou* ebenfalls erhalten hat (vgl. Karte 59). So heißt es hier *blou, Frou, koufe* wie in der angrenzenden Baar und der Ortenau.

Ein Merkmal für den Dialekt im Südwestteil des Landkreises aus dem Bereich der Grammatik ist die Aussprache des Partizips Perfekt von *sein*: *gewesen*. Typisch für das Gebiet um Hardt ist die kurz gesprochene Form der alemannischen Variante: *gsi* (vgl. Karte 61).

02 Fischingen

EX: Jetzt hen die alle hier g'sagt, des Fischingen isch als einziges katholisch?

Gf. (*1956): Då håt ma oafach, weil dia and're evangelisch **gsae** sen, håt ma nicht als Kender oder Heräāwacks'nde uf Mihla nom derfa uf Pussaasch. Ēĕpfenga isch ab'r 's Gleiche gsae: De'sch jetzt scho a Zeit lang här, nå håt oaner gsaet, da isch **Tāāz gsae** z'Mihla im Lamm, ao jonge Kärles dåmåls, on nå håt där gsaet: „Ha, gang-m'r uf Mihla nāā zom Tāāz." „Ich gang it då naa un hol it die **Häärle**." On oan'r håt åmåål, mae Māā håt sae Frao g'ärg'ret: „Ha, 's isch a **Wiaschtglaebige**." „Des isch ao an Wiaschtglaebiger", hån se ao gsaet. Die sin net traua herkomma, hm-m. 's isch ao koa Mihlemer z'Fischinga v'rheiret. And'rsrom isch-es ganga, ab'r Mihlemer sin koane 'komma. I hao des **it** g'wisst. Des håt ma halt ao åmåål so g'het.

Der alte Landkreis Rottweil ist vorwiegend katholisch geprägt gewesen. Mit der Kreisreform kamen im Norden Gebiete des vormaligen Landkreises Horb hinzu mit einer mehrheitlich protestantischen Bevölkerung. Darunter waren auch einige katholische Ortschaften (vgl. Karte 4 zur konfessionellen Gliederung im Landkreis Rottweil), die wie Glatt und Fischingen einst zum Landkreis Hechingen gehört hatten. Diese Sprecherin aus dem Norden des Landkreises erzählt von der Abgrenzung zwischen den Menschen unterschiedlicher Konfessionen, wie sie noch in der Mitte des 20. Jahrhunderts bei uns verbreitet war. Auch lange nach der Gründung eines Ökumenischen Rates waren in der Bevölkerung noch Vorurteile gegenüber der jeweils anderen Konfession vorhanden. Die hier als „Häärle" verschmähten jungen Männer im Nachbardorf waren demnach kein Umgang für die Mädchen aus Fischingen. Im Schwäbischen Wörterbuch von Hermann Fischer findet sich unter dem Stichwort *Herrlein* der Hinweis, es handele sich um eine „nicht sehr höfliche" Bezeichnung für einen Geistlichen. Ganz früher ein weit verbreiteter Ausdruck für katholische Priester, veränderte sich die Bedeutung des Wortes hier schließlich zur abwertenden Benennung für die „Wüstgläubigen". Fischer ordnet dem Ausdruck „wüst" die Eigenschaften „hässlich, garstig, moralisch roh und unordentlich" zu.

Sprachlich lässt sich diese kurze Passage der Erzählung aus Fischingen gut dem nördlichen Landkreis Rottweil zuordnen (vgl. Karte 65, Gebiet 2). Die Sprecherin verwendet für das Partizip von *sein*: *gewesen* (vgl. Karte 61) die Form *gsae*, die in der gesamten Nordhälfte des Landkreises ab einer Linie Lehengericht – Harthausen verbreitet ist. Die Form *it* für die Negationspartikel *nicht* ist eigentlich untypisch für die Nordhälfte des Kreises. Sie taucht eher um die Gegenden von Rottweil selbst und von Schramberg auf und ist für den ganzen südlichen Landkreis belegt. Dieses *it*-Gebiet verbindet sich jedoch über die Zollernalb mit den ehemals Hechinger Orten Empfingen und Fischingen (vgl. Karte 64), sodass wir mit der Aussprache *it* ein Alleinstellungsmerkmal der Fischinger Mundart im Norden des Landkreises Rottweil haben. Die Sprecherin in unserem Ausschnitt berichtet, wie man in den Nachbarort Mühlheim zum *Tääz*, also zum *Tanz*, wollte. Ähnlich wie beim Wort *Gans* (vgl. Karte 52) wird hier der Nasal ausgelassen. So sind auch die Lautungen *Gääs* und *Tääz* für die *Gans* und den *Tanz* typische Varianten für die Mundart im nördlichen Landkreis Rottweil.

02a Schenkenzell

Gm1 (*1939): Ja, friher war's halt so: Da wara dia Boura rings um Schenkezell, des wara dia reiche, des wara d'Waldboura. Un die hen Kneecht un Mägd g'het. Un die im Dorf, des warat Daagleehner. Un die sin **maescht'ns**, die sin fascht alle ins G'schäft irg'ndwo, in-n Fabrik, un nå hat Jedes oder fascht alle hen no an **Gaeß** g'het un a Kuah g'het un a Sou g'het, gell, a paar Henna. Also des wara die Ärmara. Un die hen nå ao missa, neben-em Fabrikarbeit hen die no missa am Åbad oder am Morga friah no Landwirtschaft macha oder hen äls ao bei de Boura g'holfa, gell.
Gm2 (*1932): **Dahaem** hem-mer **zwae** un drei Kiah g'het. Un nå håt ma noch a **Gaeß** d'rzua g'nomma. Weil, ma håt ja missa Milch ablief'ra. Jede Kuh isch berächn't wora. Un wenn ma a Gaeß -, fir d'Gaeß håt ma **kae** Milch abg'liefert. Nå håt ma ja so Ibergangszeita g'het, wo d'Kih net so viel Milch gäbba hen. Nå war ma froh an d'r Gaeß. I bin 47 ous d'r Schuul 'komma, a Lehre begonna. Dahaem håt ma ja Landwirtschaft g'het, un wenn i am Morga am finfe, Schenkaburg da hunna, da hem-mer Fäld g'het: Mäha, mit-em Fahrrad nåch Schramberg g'fahra in d'Lehr, ja. Un dann, we-ma haem'komma isch am Åbad, dann war ja, 's Hae håt ma dann no missa ao wieder z'samma macha un haemfihra. Manchmål håt ma an Ocks ousleiha kenna von Schenkaburg då rouf. Un manchmal håt ma ao Bind'l g'macht, Haebind'l, un håsch dann mit-m Handkarra haemzoga, net.

Die Technisierung der Landwirtschaft hat auch bei uns seit dem Ende des 19. Jahrhunderts Einzug gehalten. Durch die mechanische Herstellung und Verarbeitung konnten die Produktion in der Landwirtschaft stark erhöht und die Lebensverhältnisse der Bevölkerung vielerorts verbessert werden. Doch oft zahlten sich die Investitionen nur für größere Betriebe aus. Bauern, die kleinere Anbauflächen bewirtschafteten, konnten oft mit der Modernisierung nicht mithalten, da sich die teuren Anschaffungen für sie nicht lohnten. In der ersten Hälfte des 20. Jahrhunderts wurde die aufsteigende Industrie als Arbeitgeberin immer wichtiger. So verdingten sich mehr und mehr Menschen neben der Landwirtschaft in den wachsenden Betrieben der Umgebung.

Die beiden Sprecher aus Schenkenzell berichten, wie zur Mitte des 20. Jahrhunderts die Erwerbstätigkeit in der Fabrik oder im Betrieb immer wichtiger wurde. Schließlich bewirtschaftete man nebenher noch ein „Sächle“, indem man einige Stück Vieh versorgte. Dieser Nebenerwerb erfolgte hier noch ganz in Handarbeit und diente nur noch der Aufbesserung der Einkünfte.

Sprachlich lassen sich diese Repräsentanten der Schenkenzeller Mundart dem Nordwestrand (vgl. Karte 65, Gebiet 2a) des Landkreises zuordnen. Die Aussprache des mhd. *ei* als *ae* in Wörtern wie *meistens*, *Geiß*, *daheim*, *zwei* oder *kein* unterscheidet sie von den anderen Gebieten im Kreis, wo dieser Doppellaut als *oa* gesprochen wird (vgl. Karte 57 Geiß).

02b Lehengericht

EX: Wie isch des 'ganga mit dem Absaela, wie hat ma des oba g'hoba, dass der Baom net abhaot?
Gm. (*1936): Um an stehenda Boum, je nach Stärke, zwei-, dreimål romg'fahra un dann mit dem andara **Tael** an da Stamm 'ganga. Un nå isch ma då

un håt des **Sael** nåchg'låssa. Wenn's an starke Stamm war un steil, håt man ao **zwae** Saeler druf g'macht, net. [...] Die **Riesa** håt ma 'baut scho-mål, we-ma **Lotzene** drin g'het håt, håt ma des g'nennt, nå håt ma des unna ous'pritscht mit schwech'rem Holz, dass des glatt durch'ganga-n-isch. Un je nåchdem, am Hang oder wenn se om a Kurv 'ganga-n-isch, håt ma unna **zwae** Stemm näbanander nag'legt, die håt ma z'sammag'hengt und no an dritta obadruf, dass des standg'halta håt, wenn des, des Holz isch ja mitunt'r mit-e-ra G'schwindigkaet då durch, ja. Des håt ma **soua** lassa dann, ja. Net obe, des Riesa, des isch dann mehr iber flacheres Gelende 'ganga. Heit kennt ma nemme, wenn's kae **Schnee** un kae **Eis** meh gibt, net. Då isch sogar bei Mondschae, also rund um d'Uhr g'riest wora, wenn viel Holz ag'falla isch, de Ärdli'schbach naus, da isch a Houfa Holz 'ganga. Mir hen jå 's Holz von d'r Hehe oba bis raa **g'schlaepft** an-n hintere Lieferschberg uf d'Wies un von dert naa isch des in Etappa g'riest wora. Des håt ao g'rumplet un då håt's ao a Verständigung gae mit, iber Pup'n, also ao mit-e-me Kuahhorn, wo sich dia oba mit dem Unt're v'rstendigt hen. Wenn die unta uf-m Lag'raplatz z'duand g'het hen, nå håt ja kae Holz mehr därfa komma, ja.

Auf dem bewaldeten Schwarzwaldkamm war früher die Holzarbeit oft die einzige Erwerbsmöglichkeit. Bevor die Gegend infrastrukturell und touristisch erschlossen wurde, mussten die gefällten Stämme zunächst mühsam von den steilen Höhenlagen abgeseilt werden. Die Arbeit an den Hängen war vor allem im Winter hart und gefährlich. Erst in flacherem Gelände konnte das Holz, wie unser Sprecher aus Lehengericht erzählt, über Holzrutschen, sogenannte *Riesen*, weiter ins Tal befördert werden. Dabei ließ man die Stämme einfach *sauen*. Der Begriff steht nach Hermann Fischers Schwäbischem Wörterbuch eigentlich für das angestrengte Laufen oder Rennen (vgl. S. 53). Lässt man aber etwas hinunterfahren, rollen oder -rutschen, so lässt man es auch *sauen*. Um ein Verhaken der Stämme auf ihrem Weg nach unten zu verhindern, wurden die Riesen mit Holz glatt ausgeschlagen. Unebenheiten konnten sich durch die erwähnten *Lotzen* ergeben, die Anhiebstellen an den Stämmen, die beim Fällen entstehen. Die Stämme wurden am Ende der Rutsche schließlich an geeigneten Stellen gelagert und zum Weitertransport vorbereitet.

Lehengericht befindet sich nach unserer sprachlichen Gliederung des Landkreises Rottweil (vgl. Karte 65) im Gebiet 2b am Westrand des Kreises. Wie Karte 57 zeigt, gilt hier für mhd. *ei* die Aussprache *oa*. Bei der Aufnahme mit dem Fragebuch gab unser Sprecher aus Lehengericht auch in Wörtern wie *Ei*, *Weizen* oder *Seife* die Lautung *oa* an, die typisch für das Westschwäbische ist: *Oa*, *Woaza* und *Soapfa*. In seiner Erzählung verwendet er jedoch hierfür die Variante *ae*, wie in *Tael*, *Sael*, *zwae*, *g'schlaepft*. Auch der *Schnee* taucht hier im freien Gespräch in der „hochdeutscheren" Lautung auf (vgl. Karte 54), wobei das *Eis* in der typisch schwäbischen Lautung wiedergegeben wird, also mit einem zentralisierten Laut *ei*, nicht wie schriftsprachlich *ai* (vgl. Karte 55). Die Unterschiede zwischen abgefragten und frei geäußerten Lautungen können ein Hinweis darauf sein, dass die entsprechenden Merkmale im Dialekt abgelegt werden und man sich entweder an die Nachbarmundart oder ans Schriftdeutsche angleicht. Durch den Vergleich abgefragter Lautungen mit spontansprachlich geäußerten Aussprachevarianten ist es also möglich, aktuellen Sprachwandel zu dokumentieren.

03a Irslingen

EX: Da isch ja die Autobahn am Ort. Hen Sie des mit'kriegt, wo die 'baut worde isch?

aGf (*1950): Ja, mir sin no Raad g'fahra, 'vor se eröffnet wora isch, uf dära Strecke. War halt no it eröffnet, un nå håt ma dann kenne sich a weng oustobe uf där Strååß. Ha, wann waar des?

Gm. (*1952): Des isch ja älleweil abschnittsweise äreffnet wora. Bei uns war's glaob, war's då 78 oder 76, woaß gar nemme genao.

aGf: I woaß es ao nemme genao. Mir sin halt irg'ndwie då vo Irschlinga Noireite 'nab, un nå isch ma Richtung Harthousa. So sin mir g'fahra ouf-m Fahrrad. De-sch natirlich a Sach **gsee**.

EX: Isch ma na ao auf die Baustelle un hat da 'guckt?

aGf: Weniger. Also, villeicht manche Menner håt's scho int'ressiert, aber Fraoa weniger.

jGf1 (*1994): De **Pap-pa** håt's ao immer g'macht. Der isch als kleener Bua immer 'nabg'rennt.

jGf2 (*1995): Die hen jå selt glei g'wohnt.

jGf.1: Die hen direkt dort g'wohnt am Ortsende un dann konnte där immer über d'Wies laofa. Er hät immer g'sagt, er hät d'Musikproob äll'mål g'schwänzt, dass-r hät kenna då **zuaguk-ka**.

jGf.2: Un eba ao des mit-m Fahrradfahra håt-r ao v'rzehlt, ja.

jGf.1: Und hät-r **it** mål v'rzehlt, dass då mål a Flugzoig g'landat isch, kann des sae?

Gm.: Ja, säll war ouf de Behrenger Seit-te.

jGf2: Då könnte a Fluugzoig landa, ouf dära Outobahn.

jGf1: Då sin die ao **hing'lof-fa**. Des hån die do 'täschtet, od'r?

Gm.: Då hån se, då isch a Transall g'landat. Da in d'r Geg'nd, wo d'r Behrenger Parkplatz isch, då hanna.

Gf.: Ja, de-sch äxtra a bissle braeter 'bout wora.

jGf2: Un graad vor allem isch dia 'bout. Un wäga deem könnte da theoretisch, könn'n da Fluugzoige landa.

jGf1: Un där **mit-tlere** Tael sin ja nur so **Bettongblök-ke**. Die kenntsch ja notfalls no ouf d'Seite schieba.

Dieses Gespräch aus Irslingen steht für das Südwestschwäbische am Ostrand des Landkreises Rottweil (vgl. Karte 65, Gebiet 3a). Eine besondere Wortform, die bei den Befragungen zum Kleinen Sprachatlas nur in ein paar Orten um Irslingen notiert werden konnte, ist auch hier die Aussprache des Partizips Perfekt von *sein*: *gewesen*. Sie lässt sich wie die anderen Varianten im Landkreis *gsai*, *gsii* und *gsi* von einer gedachten Form *gesein* ableiten, deren Lautung sich um Irslingen zu *gsee* verändert hat. Ebenso wird hier *sein* zu *see*, *hinein* zu *nee*, *Lein(tuch)* zu *Lee(duach)*, *neun* zu *nee*.

Eine typische Lautung für den Süden des Landkreises betrifft die Aussprache der sogenannten inlautenden Fortiskonsonanten (vgl. Karte 9). Sie wurden bei der Aufnahme in Irslingen auffallend deutlich von einer der jüngeren Sprecherinnen realisiert und hier als Doppelkonsonant mit einer kleinen Sprechpause umgeschrieben: *Pappa*, *zuagukka*, *hing'loffa*, *mittlere*, *Bettongblökke* für *Papa*, *zugucken*, *hingelaufen*, *mittlere*, *Betonblöcke*. Dieses sprachliche Merkmal scheinen sich, neben der hier auch vorkommenden Aussprache *it* für *nicht*, besonders jüngere Dialektsprecherinnen und -sprecher bewahrt zu haben. Auch junge Erwachsene, die aus benachbarten Dialektgebieten in die Region ziehen, können diese Aussprachevarianten nach relativ kurzer Zeit in den eigenen Sprachgebrauch übernehmen.

03b Lauffen o. R.

Gf. (*1936): Am Åba'd hät's immer Kartoffel-, a Sup-pe gäa.

Gm. (*1939): Sup-pe, Härdepfel un Milch.

Gf.: Un dia Kartoffla håt ma miase sälber **schella**, då håt jeder sae Heifle g'het. Un na manchmål, mir warat ao a paar Kinder, na håt ma ao amål oane uf d'Nääs 'kriegt. Ab'r dia håt ma miase sälber **schella**, un nå håt jeder sae Heifle g'het. Un nå håt's Milch d'rzua gäa, dia håt ma jå sälber g'het. Des war ab'r guat.

EX: Hen Sie na ao scho hälfe müsse als Kind?

Gf.: Ha jå. Ha, då håt ma viel doa kenna.
Gm.: Ha: Beim Haeba nåchrächa, zäscha, Schechle macha.
Gf.: I han miase äwel zu de Kiah stao un Bräama wehra. Un moane Briader hån gmoant, i hääb de beschte Tschop. Ab'r des war hart. Wenn dia it stao'bliabe sin, ma håt miase oufpasse, dass se staobleibat, solang ma **ladda** duat. Od'r ousfahre håt ma miase im Härbscht, mit de Kiah uf die Waede. Also, des war ao it schee.
Gm.: 's Vieh uf der Waede hiata, hät m'r gsaet: muss ge ousfahra. Un beim Haeba hät m'r miase uf de Hae**wagga** ge stampfa, da-m'r meh 'nabringt.
EX: Ging des dann mit-m Ässe, dass ma sich sälber versorgt hat?
Gf.: Då håt m'r it viel 'kaoft. I hät amål so gärn ao a weng mehr 'kaoft. Wäge-ma Gläsle voll Semf han i miase in **Ladde** gao.

Aus Lauffen ob Rottweil stammt diese Unterhaltung im Dialekt ganz aus dem Süden unseres Landkreises (vgl. Karte 65, Gebiet 3b), bei der die Sprecherin sich an das einfache, aber gute Essen in ihrer Jugendzeit erinnert. Doch auch die harte Arbeit, die sie als Mädchen auf dem Feld verrichten musste, hat sie noch deutlich vor Augen. *Bremen wehren*, also das Vertreiben großer Stechfliegen, die es auf die vor den Heuwagen gespannten Kühe abgesehen hatten, war eine unangenehme Tätigkeit, für welche die jüngsten Mitglieder der Familie gern herangezogen wurden. Bis nach dem Zweiten Weltkrieg mussten die Kinder bei uns ganz selbstverständlich in der Landwirtschaft körperlich „mitschaffen". Dazu gehörten während der Heuernte auch Aufgaben wie das *Nachrechen*, *Zäschen* und *Schechle* machen (vgl. Kapitel C8.2). Angemerkt seien hier noch die im Gespräch verwendeten Vokalkürzen in *schella*, *ladda*, *Heuwagga*, *Ladde* für *schälen*, *laden*, *Heuwagen*, *Laden* (vgl. Kapitel B), typische Erscheinungen der Mundarten im südlichen Landkreis Rottweil.

H Literatur

Bantle, Paul (2010): „Zum Feaschdr naus“. Letzte Sammlung örtlicher Dialektausdrücke. In: Bösinger Schul-Skizzen. Beiträge zur ortsbezogenen Geschichte 40. Bösingen.

Baur, Gerhard W. (1967): Die Mundarten im nördlichen Schwarzwald. Bd. 1.2. Marburg [Deutsche Dialektgeographie, 55].

Baur, Gerhard W. (2002): Bibliographie zur Mundartforschung in Baden-Württemberg, Vorarlberg und Liechtenstein. Von den Anfängen bis zum Jahr 2000 [2., neu bearbeitete und erweiterte Auflage]. Tübingen [Idiomatica, 7].

Bausinger, Hermann (1972): Dialekte, Sprachbarrieren, Sondersprachen [Erweiterte Ausgabe 1978, überarbeitete Neuausgabe 1984]. Frankfurt/Main.

Benzing, Otto (1979): Flözlinger Heimatbuch 779–1979. Zum 1200jährigen Namensfest des Dorfes Flözlingen. Herausgegeben von der Gemeinde Zimmern ob Rottweil. Zimmern ob Rottweil.

Besch, Werner (1961): Studien zur Lautgeographie und Laugeschichte im obersten Neckar- und Donaugebiet. Freiburg [Forschungen zur oberrheinischen Landesgeschichte, 10].

Bohnenberger, Karl (1915): Von der Südwestecke des Schwäbischen bei Schiltach. In: Zeitschrift für Deutsche Mundarten 10, S. 205–208.

Bohnenberger, Karl (1917/18): Die Mundarten des südwestlichen Württemberg. In: Württembergische Jahrbücher für Statistik und Landeskunde, S. 170–208.

Bohnenberger, Karl (1951/52): Begleitworte zur württembergischen Sprachkarte 10 (Epfendorf und Umgebung). In: Württembergische Jahrbücher für Statistik und Landeskunde, S. 178–180.

Bohnenberger, Karl (1953): Die alemannische Mundart. Umgrenzung, Innengliederung und Kennzeichnung. Tübingen.

Bühler, Rudolf / Schupp, Volker (2012): Wir sprechen (fast) alles außer badisch. Zur dialektgeographischen Situation in Baden. In: Badische Heimat 92, S. 268–276.

Bühler, Rudolf / Bürkle, Rebekka / Leonhardt, Nina Kim (Hrsg.) (2014): Sprachkultur – Regionalkultur. Neue Felder kulturwissenschaftlicher Dialektforschung. Tübingen [Studien und Materialien des Ludwig-Uhland-Instituts der Universität Tübingen, 49].

Bühler, Rudolf (2015): Sprachwandeltendenzen in Baden-Württemberg. Eine diachrone Untersuchung am Beispiel der schwäbisch-fränkischen Dialektgrenze. Teil I: Textband, Teil II: Kartenband. Tübingen. Online-Publikation der Universitätsbibliothek Tübingen [http://hdl.handle.net/10900/69266].

Bühler, Rudolf / Nast, Mirjam (2020): Warum der Dialekt (jetzt) doch nicht verschwindet. Zum Verhältnis von Zuschreibungen und Gebrauch des Dialekts im Sprachalltag von Bürgermeistern. In: Rudolf Bühler, Hubert Klausmann, Mirjam Nast (Hrsg.): Schule – Medien – Öffentlichkeit. Sprachalltag und dialektale Praktiken aus linguistischer und kulturwissenschaftlicher Perspektive. Tübingen, S. 151–178 [Ludwig-Uhland-Institut für Empirische Kulturwissenschaft, Untersuchungen, 124].

Czetto, Ilse (1999): Die Mundart von Hochmössingen. In: Hochmössingen. Ein Heimatbuch über das Dorf, seine Menschen in ihrem Umfeld, über Kultur, Geschichte und Natur von Anfang bis heute. Hrsg. zum 900jährigen Jubiläum von der Ortschaftsverwaltung Oberndorf-Hochmössingen. Horb am Neckar, S. 292–311.

Fetz, Hans-Peter (1985): Die Mundarten im Raum Schramberg. In: D' Kräz. Beiträge zur Geschichte der Stadt und Raumschaft Schramberg 5, S. 49–53.

Fischer, Hermann (1895): Geographie der Schwäbischen Mundart. Mit einem Atlas von achtundzwanzig Karten. Tübingen.

Fischer, Hermann (1904–1936): Schwäbisches Wörterbuch. Band 1–7. Tübingen.

Gabriel, Eugen / Knoop, Ulrich / Schupp, Volker / Steger, Hugo (Hrsg.) (1989–2012): Südwestdeutscher Sprachatlas (SSA). Marburg.

Gaiss, Aloysius J. (1947): The nasalization of MHG stressed vowels in the 33 villages oft he Oberamt Rottweil. In: Papers of the Michigan Academy of Science, Arts and Letters 33, S. 345–354.

Haag, Carl (1898): Die Mundarten des oberen Neckar- und Donaulandes (schwäbisch-alemannisches Grenzgebiet: Baarmundarten). Reutlingen [Schulnachrichten über die K. Realanstalt zu Reutlingen].

Haag, Karl (1929): Die schwäbisch-alemannische Sprachgrenze in Württemberg, westliche Hälfte. In: Württembergische Schulwarte 5, S. 689–707.

Haag, Karl (1946): Die Grenzen des Schwäbischen in Württemberg. Stuttgart.

Hall, Ewald Marzell (1991): Die Sprachlandschaft der Baar und des ehemaligen Fürstentums Fürstenberg. Eine phonetisch-phonologische Untersuchung über das oberrhein-alemannisch-schwäbisch-südalemannische Interferenzgebiet. 2 Bde. Marburg [Studien zur Dialektologie in Südwestdeutschland, 4].

Hofmann, Max (1926): Laut- und Flexionslehre der Mundart von Sulz a. Neckar und Umgebung. Tübingen [Masch. Diss.].

Horn, Helmut (2017): Der Lehengerichter Dialekt. In: Lehengericht. Bd. 2: Arbeit und Leben. Herausgegeben von der Stadt Schiltach. Kehl, S. 302–305.

Jutz, Leo (1931): Die alemannischen Mundarten. Abriss der Lautverhältnisse. Halle/Saale.

Kimmich, Karl / Bantle, Paul (2006): „Vum Ahle bis zum Zwedschgagsälz“. Eine Sammlung örtlicher Dialektausdrücke. In: Bösinger Schul-Skizzen. Beiträge zur ortsbezogenen Geschichte 35. Bösingen.

Kimmich, Karl / Bantle, Paul (2009): „Vum Ätschgäbele bis zu da Zahludda“. Eine weitere Sammlung örtlicher Dialektausdrücke. In: Bösinger Schul-Skizzen. Beiträge zur ortsbezogenen Geschichte 38. Bösingen.

Klausmann, Hubert / Kunze, Konrad / Schrambke, Renate ([3]1993): Kleiner Dialektatlas. Alemannisch und Schwäbisch in Baden-Württemberg. Bühl/Baden.

Klausmann, Hubert (1998): Entstehung und Entwicklung des Ellwanger Sprachraums. In: Ellwanger Jahrbuch 37, S. 239–259.

Klausmann, Hubert (2007): Atlas der Familiennamen von Baden-Württemberg. Ostfildern.

Klausmann, Hubert (2009): Die Erforschung regionaler Varietäten in Baden-Württemberg – Rückblick und Ausblick. In: Lioba Keller-Drescher, Bernhard Tschofen (Hrsg.): Dialekt und regionale Kulturforschung. Traditionen und Perspektiven einer Alltagssprachforschung in Südwestdeutschland. Tübingen, S. 113–124 [Studien und Materialien des Ludwig-Uhland-Instituts der Universität Tübingen, 35].

Klausmann, Hubert / Tschofen, Bernhard (2011): „Sprachalltag“. Ein sprach- und kulturwissenschaftliches Projekt zur Alltagsprache in Nord-Baden-Württemberg. In: Hubert Wicker (Hrsg.): Schwäbisch. Dialekt mit Tradition und Zukunft. Festschrift zum 10-jährigen Bestehen des Fördervereins Schwäbischer Dialekt e. V. Gomaringen, S. 91–102.

Klausmann, Hubert (2012): Kleiner Sprachatlas von Vorarlberg und Liechtenstein. Innsbruck, Wien, Bozen.

Klausmann, Hubert (2014a): Regionalismen in der schriftlichen Standardsprache. In: Rudolf Bühler, Rebekka Bürkle, Nina Kim Leonhardt (Hrsg.): Sprachkultur – Regionalkultur. Neue Felder kulturwissenschaftlicher Dialektforschung. Tübingen, S. 96–120 [Studien und Materialien des Ludwig-Uhland-Instituts der Universität Tübingen, 49].

Klausmann, Hubert (2014b): Schwäbisch. Eine süddeutsche Sprachlandschaft. Darmstadt.

Klausmann, Hubert (Hrsg.) (2015–2019): Sprachatlas von Nord Baden-Württemberg (SNBW). Band 1–5. Kurzvokalismus. Bearbeitet von Hubert Klausmann und Rudolf Bühler. Tübingen. Online-Publikation der Universitätsbibliothek Tübingen [http://hdl.handle.net/10900/66399].

Klausmann, Hubert (2020a): Der „Dialekt“ im Spannungsverhältnis zwischen Sprachdidaktik, Sprachklischee und sprachlicher Wirklichkeit. Beobachtungen zur Behandlung des Themas „Dialekt“ im Deutschunterricht Baden-Württembergs (Schwerpunkt Gymnasium). In: Rudolf Bühler, Hubert Klausmann, Mirjam Nast (Hrsg.): Schule – Medien – Öffentlichkeit.

Sprachalltag und dialektale Praktiken aus linguistischer und kulturwissenschaftlicher Perspektive. Tübingen, S. 55–95 [Ludwig-Uhland-Institut für Empirische Kulturwissenschaft, Untersuchungen, 124].

Klausmann, Hubert (2020b): Kleiner Sprachatlas von Baden-Württemberg. Ubstadt-Weiher.

König, Werner / Wellmann, Hans (Hrsg.) (1996–2009): Sprachatlas von Bayerisch-Schwaben (SBS). Heidelberg.

König, Werner / Renn, Manfred (2007): Kleiner Sprachatlas von Bayerisch-Schwaben. Augsburg.

König, Werner (2011a): dtv-Atlas Deutsche Sprache. 17. Auflage. München.

König, Werner (2011b): Wir können alles. Außer Hochdeutsch. In: Hubert Wicker (Hrsg.): Schwäbisch. Dialekt mit Tradition und Zukunft. Festschrift zum 10-jährigen Bestehen des Fördervereins Schwäbischer Dialekt e. V. Gomaringen, S. 23–33.

Laib, Fritz (1967): Schiltacher Mundart. In: Die Ortenau. Veröffentlichungen des Historischen Vereins für Mittelbaden 47, S. 168–176.

Lameli, Alfred (2013): Strukturen im Sprachraum. Analysen zur arealtypologischen Komplexität der Dialekte in Deutschland. Berlin/Boston [Linguistik – Impulse & Tendenzen, 54].

Lameli, Alfred (2014): Jenseits der Zeichen – Zur Koinzidenz sprachlicher und außersprachlicher Raumphänomene. In: Rudolf Bühler, Rebekka Bürkle, Nina Kim Leonhardt (Hrsg.): Sprachkultur – Regionalkultur. Neue Felder kulturwissenschaftlicher Dialektforschung. Tübingen, S. 218–240 [Studien und Materialien des Ludwig-Uhland-Instituts der Universität Tübingen, 49].

Leonhardt, Nina Kim (2015): Dialektgrenzen als soziokulturelle Konstrukte. Subjektive Sprachräume in Nord-Baden-Württemberg. Online-Publikation der Universitätsbibliothek Tübingen [http://hdl.handle.net/10900/58665].

Moser, Hugo (1954/55): Die schwäbisch-niederalemannische Sprachgrenze: Wandlung und Beharrung. Vorläufiges zur heutigen Lage. In: Jahrbücher für Statistik und Landeskunde von Baden-Württemberg 1, S. 362–366.

Nester, Alexander / Schwellinger, Bruno (2008): Mundart. In: Villingendorf. Herausgegeben von der Gemeinde Villingendorf. Horb am Neckar, S. 729–732.

Paulus, Eduard / Glatz (1875): Mundart. In: OAB Rottweil. Stuttgart, S. 107.

Petershagen, Wolf-Henning (2015): So sprechen wir. Mit Illustrationen von Daniel Wiesmann. Darmstadt.

Petershagen, Wolf-Henning (2016): Dem Schwaben sein Dativ. Neue Wortgeschichten. Darmstadt.

Renn, Manfred / König, Werner (2006): Kleiner Bayerischer Sprachatlas. München.

Ruoff, Arno (1997): Sprachvarietäten in Süddeutschland. In: Varietäten des Deutschen. Regional- und Umgangssprachen. Herausgegeben von Gerhard Stickel. Berlin/New York, S. 142–154.

Ruoff, Arno (2000): Schwäbische Mundartforschung – Ludwig-Uhland-Preis 1999. Dankrede des Preisträgers, gehalten am 26. April 1999 im Ordenssaal des Ludwigsburger Schlosses. In: Schwäbische Heimat 2000/1, S. 62–65.

Schneider, Franz (1934): Die Mundart von Epfendorf und Umgebung nach Lauten und Flexion. Tübingen [Hs. Diss.].

Schwer, Walter (o. J.): Brauchtum, Redensarten, Lebensweisheiten, Kochrezepte, Originale aus unserer Heimat. Herausgegeben vom Förderverein Turn- und Festhalle Zimmern o. R.

Steger, Hugo / Jakob, Karlheinz (1983): Raumgliederung der Mundarten. Vorstudien zur Sprachkontinuität im deutschen Südwesten. Stuttgart [Arbeiten zum Historischen Atlas von Südwestdeutschland, 7].

Steinhauser, August (1950): Officina Historiae Rottwilensis oder Werkstätte der Rottweilischen Geschichte. Rottweil am Neckar.

Wolf, Rainer (2012): Trend zu höheren Bildungsabschlüssen. Vom Entlasszeugnis der Volksschule zur Hochschulreife. In: Statistisches Monatsheft Baden-Württemberg 4/2012, S. 27–30.

Wortregister

Die Zahlenangaben verweisen auf die Seitenzahlen, flektierte Formen wie Plurale oder Partizipien sind unter der Grundform zu finden (z. B. Bäume > Baum, gebunden > binden).

C

D

E

H

S

T